Instrumental

James Rhodes

Instrumental

Memórias de música, medicação e loucura

Tradução de Luis Reyes Gil

Copyright © 2014 James Rhodes

Publicado mediante acordo com Canongate
Books Ltd, 14 High Street, Edinburgh EH1 1TE

Título original
Instrumental
A memoir of madness, medication and music

Tradução
Luis Reyes Gil

Ilustração de capa
Toni Demuro

Projeto gráfico
Rádio Londres

Revisão
Shirley Lima
Marcela Lima

Dados internacionais de Catalogação na Publicação (CIP)
(Câmara Brasileira do Livro, SP, Brasil)

Rhodes, James
    Instrumental: memórias de música, medicação e loucura/
James Rhodes ; tradução de Luis Reyes Gil.
Rio de Janeiro : Rádio Londres, 2017.

    Título original: Instrumental: a memoir of madness,
medication and music.
    ISBN 978-85-67861-18-0

    1. Memórias 2. Música clássica 3. Pianistas –
Inglaterra – Biografia 4. Rhodes, James, 1975 – I. Título.

17-03612   CDD-786.092

Índices para catálogo sistemático:
1. Pianistas : Biografia   786.092

Todos os direitos desta edição reservados à
Editora Rádio Londres Ltda.
Rua Senador Dantas, 20 — Salas 1.601/02
20031-203 — Rio de Janeiro — RJ
www.radiolondreseditores.com

Ao meu filho

"Se a gente fetichiza o trauma como algo que não pode ser comunicado, então os que sobrevivem a ele estão presos — incapazes de sentir que os outros podem realmente conhecê-los... Você não respeita alguém quando diz: 'Jamais vou conseguir imaginar o que você passou'. Em vez disso, ouça a história da pessoa e tente se colocar no lugar dela, não importa quanto isso seja difícil ou desconfortável."

— Phil Klay, veterano, Fuzileiros Navais dos Estados Unidos

SUMÁRIO

Prelúdio xi

Faixa Um: Bach, *"Variações Goldberg"*, Ária
(Glenn Gould, piano) 1

Faixa Dois: Prokofiev, *Concerto para Piano Nº 2*,
Finale (Evgeny Kissin, piano) 11

Faixa Três: Schubert, *Trio para Piano Nº 2
em Mi Bemol Maior*, Segundo Movimento
(Trio Ashkenazy, Zukerman, Harrell) 23

Faixa Quatro: Bach-Busoni, *Chacona*
(James Rhodes, piano) 31

Faixa Cinco: Beethoven, *Sonata para Piano
Nº 32, Op. 111*, Segundo Movimento
(Garrick Ohlsson, piano) 47

Faixa Seis: Scriabin, *Concerto para Piano*,
Último Movimento (Vladimir Ashkenazy, piano) 59

Faixa Sete: Ravel, *Trio para Piano*
(Vladimir Ashkenazy, Itzhak Perlman, Lynn Harrell) 75

Faixa Oito: Shostakovich, *Concerto para
Piano Nº 2*, Segundo Movimento
(Elisabeth Leonskaja, Piano) 81

Faixa Nove: Bruckner, *Sinfonia Nº 7*,
Segundo Movimento (Herbert von Karajan, regente) 87

Faixa Dez: Liszt, *"Totentanz"* (Sergio Tiempo, piano) 105

Faixa Onze: Brahms, *"Réquiem Alemão"*, Primeiro
Movimento (Herbert von Karajan, regente)   117

Faixa Doze: Mozart, *Sinfonia N° 41* ("Júpiter"),
Quarto Movimento (Sir Charles Mackerras, regente)   139

Faixa Treze: Chopin, *Estudo em Dó Maior,
Op. 10/1* (Maurizio Pollini, piano)   155

Faixa Catorze: Chopin, *Fantasia em Fá Menor,
Op. 49* (Krystian Zimerman, piano)   165

Faixa Quinze: Ravel, *Concerto em Sol para Piano,*
Segundo Movimento (Krystian Zimerman, piano)   173

Faixa Dezesseis: Schumann, *"Variações Geister"
para Piano* (Jean-Marc Luisada, piano)   189

Faixa Dezessete: Schubert, *Sonata N° 20, D. 959,*
Segundo Movimento (Alexander Lonquich, piano)   207

Faixa Dezoito: Beethoven, *Concerto para Piano N° 5*
("Imperador"), Segundo Movimento (Radu Lupu, piano)   225

Faixa Dezenove: Rachmaninoff, *"Rapsódia sobre
um Tema de Paganini"* (Zoltán Kocsis, piano)   235

Faixa Vinte: Bach, *"Variações Goldberg"*, Ária da capo
(Glenn Gould, piano)   243

Epílogo   245

Agradecimentos   247

Apêndice   253

Todas essas peças podem ser ouvidas gratuitamente em
http://bit.do/instrumental

PRELÚDIO

Música clássica me dá tesão.
Sei que essa frase inicial pode não soar muito promissora para algumas pessoas. Mas talvez, se você tirar a palavra "clássica", ela não fique tão ruim. Ao contrário, pode até ser que o conceito fique mais compreensível. Afinal, a palavra "música" indica algo universal, excitante, intangível, imortal.
Você e eu nos conectamos instantaneamente por meio da música. Eu ouço música. Você ouve música. A música preencheu e influenciou nossa vida tanto quanto a natureza, a literatura, a arte, o esporte, a religião, a filosofia e a religião. É o grande unificador, a droga preferida dos adolescentes do mundo inteiro. Traz consolo, sabedoria, esperança e afeto, e faz isso há milhares de anos. É um remédio para a alma. Um piano tem oitenta e oito teclas, as quais contêm todo um universo.
No entanto...
Minha ocupação é de "pianista concertista". Portanto, este livro traz inevitavelmente muita coisa escrita sobre música clássica. Não ficaria nem um pouco surpreso se parte da imprensa, ao falar sobre o lançamento deste livro, tentasse ignorar de todas as formas esse fato. A razão é que a música clássica, em sua forma mais pura, não vende nada, nunca, e é vista por muitos como algo absolutamente irrelevante. E também porque tudo que diz respeito à música clássica, dos próprios músicos à apresentação de seu produto, aos selos de gravação, à administração — todo o *ethos* e a ética do setor que a envolve —, é quase totalmente desprovido de quaisquer qualidades que possam salvar sua reputação.

Mas o fato incontestável é que a música salvou literalmente a minha vida e, acredito, a vida de muitas outras pessoas. Ela provê companhia quando não se tem ninguém, compreensão quando se está confuso, consolo onde há aflição e uma energia pura e não contaminada onde há um vazio de devastação e fadiga.

Por isso, sempre e onde existir a tentação onipresente e quase incontrolável de revirar os olhos e fazer pouco-caso quando se ouve ou lê a expressão "música clássica", penso no imenso erro que cometi no passado ao dar maior força ao desdém do que à investigação. E para aqueles de vocês que costumam ter essa reação, incentivo, suplico, que parem um pouco e façam a si mesmos a seguinte pergunta:

Se existisse algo não produzido pelo governo, ou por fábricas de trabalho escravo, pela Apple ou pela grande indústria farmacêutica, que fosse capaz de acrescentar, de forma automática, consistente, infalível, um pouco mais de excitação, brilho, profundidade e força à sua vida, você não ficaria curioso em experimentar?

Alguma coisa sem efeitos colaterais, que não exigisse comprometimento nem conhecimento prévio, tampouco dinheiro, mas apenas algum tempo e talvez um fone de ouvido decente.

Você não se interessaria?

Todos nós temos uma trilha sonora da nossa vida. Muita gente acaba ficando imune, superexposta, cansada e decepcionada com ela. Somos assaltados por música nos filmes, programas de tevê, shoppings, toques de telefone, elevadores e jingles. Faz tempo que a quantidade superou a qualidade. Ter mais de tudo parece, em tese, algo bom. Só que, meu Deus, que preço a gente paga por isso! Para cada banda de rock, trilha de filme ou compositor contemporâneo realmente sensacional, há pilhas de lixo despejadas em cima de nós a cada oportunidade. A indústria que está por trás disso trata-nos com um respeito próximo de zero e com menos lealdade ainda. O sucesso, em vez de merecido, é comprado, paga-se por ele, as pessoas se prostituem por ele, e ele nos é impingido de maneira manipuladora e insidiosa.

Entre outras coisas, eu quero que este livro ofereça soluções para esse abastardamento interesseiro e cheio de concessões do setor da música clássica, que fomos obrigados a aceitar. Espero que mostre também que problemas e potenciais soluções dentro do setor da música clássica podem ser aplicados a um cenário muito mais amplo de problemas similares da nossa cultura em geral e das artes em particular.

E, entretecida com isso, está a história da minha vida. Porque é uma história que constitui uma prova de que a música é a resposta para aquilo que não tem resposta. A base dessa minha convicção é que, sem música, eu não existiria, e muito menos seria capaz de levar uma vida produtiva, estável e, às vezes, feliz.

Muitas pessoas podem dizer que é muito, muito cedo para que eu escreva um livro de memórias. Tenho trinta e oito anos (no momento em que escrevo este livro), e a ideia de produzir uma autobiografia nessa idade pode soar autocomplacente e egoísta. Mas ser capaz de escrever sobre o que acredito que tem me mantido vivo, estender-me nas ideias que tenho alimentado por tantos anos, responder a críticas e oferecer soluções a uma coisa que é problemática e urgente, a meu ver, é algo que vale a pena ser feito.

Minhas qualificações para escrever este texto vêm do fato de haver superado certas experiências que algumas pessoas talvez não tenham conseguido. E, por ter chegado ao fim do túnel (pelo menos, até agora) e também, aos olhos do editor que vendeu essa ideia ao seu chefe, por eu ter "me tornado alguém no meu campo de trabalho", ganhei a oportunidade de escrever um livro, o que me dá vontade de rir. Isso porque, como você verá nas próximas oitenta mil palavras, estou imerso numa loucura permanente, tenho um conceito bastante distorcido de integridade, poucos relacionamentos que valham a pena, amigos menos ainda, e, deixando de lado qualquer autopiedade, sou um pouco babaca.

Eu me odeio, sou elétrico demais, com frequência digo o que não deve ser dito, coço minha bunda nas horas menos adequadas (e depois cheiro o dedo), não consigo me olhar no espelho sem querer morrer. Sou um palerma, vaidoso, obsessivo comigo mesmo, superficial, narcisista, manipulador, degenerado, chantagista, chorão, carente, autoindulgente, perverso, frio, autodestrutivo.

Vou lhe dar um exemplo.

Hoje acordei pouco antes das quatro da manhã.

Quatro da manhã é a pior hora das vinte e quatro horas de qualquer dia. Mais especificamente, aquela hora entre três e meia e quatro e meia é uma foda completa. Das quatro e meia em diante, tudo bem — você pode ficar enrolando na cama até umas cinco e aí acordar sossegado, sabendo que tem gente que realmente acorda às cinco da manhã, seja para dar aquela corridinha besta antes de ir trabalhar, se aprontar para chegar cedo no trabalho, meditar, fazer ioga ou ter aqueles abençoados quarenta e cinco minutos sem pensar nas crianças ou na prestação da casa.

Ou para não pensar, simplesmente.

Tanto faz.

Mas, se você levanta antes das quatro e meia, evidentemente há algo de errado com você.

Tem que haver.

Comecei a escrever isso às 3h47 da manhã.

Há algo de errado comigo.

Nem sei quantas vezes passei por isso, vendo as quatro horas da manhã passando no meu Rolex (imitação), no meu suporte de iPhone, num IWC (legítimo), em relógios de bolso, de parede, num rádio-relógio FM/CD, num Casio, num relógio do Mickey Mouse (com as horas andando para trás), o suficiente para perfazer várias vidas. Há sempre aquele inevitável clique mental, como um interruptor de luz sendo aceso, aquele momento "fodeu!", quando você decide levantar e começar o dia. Ficar de pé e cair no mundo. Sabendo que vai doer. Que vai ser um dia longo.

Por exemplo, eu sei que hoje vou completar minhas quatro horas de prática de piano, fumar catorze cigarros, beber uma caneca inteira de café, tomar banho, ler o jornal, colocar os e-mails em dia e abastecer o carro por volta das nove da manhã. Todo o meu dia, com tudo o que precisava ter feito nele, já terá sido cumprido, concluído, riscado da agenda por volta das nove da manhã. O que eu posso fazer com essa informação? Que raios eu faço das nove às onze da noite, que é o mais cedo que eu consigo apagar a luz para tentar dormir sem me sentir um doente mental fracassado?

E eu sei por que levanto tão cedo com tanta frequência.

É tudo por causa da minha cabeça. O inimigo. O que vai causar minha morte no final; uma mina terrestre, bomba-relógio, meu Moriarty. A porra da minha cabeça estúpida que me faz chorar e gritar e berrar e esfregar os olhos mentais do meu cérebro de frustração. Sempre presente, coerente apenas em sua incoerência, raivosa, mimada, estragada, distorcida, equivocada, aguçada, afiada, predatória.

Eis o que aconteceu esta manhã:

La Tête
Peça curta em um ato, de James Rhodes.

PERSONAGENS:
Um homem, desgrenhado, perturbado, barba por fazer, muito magro.
Uma mulher, gostosa, loira, boa demais pra ele.

O homem está deitado na cama, ao lado da mulher. Os olhos dele se abrem de repente, bem perto da namorada. Ela está dormindo. Ele está acordado, agitado.
O relógio marca três e meia da manhã.
A expressão de seu rosto revela que ele não deveria estar com alguém tão legal como ela. Não deveria estar

compartilhando uma cama com ninguém. O clima não deveria ser tão normal, tão perigosamente íntimo, tão malditamente cotidiano.
A garota é linda demais, boa, generosa.
Ele faz carinho nela. Ela não se mexe.
Chega mais perto e afasta o cabelo de cima dos olhos dela.

Homem: Eu amo muito você, meu anjo. Saudades de você. Eu te quero.
Mulher: *(voz rouca e ainda sonolenta)* Amo você também, querido. Está tudo bem, anjo. Juro.
Ela cai no sono de novo.
O homem começa a bolinar o seio direito dela e a beijar seu pescoço. Faz isso de um jeito meio rude, com certo desespero.
Mulher: Hummm. Você deixa eu dormir só mais um pouquinho, amor? Você é um tesão, viu? Ainda é cedo pra caramba.
Ela cai de novo no sono.
O homem pula da cama, puto da vida, veste a roupa fazendo estardalhaço e sai batendo a porta do quarto.
Vai até a cozinha, liga a máquina de café.
Homem: *(imitando-a)* Ainda é cedo pra caramba... Que merda!
Pausa tensa, a la Harold Pinter.
Homem: *(andando de lá pra cá, dirigindo-se à plateia)* Ela me odeia pra caralho. Fosse qualquer outro, aposto que já tava lá fodendo com ele como uma maluca. Horas seguidas. Provavelmente agora está lá na cama bolinando a chana, pensando em algum babaca que encontrou na academia. Alguém, não tão inseguro ou chorão quanto eu. Um desses idiotas, todo cheio de si, que se acha. Desses que conseguem usar a palavra "cara" sem parecer falsos. Que falam de futebol de um jeito convincente.

Que sempre encontram um jeito de dar a última palavra.
Ele senta na frente do computador com a caneca de café.
Abre um programa, acende um cigarro e começa a digitar.
Homem: (*falando e digitando ao mesmo tempo*) Meu amor, enquanto eu escrevo, você está na cama se masturbando e pensando em algum ex-namorado ou no seu chefe ou em algum outro filho da puta bonitão e bombado. Sei que você está. E, portanto, tenho que punir você daqui desse outro quarto, usando apenas minha mente.
Gole de café.
Eu sei que eles são tudo o que eu não sou. Na minha cabeça, conferi a todos eles uma aura natural e mágica de sujeitos de "pau grande e genialidade indiscutível". Eu não acredito que você está fazendo isso comigo. Estou muito puto com você. Tão puto que até tremo. A adrenalina está a mil. Minha respiração está ofegante. Estou chapado por conta do excesso ou da falta de oxigênio, não sei bem qual dos dois. Sei que estou certo e que você está errada. Consigo imaginar o que e em quem você está pensando, e também o que você queria de verdade, e sei que nunca vou ser eu. Obrigado por deixar isso tão claro. Agora, mais uma vez, meu mundo de algum modo faz sentido. A ordem foi restabelecida, e as borboletas podem sair voando impunes. Mais uma vez, desconsiderei e descartei qualquer coisa que ameace fazer de mim algo menos que uma vítima, alguém um pouco feliz, satisfeito, humano. E ainda não são nem quatro e dez. Foi você que fez isso, sua vaca cruel, sem coração.
O homem deixa a tela do computador ligada. Abre a gaveta da cozinha, pega uma faca e corta a garganta.
Fim

Essa cena, essa porra de obra-prima brechtiana — exceto pela última frase, porque eu sou covarde demais pra levar isso adiante —, era a minha cabeça hoje cedo. Ela se repete mil vezes de forma parecida, todo santo dia, e envolve a maioria das pessoas com quem eu tenho contato. É desse jeito que a minha cabeça funciona, tem funcionado e provavelmente funcionará para sempre. Em geral, eu consigo me segurar. Às vezes não tenho como me controlar. Mas o problema continua o mesmo. E por isso não tenho como não sentir que sou um fracassado de um doente mental.

Um aviso rápido antes que você continue lendo: pode ser que este livro mexa muito com você caso você tenha sofrido abuso sexual ou passado por automutilação, internação psiquiátrica, paranoias ou fantasias suicidas (termo médico estranhamente charmoso para obsessões, passadas ou presentes, de querer morrer pelas próprias mãos). Sei que esse tipo de aviso costuma ser uma maneira cínica, indecente, de fazer a pessoa continuar lendo e, para ser franco, há uma parte de mim que pôs isso aqui justamente por essa razão. Mas, por favor, não leia isso para depois cortar seus braços, ficando doido ao pensar no que aconteceu com você quando era criança, ou se automedicar, ou bater na mulher/cachorro/no próprio rosto, e depois colocar a culpa em mim. Se você é uma dessas pessoas, então sem dúvida vem jogando a responsabilidade por fazer tudo isso nos ombros de outras pessoas, e tem feito isso a porra da sua vida toda, portanto, por favor, pare com essa história e não empurre seu ódio patológico por si mesmo pra cima de mim. Algumas vezes, eu fiz exatamente isso, e é uma coisa errada e patética.

A melhor parte de mim não quer que você sequer leia este livro. Ela quer anonimato, solidão, humildade, espaço e privacidade. Mas essa melhor parte é uma pequena fração do todo, e o voto majoritário é para que você compre o livro, leia, reaja a ele, fale a respeito, me ame, me perdoe, ganhe algo de bom com ele.

E, repito, este livro irá falar, em alguns momentos, de música clássica. Se isso deixa você preocupado, então faça só uma coisa antes de deixá-lo de lado ou colocá-lo de volta na estante. Compre, roube ou baixe esses três discos: *Sinfonias* número 3 e número 7 de Beethoven (você pode comprar todas as nove sinfonias dele, tocadas pela Sinfônica de Londres, no iTunes, por 5,99 libras); as *Variações Goldberg*, de Bach (tocadas no piano por Glenn Gould, de preferência, a gravação em estúdio de 1981, que custa menos de 5 libras no iTunes); os *Concertos para piano* números 2 e 3 de Rachmaninoff (com Andrei Gavrilov ao piano, 6,99 libras). Na pior das hipóteses, você terá pago, terá odiado tudo e perdido o equivalente a um lanche. Pode me xingar pelo Twitter e bola pra frente. Mas, na melhor das hipóteses, você terá aberto uma porta para algo que irá desconcertá-lo, deliciá-lo, impactá-lo e chocá-lo pelo resto da vida.

Em meus concertos, eu falo sobre o repertório que estou tocando, explico por que escolhi aquelas peças, o que significam para mim, o contexto em que foram compostas. Nessa mesma linha, ofereço também uma trilha para este livro. Do mesmo modo que num restaurante fino alguém irá sugerir-lhe os melhores vinhos para acompanhar cada prato, você terá aqui peças de música para acompanhar cada capítulo. Pode acessá-las pela internet em http://bit.do/instrumental — é de graça, foram criteriosamente escolhidas e são importantes. Espero que você goste delas.

FAIXA UM

Bach, *"Variações Goldberg"*, Ária
Glenn Gould, piano

Em 1741, algum conde rico (sic) estava lutando contra uma doença e a insônia. Como era comum naqueles tempos, empregou um músico, que passou a morar na sua casa e a tocar cravo enquanto ele ficava acordado à noite, lutando contra seus demônios. Era o equivalente barroco do rádio.

O nome do músico era Goldberg, e o conde o levou até J. S. Bach para que tivesse aulas. Numa dessas aulas, o conde comentou que gostaria que Goldberg tivesse algumas peças novas para tocar, na esperança de que isso o alegrasse um pouco às três da manhã. O Xanax ainda não havia sido inventado.

Foi assim que Bach compôs uma das peças para teclado mais perduráveis e poderosas já escritas, conhecida como Variações Goldberg; uma ária seguida por trinta variações e que termina, fechando o círculo, com uma repetição dessa ária de abertura. O conceito de tema e variações é similar a um livro de contos, no qual todos se baseiam em um só tema unificador — uma história de abertura sobre um tema específico, seguida por várias histórias, cada uma delas relacionada de algum modo com o tema.

Falando como pianista, elas são as peças de música mais frustrantes, difíceis, devastadoras, transcendentes, traiçoeiras e atemporais. Falando como apaixonado por música clássica, elas me provocam coisas que somente fármacos altamente sofisticados poderiam conseguir reproduzir. São como uma aula magna de Assombro e contêm em si tudo o que você poderia desejar.

Em 1955, um pianista canadense, Glenn Gould, jovem, brilhante, iconoclasta, tornou-se um dos primeiros pianistas a tocá-las e gravá-las ao piano, e não ao cravo. Decidiu gravá-las em seu primeiro álbum, para o terror dos executivos de sua gravadora, que teriam preferido algo mais mainstream. Tornou-se um dos álbuns de música clássica mais vendidos de todos os tempos e, até hoje, a gravação continua sendo a referência que todos os demais pianistas sonham alcançar. E nenhum deles consegue estar à altura.

Estou sentado no meu apartamento em Maida Vale. A parte pobre, perto da Harrow Road, onde as pessoas berram com as crianças e não são viciadas em álcool e crack, e sim em refrigerante e cereais. Perdi minha linda casa num bairro chique (Randolph Avenue, W9, naturalmente) quando meu casamento acabou — uma casa de seiscentos metros quadrados, com um Steinway novo de cauda, um jardim enorme, quatro banheiros (isso mesmo), dois andares e a indefectível geladeira Smeg.

Para ser franco, tinha também manchas de sangue no tapete, gritos de raiva pelas paredes e o irremovível fedor do tédio existencial, que nenhum Febreze foi capaz de camuflar. Meu apartamento atual é pequeno, mas arrumadinho, sem jardim, com um único banheiro, um piano japonês de armário de qualidade duvidosa e o aroma infinitamente mais agradável de esperança e de possível salvação.

Em meio à fauna variada do bairro — diretores, produtores de cinema, pessoal técnico, ex-executivos da Channel 4, entre outros —, estou aqui com minha namorada, Hattie, minha mãe, Georgina, meu empresário, Denis e meu melhor amigo, Matthew. Essas quatro pessoas têm estado comigo desde o começo — minha mãe, literalmente, os outros, cosmicamente — ou pelo menos de alguns anos para cá.

Essas pessoas são minha espinha dorsal. São meu Tudo. Com a notável e lamentável ausência do meu filho, elas são as forças de luz, o norte da minha vida, o motivo mais forte possível de eu ter permanecido vivo (isso mesmo, permanecido vivo) durante os tempos sombrios.

Estamos na minha sala, caixas de pizza espalhadas pelo chão, pouco antes de passar meu primeiro programa de tevê na Channel 4, *James Rhodes: Notes from the Inside*. É um grande momento para mim. Seria para qualquer um, eu acho. Mas, para mim, alguém que nem deveria estar aqui, é um evento muito mais importante do que aquela espécie de doença venérea (simbolizada) pela frase "olha pra mim, estou na tevê", com a qual *I'm a Celebrity...*, *Big Brother* e Piers Morgan têm infectado a todos nós, fodendo com a gente sem parar através de todas as mídias, em tudo que é lugar.

Faz quase seis anos que recebi alta de uma instituição psiquiátrica de segurança máxima.

Saí do meu último hospital psiquiátrico em 2007, chapado de remédios, sem carreira, sem empresário, sem álbuns gravados, sem concertos, dinheiro ou dignidade. E agora estou prestes a aparecer diante de um público estimado em mais de um milhão de espectadores, em um documentário no horário nobre da Channel 4, com meu nome no título. Então, sim, mesmo tendo que me apresentar ao público com cara de vítima, de pessoa indignada, presunçosa, o que é obrigatório, tudo isso vai ser um evento.

Ainda mais porque poderia também facilmente ter sido um documentário do Channel 5 com um título como "Comi meu próprio pênis para evitar que os extraterrestres me levassem embora. De novo". Poderia igualmente ter sido um trecho de circuito fechado de tevê de algum episódio de *Crimewatch*[1]. Mas

---

[1] *Crimewatch* é uma série de sucesso da tevê britânica, produzida pela BBC, que reconstrói crimes não solucionados a fim de colher informação dos espectadores, que devem ajudar a resolver o caso. (N. T.)

não é. É algo brilhante e honesto, estranho e desconfortável. Como no caso de um primeiro encontro, no qual você abre sua intimidade (demais), mas não se importa com isso porque ela é bonita e charmosa e você só quer meter nela e morrer desde a hora em que a conheceu.

A premissa por trás do filme que fizemos é que a música cura. Ela oferece uma chance de redenção. É uma das poucas coisas (não químicas) capazes de entrar no nosso coração e na nossa mente e fazer um bem genuíno. E então eu pego um enorme Steinway modelo D (o melhor que existe, 120 mil libras e pesando mais de meia tonelada), me instalo numa ala fechada de um hospital psiquiátrico, encontro com quatro pacientes esquizofrênicos e, depois de um papo com eles, toco para cada um individualmente. Eles se sentem bem, eu pareço ensimesmado, partimos todos para uma viagem de autodescoberta e chegamos a um lugar melhor.

Se fosse só isso seria apenas a fantasia de um executivo de tevê, uma coisa meio nojenta.

Mas é um filme poderoso. Matéria de destaque em todos os jornais, e que leva às lágrimas, mas não de uma maneira manipulada, tipo ITV.[2] O grande chamariz para a imprensa é que eu não só apresento e atuo no programa, mas também que ele é especialmente pungente (palavras da mídia), pelo fato de que eu, também, fui internado e passei vários meses em alas psiquiátricas de segurança máxima. Eles compraram essa ideia boba de "a vítima que virou um sucesso". E, de minha parte, eu adoro isso. Vou fazer toda a publicidade que estiver a meu alcance. Ir para todas as entrevistas de rádio e tevê, páginas duplas de jornal e artigos de revista que eu puder.

Conforme as coisas forem seguindo, vou usar minha história

---

[2] Mais antiga rede comercial do Reino Unido, a Channel 3 ou ITV tem uma programação criticada pela ênfase excessiva em subgêneros como novelas, *reality shows* e programas de novos talentos. (N. T.)

pregressa e meu mínimo talento para vender álbuns, ajudar entidades assistenciais, viajar, fazer mais tevê e tentar fazer alguma diferença para aqueles que não têm voz. Aqueles que estão lidando com os mais sombrios e desesperados sintomas e circunstâncias, e que não têm ninguém que os ouça — os ignorados, menosprezados, solitários, perdidos, isolados. Aqueles que você vê se arrastando em seus pequenos mundos, cabeça baixa, olhos sem brilho, sem ninguém para ouvi-los e encostados em um canto terrível, silencioso.

Mas também vou tentar usá-la para que faça alguma diferença para mim, pessoalmente. Vou usá-la para ganhar dinheiro e comprar bobagens das quais não preciso. Vou fazer um *upgrade* em tudo. Vou me tornar visível e o centro das atenções. Minha cabeça me diz que eu preciso disso. Que eu tenho fome disso. Porque dentro de mim acredito que há uma pequena chance de que o sucesso (comercial), aliado à atenção, irá finalmente consertar o que está errado em mim.

E, se não, vou para Las Vegas gastar uma quantidade exagerada de dinheiro em um período de tempo mais exageradamente curto ainda e, então, estourar meus miolos.

Todos nós assistimos ao programa juntos. E eu me sinto bastante desconfortável e exposto. É como ficar ouvindo sua voz numa secretária eletrônica por uma hora numa sala cheia de gente. Pelado. Nada como ver seu nome bombando como número 1 no Twitter e recebendo literalmente milhares de comentários, mensagens e tuítes, atualizações do Facebook, todas a seu respeito, pra você desejar o isolamento e a segurança de uma cela com paredes almofadadas. É o lado ruim de nós, babacas carentes de atenção — ficamos um monte de tempo gritando "olhem pra mim" e, então, quando as pessoas olham, ficamos confusos e começamos a reclamar. É só focar a atenção em alguém cujas motivações são duvidosas, e o sujeito vai fugir logo, envergonhado.

Tudo vai bem na minha bagunçada salinha. Como tem que ser. A gente come. Todos eles dizem coisas gentis, porque é isso que você faz se não for socialmente retardado, e então boto todo mundo pra fora, exceto Hattie, e vou pra cama.

A única coisa em que consigo pensar é em quanto pareço um pateta na tela, com esse jeans mal-ajustado, esse cabelo estúpido, uma competência pianística duvidosa e a voz bajuladora. Como eu deveria ter me preparado mais para isso, se eu vou ou não conseguir me sentir importante ao ser reconhecido no metrô amanhã. E então fico chateado e puto comigo e me obrigo a pensar nos seis concertos que tenho marcados para os próximos dez dias. Faço meu ritual noturno e, na minha cabeça, começo a repassar cada peça que vou tocar, compasso por compasso. Checo todos os ingredientes-chave que entram num concerto — memória (será que eu consigo na minha cabeça me observar tocando e ver minhas mãos tocando todas as notas certas?); estrutura (como cada seção se relaciona com as outras, onde estão todos os movimentos e mudanças importantes, de que modo a coisa toda é unificada e relacionada); diálogo (qual é a história que está sendo contada e de que maneira poderia ser mais bem expressa); vozes (em uma passagem que contenha diferentes melodias simultâneas, será que escolho a mais óbvia ou descubro e realço vozes internas que digam algo novo?); e assim por diante. É como ter a porra dum gravador tocando no meu cérebro com um crítico musical embutido comentando as coisas; eu começo do início de cada peça e, toda vez que cometo um erro ou que minha memória falha um pouco, tenho que recomeçar do início. E isso, num programa de concerto de setenta e cinco minutos, pode levar um tempo. Mas serve a um propósito e me faz parar de pensar em outras coisas que, se eu não tiver cuidado, vão me enfiar por um caminho que não leva a outra coisa a não ser encrenca.

Consigo dormir três horas. E, quando acordo, a coisa está comigo. Essa coisa que quase sempre é minha companhia mais constante.

Há um tipo de dependência que é mais destrutiva e perigosa do que qualquer droga, e raramente chega a ser identificada, e menos ainda expressa em palavras. É insidiosa e atinge níveis epidêmicos. É a principal causa da cultura dos benefícios assistenciais, da preguiça e da depressão que nos cerca. É uma forma de arte, uma identidade, um modo de vida, e tem uma capacidade sem fundo, infinita, de produzir infelicidade.

É o Complexo de Vítima.

Esse complexo se torna, num período notavelmente curto, uma profecia autocumprida. E depois de passar tanto tempo cedendo a ele, me pega de maneiras que servem simplesmente para me ancorar ainda mais no inferno que construí para mim mesmo, que é o Papel de Vítima.

Quando criança, havia coisas que me aconteciam, coisas que foram feitas contra mim, que me levaram a conduzir minha vida a partir da posição de que eu, e somente eu, sou o culpado pelas coisas que desprezo dentro de mim. Era nítido que alguém só poderia fazer essas coisas comigo se eu já fosse inerentemente mau num nível celular. E nem todo o conhecimento e compreensão e toda bondade do mundo jamais serão capazes de mudar o fato de que essa é a minha verdade. Sempre foi. Sempre será.

Pergunte a qualquer um que já tenha sido estuprado. Se disser algo diferente, estará mentindo.

As vítimas só conseguem um final feliz em casas de massagem decadentes de Camden. Não conseguimos nos dar bem do outro lado. Somos envergonhados, raivosos, estarrecidos e culpados.

Sentei lá naquela noite de quarta-feira, na porra da minha salinha angusta, olhei pra mim na tela da tevê, me vendo como um enorme, detestável filho da puta, e percebi que nada havia mudado de verdade. Lá no fundo, como a maioria de nós, mesmo agora, com trinta e oito anos de idade, tenho esse buraco negro vazio dentro de mim, que nada nem ninguém seriam capazes de preencher. Digo como a maioria de nós porque, bom, é só dar uma olhada em volta. Nossa sociedade, nossos negócios, nossas construções sociais, nossos hábitos, passatempos, vícios e distrações são exercidos em vastos e endêmicos níveis de vazio e insatisfação. Chamo isso de ódio por si mesmo.

Odeio quem eu era, sou e me tornei e, do jeito que foi ensinado a todos nós, a toda hora me castigo pelas coisas que faço e digo. E, como são tamanhos os níveis globais de intolerância, de ambição, de disfunção e de se achar no direito de tudo, tal ódio evidentemente não fica confinado apenas a um pequeno grupo gravemente ferido da sociedade. Estamos todos num mundo de infelicidade. Se no passado chegou a ser um pouco diferente disso, a essa altura, com toda a certeza, já virou a norma. E tenho tanta raiva disso quanto tenho do meu passado.

Há uma raiva que acompanha tudo o que eu faço, que alimenta minha vida e nutre o animal que há em mim. E é uma raiva que sempre, sempre, apesar de meus melhores esforços, impede que eu me torne uma versão melhor de mim mesmo. A minha maldita cabeça parece ter vida própria, bem além do meu controle, incapaz de razão, compaixão ou de barganhar. Ela grita comigo das profundezas do meu ser. Quando eu era criança, as palavras não faziam sentido. Agora que sou adulto, ela fica esperando ao pé da minha cama e começa a falar uma ou duas horas antes de eu acordar, de modo que, quando abro os olhos, está a mil no modo raiva, berrando essa merda na minha cara, me dizendo como é bom que eu tenha finalmente acordado, quanto estou fodido hoje, como não vou ter tempo suficiente, que eu vou estragar tudo, que meus amigos estão armando alguma coisa contra mim, que eu não confie em ninguém, que eu devo me esforçar ao máximo pra salvar tudo na minha vida, mesmo sabendo que isso é uma causa perdida. Estou exausto o tempo inteiro. É uma espécie de EU tóxico — corrosivo, difuso, penetrante, negativo, tudo de ruim.

Posso sentir isso dentro de mim agora. Eu não imaginava que era totalmente raivoso até começar a escrever este livro. Que cortina de fumaça terrível um pouco de dinheiro, atenção e mídia pode produzir! Como Beethoven é brilhante em fazer você se distrair. Por que tantas pessoas bem-sucedidas insistem, seguem em frente, tentando superar seus demônios, acumulando mais coisas, mais diversões, mais barulho, até caírem de cara no chão, autodestruídas? A razão é que você não consegue superar as causas desse tipo de raiva, de tão poderosa que ela é.

Posso fácil e alegremente fuçar o exterior para descobrir as razões da minha infelicidade interior. Posso achar uma razão convincente que explique por que todos na minha vida, cada evento, cada situação e cada pessoa e lugar e coisa carregam alguma responsabilidade pelo fato de eu ser, a maior parte do tempo, um filho da puta tão infeliz e raivoso.

E posso, de maneira igualmente convincente, procurar dentro de mim focar a atenção sobre mim mesmo e me divertir com essa tendência infinitamente horrorosa de culpar a si mesmo.

E é tudo irrelevante, imaterial e inútil.

Eu vivo colocando a culpa em todos e em tudo. Às vezes sou tão psicoticamente raivoso que mal consigo respirar. Não há saída, e nada pode apaziguar isso, exceto uns poucos paliativos, caros, perigosos e efêmeros. E essa raiva é uma recompensa por ser uma vítima — toda dependência precisa de uma recompensa, e a raiva e a culpa são as recompensas que me sustentam e fazem seguir em frente.

Acredite, essa mistura excessivamente indulgente de ódio por si e autopiedade chorosa, na qual pareço estar aprisionado, não é o que quero ser.

Eu sei disso.

Quem afinal poderia gostar de ser assim? Muito menos admitir que é.

Gostaria de ser um cara humilde. Alguém a serviço da música e do mundo e daqueles menos afortunados do que eu. Dar o testemunho do fato de que os horrores podem ser suportados e superados. Ajudar e dar e crescer e florescer. Sentir-me leve, livre e equilibrado e sorrir um bocado.

Mas agora eu tenho maiores chances de comer a Rihanna.

Em última instância, a razão pela qual sou tão raivoso é porque sei que não há nada nem ninguém nessa vida que possa me ajudar a superar isso por completo. Nem parentes nem esposas nem namoradas nem psicanalistas ou iPads ou comprimidos ou amigos. Estupro infantil é o Everest do trauma. E como poderia não ser?

Fui usado, fodido, quebrado, me fizeram de brinquedo e me estupraram desde os seis anos de idade. Repetidas vezes, durante anos e anos.

E o que segue é a história de como tudo isso aconteceu.

FAIXA DOIS

Prokofiev, *Concerto para Piano Nº 2*, Finale
Evgeny Kissin, piano

Sergei Prokofiev foi um dos grandes revolucionários da música. Escreveu sua primeira ópera aos nove anos e, pouco mais que adolescente, no Conservatório de São Petersburgo, já se havia firmado como um dos grandes "enfants terribles" da música, compondo música furiosamente dissonante e virtuosística, que derrubou as convenções existentes sobre tonalidade e projetou a música violentamente em uma nova direção.

Gosto dele ainda mais por ter provocado resenhas como esta aqui do New York Times: "A Casa da Submissão das relações tonais normais está descartada. Ele é um psicólogo das emoções mais feias. Ódio, desprezo, raiva — acima de tudo, a raiva — aversão, desespero, escárnio e desafio servem legitimamente como modelos para os climas que cria".

Impressionante.

Em 1912-13, Prokofiev compôs um concerto para piano em memória a um amigo que lhe havia enviado uma carta de despedida e cometido suicídio. A música é tão chocante, raivosa, tão esmagadoramente insana que, quando ele fez a primeira audição, muitos na plateia acharam que estava zombando deles. Ainda é uma das peças mais difíceis do repertório para piano, e apenas alguns pianistas têm peito de encará-la. Um deles quebrou um dedo numa execução ao vivo.

É a mais precisa descrição musical de uma loucura desvairada que já ouvi.

Estou na escola e sou um pouco frágil. Afinal, é uma "escola de verdade". Sou uma criança nervosa. Tímida e ansiosa para agradar e para que todo mundo goste dela. Sou franzino e bonito e pareço um pouco uma menina. A escola é refinada, cara, na mesma rua de nossa casa e, aos meus pequeninos olhos, imensa. Tenho cinco anos de idade. Tenho poucos amigos, e isso realmente não me incomoda. Sou "sensível", mas não sou retardado nem esquisito. Apenas um pouco reservado. Gosto de dança e de música e tenho uma imaginação bem fértil. Estou livre de muitas das bobagens com as quais os adultos parecem viver sobrecarregados, como seria de se esperar. Meu pequeno mundo está crescendo e se desenrolando à minha frente, e há muito que explorar na escola. De novo, como seria de esperar.

Um dia (eu ia dizer "uma terça-feira", mas isso foi há mais de trinta anos e não tenho a menor ideia de que dia da semana era), fui ao ginásio com o resto da minha classe. Minha primeira aula de educação física me assusta. As outras crianças parecem saber o que fazer. Elas sobem em cordas, atiram-se atrás de bolas de futebol e soltam gritos de satisfação. Eu sou o tipo de criança que gosta mais de ficar olhando da linha lateral. Mas o senhor Lee, nosso professor, não parece se importar com isso. Ele continua me lançando olhares bondosos, de incentivo. Como quem sabe que estou um pouco constrangido, mas dá mostra de que está do meu lado e não se incomoda nem um pouco com isso. É tudo não verbal, mas a sensação é de algo claro, definido, seguro.

Eu me pego olhando para ele mais e mais durante a aula. E, com toda a certeza, toda vez que olho, capto seus olhos, e eles brilham um pouco. Ele sorri pra mim de um jeito que nenhum dos outros meninos poderia notar, e eu sei, em algum nível profundo e intocável, que aquele sorriso é só pra mim. Sinto como se o barulho, a agitação e a multidão sumissem um pouco quando ele olha pra mim, como se houvesse um foco de luz cor de arco-íris brilhando em mim, e só eu e ele fôssemos capazes de vê-lo.

Isso acontece sempre que vou à aula dele. Apenas a atenção suficiente para que me sinta um pouco especial, sem que isso seja notado pelos outros. Mas é o que basta para me deixar animado para a aula de educação física. O que é uma conquista muito épica. Continuo tentando ser agradável com ele, para que me dê um pouco mais de atenção. Faço e respondo a perguntas, esforço-me mais para correr, escalar, nunca reclamo, cuido para que meu uniforme esteja sempre limpo e bem-arrumado. Sei que um dia ele vai chegar até mim. E, como esperado, depois de algumas semanas, ele me pede para ficar depois da aula e ajudá-lo a arrumar as coisas. Sinto como se tivesse ganhado em alguma loteria cujo prêmio fosse a autoestima. Um prêmio especial do tipo "você é a melhor criança, a mais graciosa, adorável e brilhante criança a quem já ensinei, e toda a sua paciência agora está sendo recompensada". Sinto meu peito cheio de vida e orgulho.

Então, a gente fica arrumando as coisas e conversando. Tipo uma conversa de adultos. E eu tento aparentar naturalidade, como se isso acontecesse comigo o tempo todo, e todos os meus amigos tivessem cento e trinta anos e fossem adultos. E então ele diz pra mim: "James, eu tenho um presente pra você", e meu coração para por um segundo. Ele me leva até o vestiário do ginásio, onde é guardado todo o equipamento e onde ele tem sua mesinha e cadeira, e então revira a gaveta da mesinha. E o que o maldito faz? Tira da gaveta uma caixinha de fósforos. Com uma embalagem vermelha vibrante. Bem, eu sei que não tenho permissão para brincar com fósforos. Mas aí está esse homem (muito legal) me dando uns fósforos e me dizendo que não há o menor problema se eu acender.

As crianças são absolutamente estúpidas; por isso são crianças. Ele era um gordinho careca, tinha no mínimo uns quarenta anos e era muito peludo. Mas pra mim, com cinco anos de idade, era musculoso, forte, bondoso, bonito, ágil, totalmente mágico. Vai entender.

Pergunto a ele se tem certeza de que não há problema, e ele de novo diz pra eu ir em frente e acender um. Faço isso. Acendo e fico esperando a encrenca, os gritos, o drama começar. E como nada disso acontece, como fica claro que não há armadilha nenhuma, então eu me esbaldo. Rindo de felicidade, riscando um fósforo atrás do outro, olhos arregalados e brilhantes, cheirando o enxofre, ouvindo o crepitar da chama, sentindo o calor nos meus dedos pequenos.

Dica para os pais: se vocês querem meia hora de paz para tirar uma soneca, deem ao seu filhinho uma caixinha de fósforos. Eles adoram.

São os melhores trinta minutos da minha curta existência. E sinto coisas que todo menino tem muita vontade de sentir — sou invencível, adulto, meço um metro e oitenta. Estou sendo notado.

E assim foi a coisa. Durante semanas. Sorrisos, piscadas de olhos, incentivos, canivetes, isqueiros, adesivos, barrinhas de chocolate, Action Men. Um Zippo para meu aniversário de seis anos. Presentes secretos, gestos especiais e um convite para participar do clube de boxe depois das aulas.

Que foi onde tudo começou a dar errado.

Mas é importante reconhecer que eu escolhi fazer aulas de boxe. Isso me foi perguntado, e eu respondi sim. Foi uma escolha bem consciente. Não foi algo forçado. Esse cara, esse astro de cinema de quem eu quis me aproximar porque ele gostava de mim e me fazia sentir especial, convidou-me a fazer algo depois da escola com ele, e eu topei.

Você pode considerar que minha mente de cinco anos de idade talvez fosse pouco confiável. Ainda não totalmente formada, ainda incapaz de ter recordações precisas. Então, vou deixar que a diretora da escola fundamental fale por mim.

Desse modo, você não terá dúvidas de que se trata de algo legítimo. Trata-se de um boletim de ocorrência policial que ela apresentou em 2010, e não foi editado.

Em setembro de 1980, fui nomeada orientadora da Escola Secundária Arnold House, uma escola particular para meninos, em St John's Wood. Foi ali que conheci James Rhodes. Era um menininho lindo, cabelo escuro e macio, com um sorriso cativante. Era esperto, articulado e seguro de si para uma criança de cinco anos. Desde muito cedo, mostrava talento para música. Aos seis anos, por volta de 1981/1982, estava na minha turma (eu era professora na época). Os pais dele eram muito agradáveis, bem-sucedidos e moravam na mesma rua da escola. Embora reconhecessem o talento musical do menino, penso que queriam que ele tivesse uma experiência educacional mais ampla na escola — e as atividades esportivas deviam ser incluídas nisso. Eles matricularam o James numa atividade extracurricular de boxe. Era uma atividade paga e, depois de "matricular" o filho, os pais se comprometiam a deixá-lo pelo menos durante um ano inteiro no treinamento.

O boxe era uma atividade popular entre os meninos. Havia sido acrescentada ao currículo pelo antigo dono da escola, George Smart. Na entrega anual de prêmios, havia muitas taças de prata reluzentes para o boxe. Naquele tempo, não existia um programa de educação física e, em St John's Wood, não havia quadras de esporte, portanto, no início da década de 80, o boxe era a única atividade física oferecida, e muitos pais optavam por ela para seus filhos.

O treinador de boxe era um homem chamado Peter Lee, acho que trabalhava meio período na escola no final da década de 70. Era de Margate, no Kent. Um homem de constituição forte, mas não muito alto, e na época devia estar no final de seus quarenta anos. Ele me parecia muito "velho"! Em 1981, foi inaugurado o novo ginásio, e Peter estava no seu ambiente. Ele alegava que trabalhara a vida toda com clubes de meninos, e lembro bem que se gabava de sua amizade com Jackie Pallo, que, pelo que entendi, foi um famoso pugilista.

Eram bem poucos os meninos da minha turma que iam às aulas de boxe para treinar com Peter Lee. Alguns realmente curtiam a atividade, e lembro que no início o James também gostava. No entanto, logo depois que começou a atividade, percebi uma mudança na atitude dele. Ficou mais reservado e parecia estar perdendo a vivacidade. Os meninos que iam para a atividade de boxe trocavam de roupa na classe, vestiam os shorts brancos e as camisetas coloridas da escola, e então eu os acompanhava até o ginásio e depois ia buscá-los, quarenta minutos mais tarde.

Ficou claro pra mim que James relutava em participar da atividade. Levava séculos para se trocar e muitas vezes deixava o resto do grupo esperando. Lembro bem de uma vez em que pediu para eu ficar junto com ele no ginásio. Não fiquei. Achei que estava fazendo um pouco de corpo-mole. No entanto, toda aula de boxe, em geral duas vezes por semana, James fazia a mesma cena, e eu percebi que ele realmente não queria ir. Várias vezes eu fui e fiquei com ele. Eu odiava tudo aquilo. Aquelas crianças bem pequenas estavam sendo estimuladas positivamente a agir com agressividade. James era um menino magrinho e pequeno, e estava claro que se sentia muito desconfortável. Na época eu achava que o senhor Lee pedia ao James que ficasse mais tempo para ajudá-lo a arrumar o equipamento porque estava tentando fazer o menino se sentir especial. Quando eu levava o resto do grupo de volta, para eles se trocarem, era sempre o James que tinha que ajudar o senhor Lee a arrumar as coisas. Deixei isso acontecer muitas vezes. Foi há mais de vinte e cinco anos, bem antes de essa questão dos direitos de proteção às crianças virar uma questão importante, mas parecia haver um componente de confiança entre nós, colegas, e o fato de uma criança ficar a sós com um adulto nunca era questionado.

Um dia, James voltou da aula para se trocar e tinha sangue no rosto. Quando perguntei o que tinha acontecido, ele desatou a chorar, e então fui direto até o ginásio perguntar ao senhor Lee. Ele disse que o James havia caído. Não acreditei nele e, a essa altura, suspeitei de que o homem estava sendo violento de algum modo com James. No dia seguinte, expus minha preocupação a um colega, o orientador do ensino médio. Falei das mudanças de personalidade de James, que ele parecia relutante em participar da atividade de boxe, e da minha preocupação de que o senhor Lee estivesse, de algum modo, assustando o menino. Meu colega achou que eu estava exagerando e que o pequeno Rhodes precisava ser um pouco mais durão.

Não lembro exatamente quanto tempo o James continuou com a atividade, mas lembro de ele ter implorado mais de uma vez para eu não mandá-lo ao ginásio. Lembro também de explicar a ele que, como seus pais haviam optado por essa atividade, eu não podia tirá-lo sem a permissão deles. Falei com a mãe de James sobre isso, e ela também comentou que havia notado que seu filho não estava sendo muito "ele mesmo" e que parecia meio arredio em casa. Era uma mulher muito agradável, que adorava seus dois filhos, mas eu não lembro de ela haver cancelado a atividade. Eu me sentava naquele ginásio toda semana. Achava que estava protegendo o menino. Um dia ele voltou para a classe depois de ter ajudado o senhor Lee a arrumar as coisas e tinha sangue nas pernas.

Questionei-o sobre isso, mas ele não disse uma palavra; apenas chorou em silêncio. Levei-o para minha casa naquele dia, e ficamos tocando piano juntos.

James saiu da minha alçada naquele mês de julho e entrou no fundamental. Ele não contava mais comigo para protegê-lo. Não era bem-visto que os meninos tivessem cuidados "maternais" dos professores quando tinham mais de sete anos. Vi esse menino, antes feliz, confiante, tornar-se cada vez mais abatido à medida que o tempo passava. Era um menino muito infeliz e só conseguiu se aprumar um pouco aos treze anos, mas foi transferido para outra escola lá pelos nove ou dez anos. Meus colegas do ensino médio contaram que ele estava muito infeliz — essa foi a razão de ele ter saído da escola.

Vi de novo o James quando ele tinha dezessete anos na Harrow School, participando de um concurso de piano. Meu neto estava no mesmo concurso. James me pareceu um jovem muito problemático. Mais tarde, soube que ele tivera uma espécie de crise nervosa. Recentemente li um artigo no Sunday Times sobre James, que hoje é um talentoso concertista de piano. Fiquei arrasada ao ler na entrevista que ele havia sido seriamente abusado por um professor na escola primária.

Senti-me muito mal ao relembrar isso. Sinto uma culpa devastadora por não ter percebido o inferno que James deve ter vivido. Tentei protegê-lo do que achei que fosse um castigo físico. Na minha ingenuidade, nunca me passou pela cabeça que qualquer coisa de natureza sexual pudesse estar acontecendo. Estou em contato com James de novo. Ele confirmou o abuso sexual e me pediu para confirmar o nome completo do professor que o havia machucado de maneira tão séria. Eu acertei o nome.

Infelizmente, agora que rememoro aqueles tempos, vejo que James pode não ter sido a única vítima. Havia vários meninos que se sentiam intimidados pelo senhor Lee e, por causa disso, proibi todos da minha turma do primário de frequentarem a atividade de boxe no final daquele ano. Fui vista como uma mulher excessivamente protetora por meus colegas homens. Dou graças a Deus por ter agido assim.

Sinto muitíssimo que James tenha sofrido tão profundamente e por tanto tempo. Também fico imensamente orgulhosa pelo fato de ele haver superado isso e chegado ao outro lado. Ele merece todo o sucesso e toda a felicidade na vida. Cicatrizes e marcas profundas às vezes nos tornam mais fortes.

Escrevo tudo isso porque sei que tenho que comunicar o ocorrido à Polícia. Talvez o senhor Lee ainda esteja vivo. Pode estar ainda lidando com crianças, até mesmo com os próprios netos. A meu ver, ele é um perigo para os jovens. Como pastora da Igreja Anglicana e capelã de prisão em meio expediente, vejo os efeitos que os abusos graves têm na vida dos jovens. Que Deus possa ser o juiz dessas pessoas que arruínam a vida de outras!

Chere Hunter

Então aqui estamos. O meu Clube da Luta particular. Como Tyler Durden nos ensinou, a primeira regra de um clube da luta é que a gente nunca diz nada a respeito dele. E eu não disse nada. Durante quase trinta anos. E agora decidi falar. Porque foda-se se você é uma das pessoas que acham que eu não deveria fazer isso.

Há muita coisa a esclarecer nesse relatório policial. Há um monte de insinuações, mas não há fatos reais sobre o abuso. Abuso. Que palavra! Estupro é melhor. Abuso é quando você manda um guarda de trânsito se foder. Quando um cara de quarenta anos enfia o pau dele no cu de um menino de seis anos, isso não é abuso. Não chega nem perto de abuso. É um estupro violento. Acarreta várias cirurgias, cicatrizes (dentro e fora), tiques, TOC ou transtorno obsessivo-compulsivo, depressão, fantasias suicidas, automutilação vigorosa, alcoolismo, dependência de drogas, inibições sexuais das mais fodidas, confusão de gênero ("você parece uma menina, tem certeza de que não é uma menina?"), confusão em relação à própria sexualidade, paranoia, desconfiança, compulsão por mentira, distúrbios alimentares, distúrbio de estresse pós-traumático, transtorno dissociativo de identidade (um nome mais bonito para o distúrbio de múltipla personalidade) e mais isso e mais aquilo outro.

Eu passei, literalmente da noite para o dia, de um menino alegre, dançante, rodopiante, risonho, que curtia a segurança e a aventura de uma nova escola, para um autômato isolado, preso em seu próprio corpo, insensível a tudo. Foi algo repentino e chocante, como andar todo feliz da vida por um caminho ensolarado e de repente alguém abrir um alçapão e você cair num lago gelado.

Quer saber como se faz para arrancar tudo o que há de criança de dentro de uma criança? Basta estuprá-la.

Estupre-a repetidas vezes. Bata nela. Segure-a e empurre coisas dentro dela. Diga-lhe coisas a respeito dela que só podem soar como verdade na mente dos mais jovens quando a lógica e a razão ainda não estão totalmente formadas, e que irão se apoderar dela e se tornar parte integral e inquestionável de seu ser.

Minha mãe, coitada, não percebeu ou não quis perceber que havia algo errado. Não a culpo. Era uma mãe jovem, ingênua, sentindo o peso da vida e tentando desesperadamente dar conta, apesar de ter uma insônia que resistia a Valium, uma família para cuidar e nenhum manual que explicasse como fazê-lo. Tudo o que estava a seu alcance era levantar de manhã, pôr comida na mesa e se manter de pé até as onze da noite. Era e é uma mulher incrivelmente afetuosa, generosa e amorosa e enfrentou uma situação horrível da melhor e da única maneira que sabia.

Não vou dar detalhes sobre o sexo. Por várias razões. Alguns de vocês poderiam ler e usar isso para ficar fantasiando a respeito. Alguns de vocês poderiam ler e me julgar por ter ficado de pau duro na época (alguma vez). Alguns de vocês iriam ler e simplesmente ficar com nojo e indignação. Mas principalmente não vou entrar em detalhes porque não acho que, fazendo isso, conseguiria sair vivo dessa experiência, especialmente considerando que você pode comprar um exemplar do *Daily Mail* se estiver muito a fim de ficar excitado, com nojo ou com vontade de julgar os outros. É mais barato, mais rápido e menos traumático pra mim.

O sentido de compartilhar estas palavras dolorosas, tóxicas, é simplesmente o seguinte: esse primeiro incidente naquele vestiário fechado do ginásio me fez mudar de maneira irreversível e permanente. A partir daquele momento, a parte maior e mais verdadeira de mim passou a ser, de maneira quantificável, repugnantemente diferente.

FAIXA TRÊS

Schubert, Trio para Piano N° 2 em Mi Bemol Maior, Segundo Movimento

Trio Ashkenazy, Zukerman, Harrell

Poucos meses antes de sua morte, em 1828, aos trinta e um anos, Schubert concluiu um trio para piano, violino e violoncelo com cinquenta minutos de duração. Havia levado uma vida curta, infeliz, sofrida, na qual a música oferecia o único contraponto à sua infelicidade. Schubert vivia em constante penúria financeira, dependendo de amigos para comida, moradia e dinheiro. Foi invariavelmente infeliz no amor, com os obstáculos adicionais de ser baixinho, feio e muito sensível a afrontas, tanto reais quanto imaginárias. E, mesmo assim, apesar de ser uma espécie de desastre ambulante e falante, era extremamente prolífico — escreveu mais de vinte mil compassos de música apenas no seu décimo oitavo ano de vida, compôs nove sinfonias (Beethoven só tinha uma aos trinta e um anos), mais de seiscentas canções, vinte e uma sonatas para piano e muita música de câmara.

A maior parte de sua produção só foi executada após sua morte, o que não ocorreu com este trio. A música de câmara era mais fácil de ser apresentada em residências particulares do que a música de orquestra, e algumas casas em Viena abrigavam regularmente as Schubertíades — noitadas informais com sua música, e também leituras de poesia e dança. Em 1828, o trio teve sua primeira audição em uma dessas noitadas (para celebrar o noivado de um amigo). O movimento lento capta perfeitamente o sentimento de uma vida de duração muito curta — funéreo e sombrio, com toques de esperança e um vislumbre do infinito potencial de um gênio.

Escrito por um dos únicos compositores, desde Mozart, capazes de conceber e compor uma obra inteira na cabeça antes de anotá-la no papel, constitui a trilha de um homem deprimido que começou seus dias de estudante com a ideia de se tornar advogado.

Esse é um lembrete devastador de quanto perdemos com sua morte prematura, aos trinta e um anos.

Culpa da estúpida sífilis.

O que é mais interessante (para mim) do que expor como foi que aprendi a engolir e a tomar no cu é o impacto que o estupro tem em uma pessoa. É como uma mancha sempre presente. Há milhares de lembretes disso todo dia. Toda vez que eu cago. Assisto tevê. Vejo uma criança. Choro. Dou uma olhada num jornal. Ouço notícias. Assisto a um filme. Alguém toca em mim. Faço sexo. Bato uma punheta. Bebo algo inesperadamente quente ou tomo um gole grande demais. Tusso ou engasgo.

A hipervigilância é um dos sintomas mais estranhos do distúrbio de estresse pós-traumático. Toda vez que ouço um barulho alto, espirro, pancada, rangido, grito, buzina de carro, ou qualquer gesto repentino, como alguém batendo de leve no meu ombro ou uma notificação do meu celular, dou um pulo. É involuntário, incontrolável, não intencional, engraçado e demente ao mesmo tempo. E é especialmente ruim com música clássica, pois o tempo todo há variações repentinas de dinâmica (se você vir um cara meio desalinhado no metrô com fone de ouvido, pulando do assento a toda hora, chegue mais e dê um alô).

Há também os tiques. As pequenas e não tão pequenas contrações que me têm acompanhado desde que o abuso começou.

Os olhos piscam, as cordas vocais têm espasmos, e grunhidos e guinchos aparecem sem ser convidados e têm de ser repetidos até passarem por completo. E, continuando pelo espectro do TOC/síndrome de Tourette, há coisas que precisam ser tocadas de determinada maneira, ritmos batucados impecavelmente em mesas ou paredes ou nas pernas, interruptores de luz apertados o número correto de vezes, e assim por diante.

Quando toco piano num palco é que fica perigoso; se uma parte da minha mão esquerda resvala nas teclas do piano de um jeito, preciso replicar exatamente o mesmo toque com a mão direita. Eu preciso. E tem que ser logo, também. E não é uma coisa que eu queira ficar lembrando e tentando organizar quando estou empenhado em lembrar as trinta mil notas de uma sonata de Beethoven. Também vou precisar cheirar uma das minhas mãos certos momentos durante a execução (um grande desafio). E tentar (e não conseguir) fazer com que tudo isso passe como algo "artístico", para que as pessoas não notem. E esperar até que esteja tocando um trecho de volume bem alto, porque, então, vou poder guinchar sem que a plateia perceba. No meio da execução vou precisar mudar o dedilhado, que eu passei centenas de horas memorizando, para poder virar minha mão para dentro e raspar a beirada das teclas e, assim, satisfazer esse tique bizarro. E Deus queira que eu não veja nenhum fio de cabelo em cima das teclas. Caso contrário, vou ter que encontrar um tempinho para tirá-lo de lá, no meio da performance, para deixar tudo limpo. É muita coisa pra pensar, parece totalmente fora do controle, e não há uma explicação satisfatória para dar aos críticos quando isso interfere na minha execução ao piano.

Os tiques mentais são muito mais insidiosos. Os pensamentos não podem literalmente ser detidos; caso contrário, vão acontecer coisas verdadeiramente pavorosas. Portanto, quando estou em determinado estado, pensando em algo ruim, como, por exemplo, na minha namorada jogando charme para algum outro cara, ou então como seria se eu me machucasse (o que é uma variação do mesmo tema), isso deve ser levado adiante até eu ficar satisfeito. Por isso, quando uma psiquiatra bem-intencionada me diz para desviar a atenção e interromper o pensamento, eu simplesmente acho graça e penso: "Isso não vai acontecer e, na realidade, você deveria me agradecer, porque, se eu seguisse seu conselho, você acabaria pagando o preço e tendo um acidente terrível, iria perder sua carreira e seu marido, acabar na miséria, incapacitada e precisando de um psiquiatra, que você não teria condições de pagar. Então, acabaria morrendo sozinha e na obscuridade, infeliz e com medo. Não há de quê".

E aí vêm as coisas realmente vergonhosas. Como ter uma ereção sempre que eu choro. De algum modo, o corpo lembra de tudo e associa as lágrimas à excitação sexual. Eu chorava enquanto ele me chupava. Mas fisiologia é fisiologia, e meu pau fazia o trabalho dele e ficava duro. Portanto, agora, quando eu choro, meu pau pensa: "Ah, lembro disso! Então, vamos levantar".

O sexo também é um tópico excelente. A vergonha monumental do orgasmo é de fazer você perder o chão. As imagens que passam quando você está de olho fechado trepando, que forçam você a sacudir a cabeça pra tentar fazê-las desaparecer. As constantes lembranças de ter sido tocado ali, ali e ali, e o que isso significava na época e o que deve significar agora. O incessante horror de acreditar no nível mais profundo que sua namorada, mulher ou noiva está de algum modo manchada, estragada, que é repulsiva e má porque fez sexo quando adolescente. Apesar de saber quanto isso soa ridículo, estúpido e ilógico. Eu fiz sexo quando era jovem. Eu era mau. Sou mau. Você fez sexo quando jovem, portanto é má. E, portanto, não podemos ficar juntos, pois não consigo respeitá-la. Você é totalmente repulsiva. Case comigo. Eu te amo. Sua puta vagabunda. Tem uma loja de cartões Hallmark perto daqui.

Havia fantasias sexuais infantis de ser o único sobrevivente de um holocausto nuclear e vagar pelas ruas arrancando mulheres de dentro dos carros e fazendo coisas inenarráveis com elas, sentir tesão ao imaginar ser detido e ter que implorar pela própria vida, e uma série de outras perversões bizarras e maravilhosas envolvendo tortura, controle, dor e sabe Deus mais o quê. Tudo isso antes de completar nove anos.

E aqueles surtos de raiva. Uma raiva corrosiva, devastadora, de tudo o que existe no mundo inteiro. Raiva de famílias felizes, de famílias desfeitas, de famílias, de sexo, de sucesso, fracasso, doença, crianças, mulheres grávidas, polícia, médicos, advogados, professores, escolas, hospitais, psiquiatras, fechaduras de portas, colchonetes de educação física, autoridade, drogas, abstinência, amigos, inimigos, de fumar, de não fumar, de tudo e de todos, sempre.

Acima de tudo, raiva porque, na verdade, eu sei bem que nunca vou conseguir fazer desaparecer completamente o que aconteceu. É uma daquelas horrendas manchas de sangue no rosto que assustam as crianças e fazem os adultos desviarem o olhar. Simplesmente fica lá o tempo todo, e nada do que eu faça pode ou poderá algum dia apagar. E eu posso tentar quanto quiser fazer disso a "minha coisa", a razão de eu ser especial, uma permissão para ter deslizes e me comportar do que jeito que quiser e me sentir a pessoa que eu quiser ser, um Holden Caulfield espasmódico, apesar dos meus trinta e oito anos, mas eu sei o tempo todo, todos os dias, que não há nenhum lugar onde eu possa colocar isso, nenhum jeito de enquadrar ou reenquadrar isso, nada que eu possa fazer que o torne suportável ou aceitável.

Há um mecanismo embutido em nossa psique que ajuda, que é a dissociação. É o mais grave e o mais persistente dos sintomas de abuso. É algo realmente brilhante. Começou no ginásio de esportes naqueles anos.

Está dentro de mim e dói. É um imenso choque em todos os níveis. E eu sei que não está certo. Não pode estar. Por isso saio do corpo, flutuo para fora dele e subo até o teto, onde me observo até isso se tornar insuportável, mesmo assistindo lá de cima, e então voo para fora do quarto, atravesso portas fechadas e caio fora para um local seguro. Era uma sensação inexplicavelmente magnífica. Qual é o menino que não quer ser capaz de voar? E a sensação é muito real. Eu estava, para todos os efeitos, literalmente voando. Sem peso, solto, livre. Isso acontecia a toda hora, e eu sequer questionava mais. Apenas me sentia grato pelo alívio, pela experiência, pela "viagem" gratuita.

E sempre, desde então, como um cãozinho pavloviano, na hora em que um sentimento ou uma situação se tornar insuportável, eu não estou mais lá. Existo fisicamente e funciono no piloto automático (suponho), mas não há ninguém conscientemente dentro da minha mente. "As luzes estão acesas, mas não tem ninguém em casa", essa é a descrição perfeita. Quando criança, isso não era bom, porque eu não tinha o menor controle, acontecia o tempo todo e fazia com que eu fosse rotulado de avoado, difícil, idiota, acusado de nunca estar totalmente presente. Ficava vagando por sombras cinzentas e saía do ar um tempão. Às vezes minha mãe me mandava comprar alguma coisa, e eu só voltava depois de horas. E então ficava assustado com o pânico e a preocupação que havia gerado — o tempo simplesmente parecia desaparecer, e eu ficava zanzando com um estranho qualquer ou ia a um lugar totalmente diferente daquele que pretendia.

Ou, hoje em dia, eu posso ficar conversando com meu melhor amigo, discutindo planos detalhados para o Natal, e cinco minutos depois viro pra ele e pergunto: "E aí, quais são seus planos pro Natal?". Não que bater papo com um amigo sobre bobagens cotidianas seja algo ameaçador em qualquer sentido real da palavra, mas é que isso ficou tão incorporado, faz tanto parte de mim, que com frequência vou embora, sem perceber, diante do mínimo indício de ameaça. Como me comprometer a ver alguém no Natal quando ainda estamos em novembro, sendo que até lá posso ter morrido, ou estar de férias, ou ocupado, ou querendo ficar sozinho e em paz.

Há momentos-chave da minha vida que se perderam por causa disso. Olho meu passaporte e sei que estive em certos lugares. Encontro pessoas que dizem que me conhecem, às vezes até que me conhecem bem. Vou a restaurantes e me surpreendo quando o dono diz "que bom que você voltou", conto histórias às pessoas, e elas, educadamente, me lembram que já contei a mesma história antes ou que elas estavam comigo quando aconteceu, e nada... Não tenho a menor lembrança de nada disso.

Do ponto de vista positivo, significa que eu posso assistir ao mesmo filme ou programa de tevê várias vezes sem me dar conta de que já assisti; pelo lado negativo, dou a impressão de ser mal-educado, indelicado, um pouco estúpido. E é uma merda, é muito ruim não ser capaz de lembrar de quase nada, a ponto de ter que ficar vários minutos para lembrar o que eu comi no café da manhã, por que foi que saí de casa ou em que dia, mês e ano estamos.

É mais estranho ainda porque consigo lembrar de mais de cem mil notas num recital de piano. Mais espantoso ainda porque uma das poucas situações em que me sinto de fato com os pés no chão é quando estou sentado na frente de um piano.

Tenho sido assim desde que me conheço por gente. Na infância, a dissociação era a única maneira pela qual conseguia lidar um pouco com o mundo. Se você não lembra, não pode ser aterrorizado pelo passado. Nossas psiques são fodas — projetadas para lidar com qualquer tipo de situação, pelo menos até que fiquem sobrecarregadas e se partam em dois pedaços. Porém, mesmo nessas horas, muitas vezes há um jeito de voltar para algo parecido com uma condição de quase normalidade.

E meus amigos mais próximos sabem disso e não se sentem incomodados quando faço a mesma pergunta no intervalo de quarenta e cinco segundos ou não lembro de umas férias que passamos juntos há alguns anos ou meses. E é exatamente por isso que são meus amigos mais próximos e que posso contá-los nos dedos de uma mão.

FAIXA QUATRO

Bach-Busoni, *Chacona*
James Rhodes, piano
(cala a boca! tenho o maior orgulho dessa aí)

Bach escreveu vários grupos de seis peças — seis partitas para teclado, seis para violino, seis suítes para violoncelo, seis Concertos de Brandenburgo e vários outros. Os músicos têm essas esquisitices.

Há uma peça que Bach escreveu por volta de 1720 e que foi descrita por Yehudi Menuhin como "a maior estrutura para violino solo que existe". Eu diria mais. Se Goethe estava certo, e a arquitetura é música congelada (que frase!), esta peça é uma combinação mágica do Taj Mahal, do Louvre e da Catedral de St. Paul. É o último movimento e o mais longo de sua segunda partita (de seis, é claro) para violino. É um conjunto de variações (sessenta e quatro, eu contei) sobre um tema que nos arrasta por todas as emoções conhecidas pelo homem e mais algumas, como bônus. Nesse caso, o tema é o amor, com sua correspondente loucura, majestade e obsessão.

Brahms descreve isso melhor em uma carta à mulher de Schumann: "Em um só pentagrama, para um instrumento pequeno, o sujeito escreveu todo um mundo dos pensamentos mais profundos e dos sentimentos mais poderosos. Imagino que, se eu tivesse criado, ou apenas concebido a peça, com certeza o excesso de excitação e a experiência avassaladora me teriam feito enlouquecer".

O abuso sexual prosseguiu por quase cinco anos. Quando saí daquela escola, aos dez, havia sido transformado em James 2.0. A versão autômato. Capaz de desempenhar um papel, com sentimentos falsos de empatia, e responder a perguntas com as respostas apropriadas (a maior parte delas). Mas não sentia nada, não tinha qualquer noção do que era a expectativa do bem (minha definição favorita de "alegria"), fora reiniciado aos dados de fábrica, um monte de *settings* errados, eu era um verdadeiro minipsicopata.

Mas alguma coisa aconteceu comigo bem no meio de tudo aquilo, algo que, estou convicto, salvou minha vida. Continua comigo até hoje e vai continuar enquanto eu viver.

Existem apenas duas coisas que eu sei que estão garantidas na minha vida: o amor que tenho pelo meu filho e o amor que tenho pela música. E — deixa: a história comovente com violinos chorosos ao fundo, estilo *Factor X* — a música foi o que aconteceu comigo quando eu tinha sete anos.

Especificamente a música clássica.

Mais especificamente, Johann Sebastian Bach.

E, se você quer que eu seja ultraminucioso, a sua Chacona para violino solo.

Em ré menor.

BWV 1004.

A versão para piano com transcrição de Busoni. Ferruccio Dante Benvenuto Michelangelo Busoni.

Posso seguir adiante com isso por um tempo ainda. Datas, versões gravadas, extensão em minutos e segundos, capas de CD etc. etc. etc. Não é de admirar que a música clássica seja tão foda. Uma única peça de música tem dúzias de pequenas informações adicionais ligadas a ela, e nenhuma importa a ninguém, exceto a mim e a outros três ou quatro aficionados do piano que estejam lendo isto.

O ponto é o seguinte: na vida de todo mundo, há um pequeno número de momentos do tipo "Princesa Diana". Coisas que acontecem e que jamais são esquecidas e que têm impacto significativo na vida da pessoa. Para alguns, é a primeira vez que fizeram sexo (minha primeira vez com uma mulher foi aos dezoito anos, com uma prostituta chamada Sandy, australiana, bondosa, e que me pôs pra assistir a um filme pornô enquanto a gente transava num apartamento de subsolo perto da Baker Street por quarenta libras). Para outros, é quando um dos pais morre, quando começam num novo emprego, quando nascem os filhos.

Para mim, houve quatro até agora. Pela ordem cronológica inversa, conhecer Hattie, o nascimento do meu filho, a Chacona de Bach-Busoni e ter sido estuprado pela primeira vez. Três deles foram maravilhosos. E, pela lei das médias, três em quatro não é nada mau.

Na verdade, está ótimo.

Algumas coisas sobre Bach que precisam ser esclarecidas.

Se alguém, alguma vez, pensar a respeito de Bach (e por que o faria?), o mais provável é que o veja na sua mente como um cara mais velho, gorduchinho, melancólico, de peruca, sério, luterano, de poucas palavras, nada romântico, e precisando muito dar uma trepada. Sua música é considerada por alguns antiquada, irrelevante, tediosa, plana e, como a bela arquitetura da Place des Vosges ou de Regent's Park, algo que pertence a outras pessoas. Deveria estar confinado para sempre a anúncios de charutos, salas de espera de dentistas e plateias de octogenários no Wigmore Hall.

A história de Bach é extraordinária.

Aos quatro anos, seus irmãos morrem. Aos nove, ele perde a mãe, aos dez, o pai, e torna-se órfão. Despachado para ir morar com um irmão mais velho que não pode sustentá-lo, é tratado como um bosta e não tem permissão para se concentrar na música, que ele ama. Sofre abusos contínuos na escola, a ponto de faltar mais da metade dos dias de aula para evitar o ritual de tomar surras e coisas piores. Anda quilômetros e quilômetros quando adolescente para estudar na melhor escola de música que conhece. Apaixona-se, casa, tem vinte filhos. Onze desses filhos morrem durante a infância ou ao nascer. Sua esposa morre. Ele vive rodeado, engolido pela morte.

Ao mesmo tempo em que as pessoas à sua volta vão morrendo, ele compõe para a Igreja e para a Corte, ensina órgão, rege o coro, compõe para si mesmo, dá aulas de composição, toca órgão nas missas, ensina cravo e muitas vezes perde a compostura por questões de trabalho. Escreve mais de três mil obras musicais (muitas e muitas mais se perderam), a maioria delas, trezentos anos depois, ainda é executada, ouvida e venerada no mundo todo. Não participa de nenhum daqueles grupos de doze passos, não vai ao psiquiatra nem toma antidepressivos. Não fica muito puto e xingando ou vendo tevê de tarde enquanto toma cerveja Special Brew.

Ele segue em frente e vive da maneira melhor e mais criativa que consegue. Não para ganhar elogios, recompensas, mas, segundo suas palavras, para a glória de Deus.

É com esse homem que estamos lidando aqui. Mergulhado em pesares, emergindo de uma infância de doença, pobreza, abuso e morte, um homem de família, beberrão, briguento, comedor de jovens admiradoras, *workaholic*, que ainda encontrava tempo para ser atencioso com seus alunos, pagar as contas e deixar um legado totalmente além da compreensão da maioria dos humanos. Beethoven disse que Bach foi o imortal deus da harmonia. Até Nina Simone reconheceu que foi Bach quem a fez dedicar a vida à música. Não a ajudou muito no que se refere à dependência de heroína e álcool, mas valeu a tentativa.

Claramente ele não prometia ser emocionalmente normal. Era obcecado por números e matemática, muito ao estilo TOC. Usava o alfabeto como um código básico, no qual cada letra correspondia a um número (A B C = 1 2 3 etc.). BACH. B=2, A=1, C=3, H=8. Some tudo e você tem 14. Inverta e terá 41. E 14 e 41 aparecem o tempo todo em suas obras — números de compassos, número de notas em uma frase, como uma assinatura musical oculta em pontos-chave de suas peças. Provavelmente era algo que lhe dava segurança, daquele jeito bizarro que os afligidos por tiques de acender e apagar luzes, contar e dar batidinhas se sentem seguros. Desde que isso seja feito do jeito correto.

Aos doze anos, ele descia furtivamente até o andar de baixo enquanto todos dormiam, pegava escondido um manuscrito que seu irmão estúpido não lhe permitia olhar, copiava-o e escondia-o, com o cuidado de deixar o original de volta no mesmo lugar, e ia para a cama dormir algumas horas antes de acordar às seis da manhã para ir à escola. Fez isso por seis meses até conseguir a partitura musical completa, que ele podia estudar, meditar a respeito e absorver.

Gostava tanto de harmonia que, quando seus dedos não eram suficientes, colocava um toco na boca e apertava com ele as teclas das notas adicionais e, dessa forma, satisfazia sua mania.

Você entendeu o conceito.

Voltando à Chacona. Quando sua primeira esposa, grande amor da sua vida, morre, ele compõe uma peça em sua memória. É para violino solo, uma das seis (é claro) partitas que ele compôs para o instrumento. Mas na realidade não é só uma peça musical. É como a porra de uma catedral musical erguida em memória dela. É a Torre Eiffel das canções de amor. A realização que coroa essa partita é seu último movimento, a Chacona.

Quinze minutos de uma intensidade comovente, na desgarradora tonalidade de ré menor.

Imagine tudo o que você sempre gostaria de dizer a alguém que ama ao saber que a pessoa está prestes a morrer, mesmo as coisas que você não conseguiria expressar em palavras. Imagine-se destilando todas essas palavras, sentimentos, emoções em quatro cordas de um violino e concentrando isso em quinze tensos minutos. Imagine alguém descobrindo um jeito de construir todo o universo do amor e do pesar no qual existimos, colocando isso em forma de música, escrevendo no papel e oferecendo isso ao mundo. Foi o que ele fez, mil vezes mais, e todo dia isso é suficiente para me convencer de que há algo maior e melhor do que meus demônios e que isso de fato existe. Bem hippie, não?

Então, na casa da minha infância, encontrei uma fita cassete. E na fita havia uma gravação ao vivo dessa peça. As gravações ao vivo são, sempre, inequivocamente melhores que as de estúdio. Têm uma eletricidade, um sentido do perigo e o frisson de um momento no tempo captado para sempre só para você, o ouvinte. E, é claro, o aplauso no final me dá um pouco de tesão, porque eu curto coisas desse tipo. Aprovação, recompensa, elogio, ego.

Eu ouvi a fita no meu combalido gravador Sony antigo (com autorreverse — você se lembra da alegria quase mágica que isso dava?). E, num instante, estou viajando de novo. Desta vez, não para voar perto do teto e me afastar da dor física do que acontecia comigo; ao contrário, voo para mais dentro de mim. A sensação é como se eu estivesse passando muito frio e, de repente, entrasse num edredom ultraquente e hipnoticamente confortável, tendo embaixo de mim um daqueles colchões de três mil libras, projeto da NASA. Eu nunca, nunca havia experimentado algo parecido antes.

É uma peça densa; com certeza a abertura é sombria. Uma espécie de coral funéreo, cheio de solenidade, dor e aflição resignada. Variação após variação, a peça avança e recua, expande-se e contrai-se em si mesma como um buraco negro musical, igualmente desconcertante para a mente humana. Algumas das variações são em tonalidades maiores; outras, em tonalidades menores. Algumas são arrojadas e agressivas; outras, resignadas e exauridas. São alternadamente heroicas, desesperadas, alegres, vitoriosas, derrotadas. Isso faz o tempo parar, acelerar, ir para trás. Eu não sabia que raios estava acontecendo, mas literalmente não conseguia me mexer. Era como estar num transe induzido por um estalar de dedos do Derren Brown depois de tomar Cetamina.³ Pegava em alguma coisa dentro de mim. Agora me faz lembrar de uma fala do *Lolita*, quando ela diz a Humbert que ele rasgou alguma coisa dentro dela; eu tinha algo que estava rasgado dentro de mim, mas aquilo consertou. Sem esforço e instantaneamente. E eu soube, do mesmo jeito que soube, quando segurei meu filho nos braços, que eu me atiraria debaixo de um ônibus para salvá-lo, que era nisso que a minha vida iria consistir. Música e mais música. Seria uma vida dedicada à música e ao piano. Inquestionavelmente, de uma maneira feliz, com o luxo duvidoso da escolha removido.

E eu sei quanto isso é um clichê, mas essa peça se tornou meu local seguro. Toda vez que eu me sentia ansioso (ou seja, sempre que estava acordado), ela circulava pela minha cabeça. Seus ritmos eram batucados, suas vozes melódicas tocavam sem parar, alteradas, exploradas, experimentadas de várias formas. Eu mergulhava dentro dela como se fosse uma espécie de labirinto musical e ficava vagando por ela, perdido e feliz. Ela me preparou para a vida; sem ela, eu teria morrido há alguns anos, não tenho dúvidas. Mas, com ela e com toda a outra música que ela me levou a descobrir, criou-se um campo de força que só podia ser penetrado pela dor mais tóxica e brutal.

Imagine que tipo de ajuda isso representa.

A essa altura, eu já conseguira encontrar uma estratégia de fuga da escola onde ocorrera o estupro e estava matriculado em uma daquelas escolas provinciais para interioranos. Mas agora já me tornara uma espécie de super-herói da música clássica — fui para um internato aos dez anos, tendo a música de piano como minha capa de invisibilidade/invencibilidade.

---

³ Derren Brown é ilusionista e leitor de mentes inglês, conhecido por seus programas de televisão e shows em palco, nos quais demonstra habilidades relacionadas com memória, intuição, leitura da mente e controle mental e de objetos por meio de hipnose, sugestão etc. A cetamina é uma droga dissociativa usada como anestésico, com efeito hipnótico e analgésico. (N. T.)

Que foi um pouco como sair da frigideira para o fogo, porque nessa época eu era um garoto muito estranho, cheio de tiques, que molhava a cama, meio desorientado e esquisito. Fiquei vomitando sem parar o caminho inteiro até lá, estava tão em pânico que não falei com ninguém nos primeiros dias; ficava apenas andando por ali, traumatizado, como um sobrevivente de alguma bomba, com os ouvidos em frangalhos e o cérebro ainda reverberando.

Era também o único judeu daquela escola. Eles literalmente nunca tinham visto um judeu antes. Eu era como um experimento científico — os garotos ficavam tocando em mim e me cutucando para ver se eu tinha "alguma coisa diferente". E eles só ficaram sabendo que eu era judeu porque o filho da puta do orientador anunciou para a escola inteira, reunida numa manhã, que eu ia faltar um dia porque estava celebrando o Ano-Novo Judaico. Que caiu mais ou menos um mês depois de começar meu primeiro semestre.

Mas eu não liguei. Não liguei mesmo. Porque, comparado com todo o resto, isso não era nada. Apanhava a toda hora, chupava o pau dos meninos mais velhos (e dos funcionários) em troca de barrinhas de chocolate (eu era muito inocente naquela época — dinheiro não significava nada, açúcar era tudo), torturava animais (lagartixas, moscas, nada maior que eu me lembre e que pudesse despertar desconforto naqueles de vocês que amam os animais), escondia-me, passava incontáveis horas em cubículos de banheiro trancado, sangrando e cagando ou fodendo e chupando. Acabava com homens e meninos mais velhos, fazendo qualquer coisa que eles me pedissem, porque, bem, era isso o que rolava. Do mesmo modo que apertar a mão das pessoas queria dizer olá, oferecer-se para algum filho da puta pervertido porque você identificava "aquele" olhar (pedófilos — não pensem um minuto sequer que vocês passam despercebidos para quem já passou por isso) era algo absolutamente normal e previsível. Como estar de férias aos dez anos de idade e dar uma escapada com um cara de uns quarenta anos (que estava lá com a família dele) até algum banheiro para chupar o pau dele em troca de um sorvete e, mesmo assim, não classificar isso como abuso, nem mesmo hoje, porque foi escolha minha. Eu dei a ele meu consentimento. Tomei a iniciativa. Eu queria um sorvete.

Mas agora eu tinha a música. E então isso não tinha mais importância. Porque eu finalmente possuía a prova definitiva de que tudo estava bem. Que existia alguma coisa nessa merda de mundo horrível que era só pra mim, que não precisava ser compartilhada ou explicada, que era toda minha. Nada mais era, exceto isso.

A escola tinha umas duas salas de ensaio, com pianos de armário velhos e caindo aos pedaços. Eram minha salvação. Cada momento de folga que eu tinha ia para lá, a fim de improvisar alguma coisa, tentar juntar pedaços de sons que fizessem algum sentido. Eu chegava para o café da manhã o mais cedo possível, antes dos outros, porque qualquer tipo de interação social era assustadora demais e cheia de perigos; engolia os sucrilhos de arroz cobertos com açúcar branco, ficava sentado sozinho evitando qualquer contato e depois ia até o piano.

E também eu era péssimo. Não que isso importe, mas, juro, eu era horrível mesmo. Dê uma olhada em qualquer uma das milhares de crianças asiáticas arriscando um Beethoven no YouTube, se você quer ver algo incrível, e então imagine essas crianças com três dedos curtos e grossos e o cérebro de uma pessoa com Alzheimer vítima de infarto, e você estará perto do meu nível de habilidade. Eu dou muita risada agora quando os pais levam os filhos até mim para eu autografar meu CD depois de um concerto e pedem que eu diga a eles quanto tempo o Joãozinho precisa ficar praticando diariamente para poder tirar boas notas e tocar direito. Em geral, minha resposta é: "O quanto ele tiver vontade. Se ele não estiver sorrindo e curtindo, então esqueça. E se ele pegar a obsessão pelo piano, aí não importa — ele vai encontrar um jeito de tocar".

Eu encontrei. Aprendi a ler música — não é difícil e é um primeiro passo essencial. Mas, claro, eu não tinha a menor ideia de coisas como dedilhado ou sobre como praticar. Saber qual dedo usar para tocar cada nota talvez seja a parte mais importante para aprender a tocar uma peça. Se você achar o dedilhado certo, ele vai facilitar muito sua vida. Se escolher o dedilhado errado, será uma escalada morro acima, e nunca vai deixar você totalmente seguro na execução. Há muitos fatores se considerar. Eis um deles, entre os mais fáceis: que combinação de dedos fará a melodia soar mais clara, mais natural, evoluindo e sendo articulada do jeito que o compositor queria que fosse, ao mesmo tempo em que você continua tocando todas as outras notas e acordes que estão em volta dela? Alguns dedos são mais fracos ou mais fortes que os outros e não devem ser usados em certos lugares; o polegar, por exemplo, é mais pesado e vai fazer qualquer das notas que ele tocar soar mais forte do que se for tocada, digamos, pelo quarto dedo. Portanto, isso tem que ser levado em conta. O elo físico entre o quarto e o quinto dedos é comparativamente mais fraco (especialmente na mão esquerda) e por isso, ao tocar passagens que contenham escalas, você deve tentar passar do terceiro dedo para o mindinho, pulando o quarto dedo, a fim de deixar a passagem mais uniforme. O trilo (uma alternância ultrarrápida entre duas notas, em geral uma do lado da outra, a fim de criar um vibrato, um som tremido) é mais fácil de executar com o segundo e o terceiro dedos, mas às vezes a mão está tocando também um acorde e, portanto, você só pode fazer o trilo usando o quarto e o quinto dedos, para que tudo possa fluir naturalmente.

Infelizmente, a combinação física mais fácil nem sempre funciona bem do ponto de vista musical (pode fazer as coisas soarem pouco fluentes ou desconectadas, sem uniformidade, sem equilíbrio). Quando uma conexão física entre duas notas é impossível (o salto é muito grande ou você simplesmente não tem dedos suficientes), é preciso aprender a usar o peso da mão para fazer a passagem soar bem conectada, mesmo que na realidade não esteja ligando as notas fisicamente. É preciso haver sempre consciência não só da nota que você está tocando, mas também da relação dessa nota com o que veio antes e com o que vem depois, e usar o dedilhado correto é a maneira mais segura de fazer isso.

Às vezes você pode, para facilitar as coisas, tocar com a mão esquerda notas que a mão direita supostamente deveria tocar, e vice-versa, mesmo que seja apenas a nota de um acorde — mas, em geral, isso não vem indicado na partitura e, portanto, você precisa aprender a detectar oportunidades de fazer isso, marcar na partitura, lembrar-se de fazer, achar o melhor dedilhado, certificar-se de que a linha melódica continuará a ser expressa com clareza, que você não está usando demais os pedais (que dão sustentação às notas ou as abafam), que está de fato tocando todas as notas que o compositor escreveu, que as escalas soam uniformes e equilibradas, que os acordes têm seu peso bem distribuído (cada dedo deve exercer um peso e uma força ligeiramente diferentes quando se toca um acorde com cinco notas simultâneas), que a velocidade e o volume estão bem definidos, com as nuances e a execução adequadas, que a sonoridade (de que modo usar o peso das mãos, dos braços, dos dedos, para fazer com que o acorde que você está tocando soe de determinada maneira) não é pesada demais ou muito suave, que os pulsos e os braços não estão tensionados, que sua respiração flui, que o volume está dosado e correto, e assim por diante. É como um grande quebra-cabeças matemático, que exige o uso da lógica para resolvê-lo. Mas se, antes de mais nada, você não tiver uma compreensão da lógica, vai ficar dando tiro no escuro.

A escola que eu frequentava tinha uma espécie de professor de piano, que me dava umas aulas esporádicas, mas ele não tinha muita noção também. Claro que não tinha — era professor de música, mas estava lá para fazer um monte de outras coisas e, por acaso, sabia tocar um pouco de piano, e por isso era o "professor de piano". Ele sabia tanto quanto eu de dedilhado, sonoridade, respiração ou postura.

E essa coisa toda é puramente mecânica. Estou falando do aspecto físico de "como" aprender e como tocar uma peça. Isso sem falar da questão da interpretação musical ou de como memorizar a peça. Meu Deus, às vezes Bach sequer especificava em que instrumento determinada peça deveria ser tocada, muito menos aspectos como velocidade e dinâmica dessa peça. Essas coisas ficaram mais detalhadas com Mozart e Beethoven, conforme os compositores passaram a incluir essas indicações, mas, mesmo assim, são meras referências. Nunca haverá, é impossível que haja, duas performances idênticas da mesma peça musical, mesmo quando é você quem toca a peça duas vezes. Há uma escolha infinita de interpretações, e cada um tem opiniões distintas sobre qual é o "jeito certo", o que respeita/desrespeita a intenção do compositor, o que é válido, o que é instigante, o que é maçante, o que é profundo. É algo totalmente subjetivo.

E deve-se também definir por onde começar a memorizar cerca de cem mil notas individuais, de modo que, mesmo que os microfones desliguem, que espectadores atrasados cheguem fazendo barulho ou que você use acidentalmente o dedo errado e aí foda de vez a memória muscular, ainda assim você se sentirá totalmente seguro. Algumas pessoas visualizam a partitura inteira na mente, incluindo as manchas de café e as marcações a lápis. Outras confiam na memória muscular. Outras até colocam a partitura na frente (o que vai bastante contra a norma em recitais solo, mas nunca será uma coisa ruim se isso permitir uma performance excelente e evitar nervosismos paralisantes). Para mim, o melhor jeito é tocar a peça inteira a um décimo da sua velocidade normal, ainda sem fazer música propriamente, porque, se você consegue tocar desse jeito, então não há com o que se preocupar. Imagine um ator ensaiando um monólogo gigantesco, de uma hora de duração, fazendo-o inteiro, só que parando três segundos entre uma palavra e outra — se for capaz disso, é porque conhece o monólogo de dentro pra fora e de fora pra dentro e vai acertar tudo durante a performance. Tocar a peça na cabeça, sem mover os dedos, longe do piano e num quarto escuro também é uma excelente ferramenta de memorização. Visualizar mentalmente o teclado e os meus dedos nas notas certas também se mostrou muitíssimo útil para mim.

Ou seja, aprender piano é enlouquecedor, porque é ao mesmo tempo uma ciência exata e uma ciência inexata; existe uma maneira específica e válida de dominar a mecânica que sustenta a performance física de uma peça (até mesmo isso depende de atributos físicos, como dimensão, força, extensão dos dedos etc.), e também um caminho inexato, etéreo e intangível para descobrir o sentido e a interpretação da peça que se está aprendendo. E conseguir ter uma ideia de tudo isso quando se é um garoto de dez anos de idade meio retardado, em grande medida dependendo apenas de si mesmo e fodido emocional e fisicamente, foi um belo desafio.

Lembro-me da primeira vez que aprendi uma peça inteira — a sensação de realização e o prazer total, absoluto, que senti. Não importa que fosse a *Ballade pour Adeline*, do Richard Clayderman (bem, para ser franco, acho que importa, sim, só posso pedir desculpas), ou que provavelmente estivesse cheia de notas erradas. Eu havia aprendido alguma coisa, de cor, e era capaz de tocá-la inteira, do começo ao fim. E todos os arpejos soavam rápidos e impressionantes, do jeito que soavam os caras das minhas fitas, e, porra, essa foi a melhor coisa que já acontecera comigo. Meu Deus, como eu queria tocar aquilo para as pessoas, mas não havia ninguém ali para acolher, ouvir, compreender o que significava. Eu tive que manter aquilo só para mim, embora meu coração estivesse explodindo de alegria, e isso, de algum modo, tornava a coisa ainda mais especial.

Eu era um garoto muito bem-comportado.

A única coisa que chegava perto da minha adoração pelo piano era fumar. A porra do cigarro. A melhor coisa que já inventaram. Este livro todo poderia ser uma carta de amor ao tabaco. A única coisa melhor do que estar sozinho tocando piano era ficar perambulando, escondido do mundo, fumando cigarros. Esses cilindros mágicos, com as mais extraordinárias qualidades medicinais, ofereciam tudo o que eu sentia que faltava. Conseguir cigarros era mais fácil do que você imagina, especialmente em 1985 — donos de bancas de jornal amigos, garotos mais velhos, ou algum professor particularmente gentil (e cheio de tesão). Silk Cut era o meu melhor amigo.

Olho para minha vida hoje e vejo que, na realidade, não mudou muita coisa — agora é o Marlboro, mas cigarros e piano são os elementos centrais da minha vida. Os únicos que não vão, que não podem me decepcionar. Mesmo a ameaça de um câncer seria simplesmente uma desculpa para finalmente ficar assistindo à série de tevê *Breaking Bad* inteirinha e me entupindo de remédios.

A coisa boa a respeito de fumar, que ninguém conta a você, é quanto fumar é bom para reprimir os sentimentos. Mais tarde, descobri que, em várias clínicas psiquiátricas em que fiquei internado, eles estimulam os pacientes a fumar, porque isso facilita muito o trabalho das enfermeiras. Não há nada mais aterrador para uma pessoa mentalmente doente do que um sentimento. Bom ou mau, não importa. De qualquer modo, ele tem o potencial de virar nossa mente de cabeça pra baixo, de trás pra frente, sem dar a mínima dica de como é possível lidar com ele de maneira razoável ou racional. Eu tenho pelo menos quarenta e três vezes mais chance de me matar quando não estou fumando. Então eu fumo. Sempre que posso, o mais que posso. As únicas vezes em que tentei parar foram para agradar outras pessoas — a namorada, a família, a sociedade. Nunca funciona. Sou mestre em engendrar crises que façam aqueles que estão perto de mim me concederem de novo a permissão de fumar. Se você tiver na sua frente uma arma carregada (real ou imaginada) e um maço de cigarros, escolha sempre os cigarros.

Eu sei que é uma mensagem politicamente incorreta. Mas, juro pela minha mãe, no meu caso eles fazem milagres. Até mesmo o pensamento de que vou poder fumar em algum evento futuro, seja um concerto, uma festa, uma entrevista, um restaurante, já me deixa animado. Se você me tirar isso (num aeroporto, por exemplo), eu já vou começar a fazer merda. É por isso que, na maioria das vezes, eu volto e passo de novo pela segurança para poder fumar um último cigarro, e então passo outra vez por ela para voar para algum lugar. Vale muito a pena sofrer novamente toda aquela enchação de saco dos caras da segurança. Não me orgulho disso. Sei que me faz parecer um babaca. Um escravo. Um puta dependente que não quer admitir isso. Não ligo. Sou todas essas coisas e sempre serei pateticamente grato ao Grande Tabaco.

Portanto, de certo modo, num dia bom havia coisas positivas suficientes para contrabalançar as negativas, e eu era muito feliz no internato. Havia entrado nesse ciclo de terror (*bullying*, sexo agressivo e indesejado, confusão) e depois chegado à calma de ter um espaço para fumar, tocar piano, ouvir música. Faz lembrar como deve ser para um soldado voltar da guerra para o seu país por alguns dias antes de ser despachado de volta. E esse ciclo continua sem pausa até hoje. O terror de estar num palco, de compartilhar a intimidade com Hattie, de ir até o psiquiatra, de estar perto do meu filho e de seus sentimentos, de conviver em situações sociais, em circunstâncias que eu não consigo controlar. E o alívio de estar em casa com um piano, a porta trancada, um cinzeiro, programas da tevê americana, sozinho, sem ser interrompido. Um tempo sozinho. O Santo Graal.

FAIXA CINCO

Beethoven, *Sonata para Piano Nº 32, Op. 111*, Segundo Movimento
Garrick Ohlsson, piano

Em 1770, uma criança nasce em circunstâncias difíceis, violentas, aterradoras. Sua família sofre com problemas de alcoolismo, violência doméstica, abuso e crueldade. As coisas ficam tão fora de controle, que aos dezesseis anos de idade o rapaz leva o próprio pai aos tribunais para conseguir autonomia financeira, a fim de que a família tenha o que comer.

Ainda na faixa dos vinte anos, ele, sozinho, pega a música pelo cangote e a conduz da era clássica para a romântica, pondo o foco nas emoções, olhando para dentro, desconsiderando as convenções, mantendo-se incansavelmente leal às suas convicções, compondo para as orquestras do futuro e mantendo-se decididamente indiferente às percepções que os outros tinham a seu respeito.

Totalmente surdo, destroçado pela infelicidade, emocionalmente arrasado, compõe sua trigésima segunda e última sonata para piano em 1822, alguns anos antes de morrer.

Ela representa o auge absoluto de sua produção musical para piano.

Com dois movimentos apenas, em vez dos usuais três ou quatro, ela consegue, de algum modo, transcender o nível da existência humana que habitamos e nos levar para um lugar mais elevado, no qual o tempo se detém, e experimentamos realmente o conceito de "interioridade", a respeito do qual ele falava, e os mundos interiores que sua música expressa. Tratava-se de música não para Deus ou para a Corte; era sobre sentimentos, sobre olhar para dentro, sobre humanidade. O poeta e.e. cummings escreveu que "não ser ninguém-exceto-você-mesmo — em um mundo que se esforça dia e noite para que você seja outra pessoa — significa travar a batalha mais difícil que qualquer ser humano pode enfrentar; e significa nunca parar de lutar". Beethoven viveu isso todos os dias de sua maldita vida.

Gostaria de dizer uma palavra sobre o tempo. Porque é importante. O espaço não é nada sem o tempo. O tempo é uma zona tampão. Um espaço seguro entre coisas que estão acontecendo. Não há nada literalmente tão reconfortante para mim do que um dia vago na minha agenda. Nada de reuniões, jantares, compromissos, cafés com amigos, encontros ou concertos. Saber que vou poder ficar em casa o dia inteiro com tempo suficiente para fazer o que preciso fazer. É a razão pela qual eu chego incrivelmente cedo aos encontros, chego ao aeroporto de Heathrow cinco horas antes de meu voo decolar ou calculo que um trajeto de dez minutos de carro vai levar uma hora. Se houver tempo suficiente, então estou a salvo. Precisar de seis horas inteiras para praticar duas horas ao piano me parece algo mais ou menos sensato. A mesma coisa se passa em outras áreas da minha vida. Em todo disco que gravei me foram reservados três ou quatro dias de gravação, e acabei usando apenas metade disso. Provas, eu sempre terminei na metade do tempo estipulado. Cumpro os prazos magnificamente, bem antes do tempo. Termino as tarefas num terço do prazo necessário. É ótimo para os negócios, porém não tão bom para as coisas pessoais. As garotas, no primeiro encontro, não estão a fim de pedir a comida trinta segundos depois de terem recebido o cardápio, nem gostam de terminar o jantar depois de quarenta e cinco minutos.

Não querem estar com alguém que fica à beira de um colapso quando não é possível sair para uma festa ali na esquina duas horas antes da hora marcada, e que é sempre a primeira pessoa a chegar, e que elas sabem que quando você marca encontro "às seis", já estará lá esperando às quatro e meia, pulando de um pé pro outro como um suricato levemente ansioso.

Sou movido por cem mil formas diferentes de terror. Terror de ser criticado, de não ter tempo para fazer o que preciso fazer, de não ser bom o suficiente, de entender mal as coisas, de perder a oportunidade de fazer algo, de não ser capaz de me focar em outras situações que possam surgir, de decepcionar outras pessoas. É uma ansiedade que muda constantemente e flutua à vontade, que — não importa o que eu faça para aliviá-la — irá fácil e rapidamente se prender em alguma coisa nova, na qual eu sequer havia pensado. É como jogar algum jogo inspirado em David Lynch ou no game Whack-a-mole, em que, toda vez que você acerta alguém na cabeça, aparece mais uma dúzia em volta de você. E eles dão aquele risinho sarcástico e lhe dirigem os maiores absurdos, fazendo você se lembrar de quão fodido está.

Acordo assim. Sempre.

Se houvesse uma mãe judia ultraneurótica, cheirada de coca, supermá e que ficasse molhada de tesão com a própria maldade, ela seria essa parte da minha mente. E então eu mergulho de cabeça na porra do piano, como se a minha vida dependesse disso. Mergulho de cabeça no trabalho. E, para quem vê de fora, pareço um desses otários que se matam de trabalhar e só querem fazer as coisas da melhor maneira que podem para não decepcionar os outros. Mas a realidade é que, se não fizesse isso, morreria, mataria, iria desmoronar da pior maneira possível. É uma sorte incrível que de repente a necessidade de se autopreservar dê a impressão de que você tem uma ética de trabalho decente. O medo, mascarado de humildade e de compromisso com o trabalho que você tem a fazer, é suficiente para colocar uma venda nos olhos de qualquer um.

E foi assim que consegui levar a escola adiante. Lição de casa movida pelo terror, estudar para as provas em pânico, tentar ao máximo fazer o tempo se expandir e crescer e encapsular as coisas, para que eu tivesse pelo menos a ilusão de segurança ali. Era um garoto esperto, também. A maior vantagem de sofrer um grave abuso na infância é que isso te dá a capacidade de ler as situações, as mentes, a energia. Coloque-me diante de um adulto e, em poucos segundos, eu vou saber o que ele precisa ouvir e ver para que se sinta confortável e se mostre afável comigo. Funcionava muito bem com os professores — dependendo do tipo de pessoa que eles fossem, eu me mostrava com saudade de casa, vulnerável, durão, corajoso, lindo, sedutor, carente ou independente. E isso me permitia conseguir o que eu quisesse. Um pouco de tempo extra para terminar as provas, notas mais altas, um chocolatinho a mais, dispensa da aula de educação física, um dinheirinho no bolso. O que fosse. O ponto é que eu percebi, lá pelos dez anos de idade, que poderia enfrentar qualquer situação e sobreviver, às vezes até mesmo conseguir ter sucesso, porque tenho o poder de manipulação de um super-herói.

O abuso sexual prepara você para ser um sobrevivente pelo resto da vida. Com aquela parte de mim que se desprendia do meu corpo quando os estupros dominavam a cena, eu posso existir sem dinheiro, sem amigos, sem lugar para morar, e não só parecer bem, como também realmente parecer bem-sucedido. Nos tempos difíceis, amigos não querem dizer nada; os humanos são vistos apenas como vias para se conseguirem coisas — dinheiro, conforto, aprovação, emprego, sexo — e, assim que o propósito é alcançado, passa-se para o próximo. Os melhores "amigos" são aqueles para os quais eu posso continuar voltando mais e mais ao longo dos anos — os negócios sempre valorizam ao máximo os clientes fiéis, e com razão. Para vítimas de abuso, as interações são muitas vezes apenas transações. E para os sociopatas, também. Por isso é tão difícil estabelecer alguns diagnósticos — autismo, síndrome de Asperger, distúrbio de estresse pós-traumático, bipolaridade, psicopatologias diversas, narcisismo, pois todos compartilham muitos atributos essenciais no manual de diagnóstico. Então eu poderia ser generoso e dizer que tenho Asperger e, portanto, sou muito manipulador e luto para conquistar empatia, ou posso dizer que sou psicopata e incapaz de nutrir empatia. As duas coisas cabem. Você escolhe.

O problema, o grande problema, é o seguinte: embora isso sirva a um propósito, embora você ache que consegue lembrar-se de todas as mentiras, de todos os diferentes personagens que precisa desempenhar dependendo da pessoa com quem está lidando, no final, depois de alguns anos, você começa inevitavelmente a perder o fio da meada. A coisa começa a ficar maior que você. E então você passa a duvidar de si mesmo. E é aí que a encrenca começa. Você precisa se lembrar de tudo e, quando não consegue, ou não tem muita certeza se para determinada pessoa você é o "cara fodido, a vítima", como algo oposto ao "empreendedor bem-sucedido", então vai tudo por água abaixo. Assim, se você aparecer com um BMW zerinho para um passeio de fim de semana com uma amiga que acha que você está batalhando para pagar as contas, isso vai exigir que você dê uma boa explicação, e aí são mais mentiras nas quais você terá que ficar de olho, mais informação para guardar. É cansativo, terrível, e os riscos podem ser muito altos.

Um dos diagnósticos que recebi foi de TDI, transtorno dissociativo de identidade, que me leva a ter certo número (treze, se você estiver curioso para saber) de "alter egos" que, dependendo da situação, se alternam para dirigir o espetáculo. Na prática, isso significa que eu tenho treze pessoas à disposição, conforme e quando for necessário, para fazerem o trabalho de uma. É como uma operação militar e, em parte, explica os problemas de memória, porque os "alters" nem sempre se comunicam entre si muito bem, se é que o fazem. Alguns são bons, outros são frios; todos têm uma meta comum — sobreviver, não importa o que aconteça.

Parece que não há cura para o TDI, em si, mas ele pode ser controlado. As múltiplas personalidades podem ser identificadas, reconhecidas, é possível conversar com elas, fazer amizade. As menos úteis, a gente pode mandar ficar quietas; as mais úteis, a gente incentiva a se assimilarem ao todo. Isso me proporcionou alguns dias divertidos com o médico.

E quando isso passa dos limites e eu tenho que me afastar de um amigo, colega ou de um relacionamento, quando acabo estragando as coisas porque tudo ficou complicado demais, isso não importa, porque eu posso simplesmente começar de novo com outra pessoa, mas é uma frustração perder. É chato não conseguir segurar a onda e fracassar. É preciso tentar fazer melhor. Acaba se tornando quase um jogo. E em certo sentido é triste, porque a maior parte dos meus amigos e familiares gosta de mim de verdade. Eles acham que conhecem meu eu verdadeiro e, mesmo que tenham dúvidas a respeito de certos aspectos de meu comportamento ou minha personalidade, eles ingenuamente, e de modo encantador, acreditam que essas dúvidas simplesmente os tornam inteligentes e empáticos, porque podem ver minhas muitas camadas e, mesmo assim, me amar e entender. Mas há uma complexidade nas coisas que as pessoas que não foram violentadas na infância simplesmente não conseguem compreender.

Exemplo — uma namorada me faz uma pergunta. Uma pergunta simples.

"O que a gente poderia comer no jantar?"

Alguém normal responderia: "Frango".

Ou talvez: "Você que sabe, querida, para mim tanto faz".

Ou, se somos generosos, "Escolha um restaurante, meu anjo, e eu te acompanho com o maior prazer".

Um sobrevivente (especialmente alguém com distúrbio de estresse pós-traumático), antes de dar a resposta, precisa analisar, numa fração de segundos, as seguintes perguntas:

Por que será que ela está perguntando?
O que ela espera que eu diga?
Como irá reagir se eu disser isso?
O que será que ela está com vontade de comer?
Será que ela quer que eu sugira aquilo que eu sei que ela gosta?
Será que quer que eu sugira que a gente saia para comer?
Por quê?
Será que fiz algo de errado?
Será que preciso compnesar de alguma maneira?
Qual é a resposta que eu quero dar?
Por quê?
O que vai acontecer se eu disser isso?
Será que é uma pegadinha?
Será que hoje é alguma data especial?
O que foi mesmo que a gente comeu ontem?
O que a gente vai comer amanhã?
Será que temos alguma coisa na geladeira?
Será que ela acha que estou criticando as compras que ela faz?
O que ela quer que eu responda?
O que será que o garoto perfeito dela responderia?
O que um personagem de filme responderia?
O que uma pessoa normal responderia?
Quem eu quero/preciso ser quando respondo isso?
O que ela responderia?
Essa resposta é aceitável?
Essa resposta faz sentido para o "eu" que ela acredita que conhece?
Eu vou ficar feliz se der essa resposta?
Qual é a probabilidade de ela ficar feliz com essa resposta?
E essa é uma porcentagem aceitável?
Se der errado, qual será minha estratégia de fuga?
Será que posso mudar de ideia sem provocar muito estrago?
Que tom devo usar pra dizer isso?
Será que é melhor colocar como se fosse uma pergunta?

Uma afirmação?
Uma ordem?
E assim por diante. Isso num piscar de olhos. Na escola, crianças que estão sendo abusadas vão levar tempo demais para responder a perguntas diretas e vão parecer evasivas e assustadas. E serão rotuladas de "difíceis", "estúpidas", "com transtorno de déficit de atenção e hiperatividade", "rebeldes". Não são. Estão de alguma maneira sendo fodidas. Repare bem.

À medida que ficamos mais velhos, a coisa se torna ainda mais arraigada, como respirar. Às vezes, pode nos pegar desprevenidos. Especialmente pela manhã ou quando estamos muito cansados. E então, a menos que não estejamos na nossa melhor forma quando nos fazem alguma pergunta, nos dedicamos a aprimorar as nossas técnicas para mudar de assunto: "Nossa, como você está linda", "Merda, que dor nas costas", "Eu amo muito você", "Lembrei agora daquele dia... (insira aqui alguma memória romântica)", ou, o que é mais comum, ficamos olhando para o vazio, fingindo que estamos perdidos em pensamentos, sem ouvir a pergunta, quando na verdade nosso cérebro está a mil, tentando encontrar uma boa resposta. Qualquer coisa para arrumar tempo suficiente para achar a maldita resposta adequada.

Somos criaturas multitarefa, que pensam rápido, hiperconscientes e superalertas. E é um dilúvio ingrato, incessante, infindável, de ameaça atrás de ameaça, fogo atrás de fogo, que precisa ser resolvido instantaneamente. E, como o corpo/cérebro não consegue distinguir a diferença entre o terror real e o imaginado, reagimos como se estivéssemos no meio de uma guerra de verdade.

Guerra é a melhor palavra para descrever a vida diária de um sobrevivente de estupro. Há ameaça por toda parte, você nunca pode relaxar, você sempre pega o que consegue pegar porque está com muito medo de que amanhã não tenha mais — comida, sexo, atenção, dinheiro, drogas. E segue em frente com uma mistura de adrenalina e terror. A moral é atirada pela janela, o livro de regras não existe mais, e você irá sobreviver a qualquer custo, não importa o que aconteça. E viver assim tem algumas consequências. Nem sei como começar a descrever como são fodas as sequelas físicas do abuso. Passei anos, décadas, quase acorrentado a uma privada. Quando criança, no internato, ia lá praticamente toda noite, geralmente por volta das três da manhã, na maior agonia. Suando e com enjoo por causa da dor, sentindo como se tivesse uma faca sendo torcida nos meus intestinos. Cagando algo que dava a impressão de ser água, assustado demais para sair do banheiro, onde eu ficava umas duas horas no mínimo. De manhã, a mesma coisa. Juro que passei a infância dormindo umas três ou quatro horas por noite. É ótimo para não ficar gordo, mas não muito para socializar.

Sei que estou me estendendo bastante nisso. Mas, honestamente, há muito a dizer a esse respeito. É muito fácil supor que o abuso cessa depois que o abusador sai de cena e é muito difícil ouvir que isso é apenas o começo para aqueles que sofreram abuso.

Eu não melhorei depois de adulto. Por exemplo, aquele sentimento horrível de você estar num metrô lotado indo pro trabalho, suor escorrendo do rosto, molhando a camisa, os intestinos totalmente repuxados de dor, sem ter certeza se vai conseguir chegar ao banheiro a tempo. Às vezes sim, outras vezes não. Podia escrever um guia sobre os banheiros com melhor acesso em Londres. Serei grato até o dia da minha morte aos hotéis de luxo. Entro no Dorchester, no Lanesborough, no Ritz, fingindo que tenho a ver com o lugar, e vou direto para o banheiro, no tempo exato de meus intestinos explodirem na cálida segurança daquele espaço coberto de mármore. Hotéis de luxo são ótimos simplesmente porque têm vários cubículos e portas sólidas — nossa, o Claridge's tem até uma máquina branca de produzir ruído do lado de fora, para preservar o decoro. Mas, quando você cai num daqueles cubículos únicos de um Starbucks para uma esvaziada aterrorizada, a coisa fica feia, pois pode haver uma fila do lado de fora, e todos vão ouvir seus ruídos, aí vêm os julgamentos, o estresse, a ansiedade, o tempo contado.

Faço um retrospecto disso e fico perplexo por haver conseguido superar o internato, mesmo com a ajuda da música, da fantasia e dos cigarros. Uma criança ansiosa, cagando o tempo todo, sem dormir direito, com dezenas de tiques por hora, sem traquejo social, aterrorizada o tempo inteiro, prostituindo-se com estranhos, fumando e bebendo. E, apesar disso tudo, essa criança deu um jeito de virar adulto. É um puta milagre. Só que, em vez de ficar orgulhoso disso, de me dispor a agarrar todo esse tempo que me foi concedido como bônus, na maioria das vezes eu apenas me sinto envergonhado e contrariado por ainda estar aqui.

A vergonha é o legado de todo abuso. É a coisa que certamente nos manterá no escuro, e é também a coisa vital de se compreender quando você quer entender por que as vítimas de abuso vivem situações tão fodidas. O dicionário define vergonha como "um sentimento doloroso de humilhação ou aflição causado pela consciência de um comportamento equivocado ou estúpido". E a definição me parte um pouco o coração. Todas as vítimas de abuso em algum momento classificam o que foi feito com elas como um comportamento errado/estúpido no qual se envolveram. Às vezes, se tiverem muita sorte, podem depois compreender e aceitar em um nível bem profundo que estão equivocadas a esse respeito, mas, em geral, é uma coisa que, bem lá no fundo, elas sempre acreditam ser verdade — *eu sempre acreditei*. A primeira pessoa amiga da família a quem contei sobre o abuso foi alguém que me conhecia desde sempre. Eu tinha trinta anos quando lhe contei, e a primeira coisa que saiu de sua boca, literalmente, foi: "Bem, James, você era a criança mais linda de todas". Mais uma prova de que fui eu que causei aquela situação. Foi meu poder de sedução, minha beleza, minha carência, meu pendor para a putaria e minha maldade que levaram as pessoas a fazerem essas coisas comigo.

Vergonha, essa é a razão pela qual não falamos com ninguém sobre isso. As ameaças funcionam por um tempo, mas não por anos a fio. A vergonha garante o silêncio, e o suicídio é o silêncio final. Não importa quanto você grite para as pessoas, no estilo *Gênio Indomável*, "não foi culpa sua". É como você dizer que o céu é verde. A única maneira de chegar até elas é amá-las com intensidade e persistência suficientes, mesmo que seja a certa distância, para começar a balançar os alicerces de suas crenças. E essa é uma tarefa que a maioria das pessoas simplesmente não consegue cumprir, não cumpre, nunca terá energia e paciência suficientes para cumprir. Imagine amar alguém dessa maneira tão incondicional. Ser bom, gentil e amoroso a esse ponto, com tanta persistência, e receber em retribuição raiva, suspeita, paranoia, dúvida, carência e destruição, na maioria das vezes. É como salvar um cão que foi vítima de espancamento, que retribuirá agredindo seus filhos e cagando no chão da sala dia após dia. É uma tarefa ingrata, e que, quando é possível, noventa e nove por cento das vezes só pode ser cumprida por alguém que teve anos de treinamento, cobra mil reais a consulta na Harley Street e depois vai pra casa encontrar a mulher e os filhos pensando: "Puta merda, graças a Deus que, por hoje, já acabei de mexer com esse tipo de encrenca".

Eu sou várias coisas. Sou músico, sou homem, pai, um otário, um mentiroso e uma fraude. Mas, sem dúvida, acima de tudo, sou um cara envergonhado. E talvez haja uma chance de que eu seja todas essas coisas negativas como resultado de ser envergonhado. E que, se eu conseguir aceitar, fazer as pazes, diluir esse sentimento de culpa, erro, deficiência, maldade que está dentro de mim, os defeitos e as crenças que parecem manter o mundo funcionando contra mim irão desaparecer.

FAIXA SEIS

Scriabin, *Concerto para Piano*, Último Movimento
Vladimir Ashkenazy, piano

Scriabin foi um pianista e compositor russo. Começou escrevendo música lírica, chopinesca, e pouco a pouco tornou-se mais ousado, atonal e dissonante, quando passou a explorar a sinestesia e as relações entre cores e música. Ele chegou a inventar um instrumento com notas correspondentes a cores, chamado "clavier à lumière", para ser usado em sua obra Prometeu: Poema do Fogo.

Ele comprometeu a mão direita por excesso de prática de piano, o que, de algum modo, o obrigou a passar de pianista a compositor. A partir de então, dedicou a vida ao simbolismo musical e a extravagâncias, passando a se ver como personagem místico, messiânico. ("Eu sou Deus", escrevia em sua revista. Com uma frequência um pouco excessiva.)

Ele e Rachmaninoff eram como Blur versus Oasis na música russa do final do século XIX. Infelizmente, ninguém foi mais famoso que eles em seu tempo de vida, e poucos foram mais rapidamente esquecidos após a morte do que Scriabin.

Seu Concerto para Piano, escrito antes de ele partir para paisagens harmônicas mais ousadas, é ainda hoje criminosamente relegado a segundo plano, apesar de igualar e até superar muitos dos concertos de Rachmaninoff.

Saí daquela escola aos treze anos e fui para outro internato. Uma escola hipercara, cheia de futuros líderes, capitães da indústria, déspotas, gestores de fundos de investimentos e playboys. A escola Harrow.

É preciso ter cuidado agora, porque, se você diz a alguém que teve a sorte de ir para uma escola instalada em 24 hectares com seu próprio campo de tiro, teatro, corpo de cadetes e uma relação entre equipe e alunos de 12:1, e mesmo assim se queixa dela, as pessoas vão achar, talvez com certa razão, que você, de vez em quando, deveria calar a porra da sua boca. E a escola e suas instalações eram excelentes. Incrivelmente boas. Eram esnobes e abastadas de maneira ofensiva. No entanto, eu era o mesmo que sempre havia sido. Cinco anos da mesma merda — escondendo-me em banheiros, a mesma promiscuidade sexual, trancado em salas de ensaio com o piano, de saco cheio de tudo e com tiques.

Eu sei. Eu também estou cansado de tudo isso. E a tal ponto que vou pular esses malditos cinco anos e arquivar sob o título "mais do mesmo". Não vou aguentar escrever mais palavras autoindulgentes sobre quanto me incomodava ir para uma escola particular que custava trinta mil libras por ano, COM QUADRAS DE SQUASH, CINEMA E UMA FAZENDA nos subúrbios arborizados. Mas há duas coisas que preciso dizer sobre aquela época e vou tentar ser breve.

A primeira é que eu me apaixonei pela primeira vez. E, com "apaixonar", quero dizer que fui catapultado para um redemoinho de emoções que nunca havia experimentado. Era a melhor espécie de amor, a única espécie de "primeiro amor" que existe. O amor das listinhas de músicas, da obsessão violenta, da poesia e da masturbação furiosa o tempo inteiro.

Anote mais um problema de ser estuprado na infância. Isso destrói totalmente seu modelo de sexo/relacionamento. Para mim, isso significava, por exemplo, ir a um primeiro encontro com uma menina e sugerir a ela que a gente fosse trepar no banheiro do restaurante, com a mesma entonação e o mesmo peso emocional com que se sugere tomar um café depois do jantar. Não era algo movido por tesão; era simplesmente o que eu imaginava ser a coisa natural, normal a ser feita. Não funcionou (nós dois tínhamos quinze anos), mas aquela expressão de horror no rosto dela foi algo com que acabei me familiarizando bastante. E isso só serviu para aumentar a espiral de vergonha e fazer o sexo parecer ainda mais vulgar, secreto e mau.

Mas esse primeiro amor não foi uma garota. Foi um menino de uma série abaixo da minha que tocava violoncelo, que era lindo, ingênuo e quase uma versão minha antes de tudo dar errado. Pois é. Sou narcisista a esse ponto. E foi maravilhoso, não porque fosse real (claro que não era), mas porque proporcionou um glorioso desvio de atenção da minha realidade do dia a dia. Algo que me livrou dos meus dramas e funcionou como foco para toda aquela carência e vazio represados que eu sentia tanta necessidade de preencher.

Passava os dias frequentando os lugares onde eu imaginava que ele pudesse estar e, quando acabava encontrando-o, fingia que estava lá por acaso, e ia furtivamente atrás de cigarros junto com ele, fazendo um esforço tremendo para memorizar cada milímetro de seu rosto, suas mãos e seus braços para relembrar mais tarde. Quando garotos mais velhos e homens bêbados me comiam à noite, era no rosto dele que eu pensava. Era uma grande obsessão. Que perdurou por todo o tempo em que estive naquela escola e me deu uma razão para existir. Que é exatamente o que um primeiro amor deve fazer.

Não sou gay. Depois que saí da escola, nunca tive contato sexual com um homem. Mas o amor jovem é realmente cego (e não apenas porque envolve muita masturbação). Não tem limites, não se ajusta ao que é correto. Simplesmente sai dando porrada na sua cara até derrubar você no chão, olhando deliciado para sua total incapacidade de se levantar.

Nunca aconteceu nada entre nós, e não acho que ele tivesse consciência dos meus sentimentos — outra razão que fez a coisa durar tanto, acredito —, mas foi um autêntico oásis de coisas boas no meio daquela tempestade de merda que foram meus anos de adolescência. Foi um tempo de vida cheio de química no cérebro e de fantasias, e construir um mundo potencial no qual coubéssemos ele e eu na minha imaginação já era suficiente para eu não me afogar.

Junto com o piano, é claro. Nessa época, consegui meu primeiro professor de piano decente, alguém impressionante, mas que ficava tolhido pelo fato de me ter como aluno. Seu nome era Colin Stone, e ele era — e continua a ser— um cara incrível. Ele me deixava fumar no jardim da casa dele, tolerava meu ridículo entusiasmo pelas coisas relacionadas ao piano, ouvia minhas pirações, até que eu parava de falar, de exaustão, e deixava que eu encarasse peças que não fazia sentido eu tentar tocar.

O problema era que eu queria correr uma maratona antes de ser capaz sequer de engatinhar. Era ridículo eu tentar tocar peças que estavam tão acima da minha competência, mas, de algum modo, eu conseguia tocá-las, levado apenas por uma onda de incontido entusiasmo. As instalações eram o máximo. Dezenas de salas de ensaio, muito tempo livre para me trancar e tocar. Eles até me permitiam sair sozinho por Londres para ir assistir a concertos. Eu acho que nunca antes eles tiveram um aluno que lhes pedisse autorização para isso. Então, ir de metrô até o Festival e Wigmore Halls para ouvir os grandes pianistas esmurrando o teclado representava momentos de uma liberdade abençoada.

Minha vida era governada por obsessões — O Menino, Bach, fumar. Toda noite eu ficava ouvindo gravações de piano dos meus heróis, até tarde, olhos arregalados, impressionado com o que eles estavam fazendo. Colocava o fone de ouvido e ouvia Rachmaninoff, e ficava flutuando com música e fantasia, imaginando o tempo inteiro que era eu que estava tocando. Achei gravações de Grigory Sokolov, o maior dos pianistas vivos, que me ensinaram mais sobre música, vida, compromisso e paixão do que qualquer outra coisa antes ou a partir disso tenha conseguido ensinar, e ficava ouvindo, de queixo caído e quase em coma, o que ele conseguia fazer com um piano.

A única coisa no universo que eu queria, literalmente, era viajar pelo mundo, sozinho, tocando piano em salas de concerto. A única coisa. Teria morrido feliz aos vinte e cinco anos se tivesse tido a chance de ficar alguns anos fazendo isso. Todo o restante era passatempo. Sabia que estava irremediavelmente destruído, sem qualquer chance de ter uma carreira decente ou uma família, mas isso me dava a sensação, mesmo que fosse pela ótica distorcida da negação e do entusiasmo tolo, de que seria viável. Os músicos pareciam destinados a ser uns ferrados, os músicos clássicos mais até que os outros, pois não têm nem o luxo de jeans rasgados, mocinhas doidas atrás deles e da cocaína — eles têm de expressar seus problemas usando roupinhas estúpidas, mostrar um desembaraço social que não possuem e expressões faciais perturbadas, e eu sabia que me encaixava nesse quadro. Tudo o que eu precisava era de um piano e das minhas mãos, e estava pronto. Desembaraço social era algo opcional. Era a carreira perfeita para mim.

E a coisa verdadeiramente triste é que eu sabia, em algum nível, que não era bom o suficiente. Sabia disso. Na época em que eles tinham a mesma idade que eu, qualquer um deles que tivesse a intenção de ser concertista de piano já estaria tocando peças que eu, nem em um milhão de anos, chegaria perto de tocar. E tocando de forma impecável. E, embora meu adorável professor fizesse seu melhor (inclusive conseguir um jeito de me fazer tocar para o diretor dos instrumentos de tecla da Guildhall School, que então me ofereceu uma bolsa), isso nunca iria acontecer. Não só me faltava competência, como meus pais haviam decretado que a coisa não iria adiante. Eles não me sustentariam caso eu decididsse seguir esse caminho, e insistiam para que eu fosse para uma universidade. E, como o estúpido e molenga que eu era/sou, em vez de mandar os dois se foderem e ir para a uma faculdade de música, engoli o sapo e concordei.

É terrível você ter uma paixão tão intensa a ponto de ela ditar cada uma de suas respirações e, mesmo assim, não ter a espinha dorsal moral para ir atrás dela.

A segunda coisa que quero mencionar é que descobri a bebida. Eu já me embedara antes (o professor do ginásio e outros já haviam usado esse recurso para me deixar mais tolerante), mas eu nunca havia feito essa escolha por mim, nunca comprara essa ideia, nunca havia feito isso por vontade própria. E nessa primeira vez, aos treze anos, foi para mim a única coisa que esteve à altura de ouvir aquela peça de Bach. Meia garrafa de vodca, cair da escada, vomitar por todo lado, terminar num hospital, ser quase expulso da escola, a vergonha e o horror dos meus pais, a entrevista com a polícia (a vodca havia sido roubada), nada disso fez a menor diferença. Eu havia encontrado outro melhor amigo para as horas em que o piano não estivesse disponível. E o usava sempre que podia, porque era como um elixir mágico que fazia todo o barulho recuar, me fazia sentir com um metro e oitenta de altura, indestrutível, era a única coisa que fazia minha cabeça se aquietar um pouco, e era um ingresso garantido para sair do meu corpo e do meu mundo interior em quinze minutos.

Vodca e gim e, às vezes, uísque. Odiava cerveja. Não havia nada mais reconfortante do que encontrar um lugar tranquilo, escondido, no meio da loucura daquela escola, com todos os outros estudando para provas ou se divertindo com os amigos, onde você pudesse sentar naquele ar frio da noite com uma garrafa e um maço de cigarros, sentindo a umidade do chão penetrando na sua calça, vendo sua respiração sair em nuvens que assumiam formas malucas. Sempre que eu conseguia fazer isso (mais ou menos uma vez por semana, quando eu tinha sorte, e aumentando com o tempo, à medida que fui ficando mais velho e contava com menos supervisão em cima de mim), sentia como se fossem três semanas de férias em algum lugar exótico. Era a fuga perfeita, e talvez o mais importante é que me ajudava a dormir. Eu voltava pro quarto, com a ideia de que tudo estava correndo da melhor maneira possível, caía na cama e saía voando de novo. Como quando era criança. Isso significava que era presa fácil para qualquer um que quisesse me usar (mas, de novo, eu era fácil de qualquer jeito), mas eu me sentia bem anestesiado sempre que bebia. E por isso serei sempre, sempre, grato.

Junto com o álcool, também fui apresentado às drogas por volta dos catorze anos. O dano que o cacete do professor de educação física havia produzido fez com que a parte lombar das minhas costas ficasse arrebentada. Uma coisa daquele tamanho sendo forçada em algo bem pequeno, repetidas vezes, não pode ficar sem causar sequelas catastróficas. Eu acordei um dia em casa, nas férias, vomitando de dor, e fui levado para o hospital. Morfina e petidina (paraíso) foram administradas, e eu passei pela primeira de três operações nas costas para reparar os danos físicos. Essa primeira foi uma laminectomia, assim como a segunda. Na terceira, foi colocada uma série de pequenas hastes de titânio na minha coluna, para, literalmente, me manter ereto.

Quando cheguei ao hospital e me perguntaram o que havia acontecido, eu disse que vinha tendo dores nas costas nas últimas semanas, e que isso vinha piorando progressivamente. Neguei que tivesse sido causado por alguma queda ou outro trauma físico, e disse que tivera uma tosse muito forte pouco tempo atrás (por causa do cigarro, embora não tivesse contado a ninguém sobre a crise) e que naquela manhã eu tossira muito forte e sentira alguma coisa estalar. Não tinha ideia do que minha mãe havia relatado aos médicos, mas imaginei que fosse algo nessa linha. Em momento algum os médicos examinaram meu ânus ou levantaram a hipótese de abuso sexual como causa — ficaram sem saber a razão de isso ter acontecido com alguém tão jovem, mas atribuíram a uma espinha frágil ou a algum acidente bizarro. Para dizer a verdade, nem eu tinha ideia de que isso havia sido causado pelos estupros; só anos mais tarde, quando me consultei com um proctologista (eu sentia dores muito fortes nos intestinos e no ânus), é que fiquei sabendo que tanto o problema nos intestinos como aquele que eu vinha tendo na espinha eram resultado direto do trauma sexual agressivo que sofrera na infância.

Eu só sabia que doía mais do que qualquer coisa que já tivesse experimentado e só queria que a dor fosse embora. Enquanto a anestesista pedia para eu contar de trás pra frente a partir de dez, eu não conseguia evitar de ficar agradecendo a ela pelo que ia acontecer em seguida e de olhá-la com tal expressão de gratidão que, quando acordei, vi que haviam chamado um psiquiatra, que não conseguia entender a forte ereção que eu tivera por causa da anestesia. Um idiota total.

Portanto, foram os cigarros, o álcool, o piano e O Menino que me deram força nos tempos de escola, mais ou menos do jeito que a combinação de cafeína, uma colega de trabalho gostosa, um pouco de pornografia e de ressentimento permite à maioria dos adultos levar adiante seus empreguinhos de merda e suas famílias decepcionantes. Essas coisas fizeram com que os cinco anos que estive lá passassem como um flash de hormônios, estados alterados de consciência e de fuga. Eu consegui. Consegui ser bem-sucedido, tirando notas A (você não consegue funcionar nesses níveis altos e persistentes de atenção consciente, de ameaça e pressão, a não ser com uma inteligência acima da média e a capacidade de se dedicar com perseverança e vontade), tendo uma oferta para ir para a Universidade de Edimburgo, e ficando em paz com o mundo, ou com a maior parte dele, que ainda acreditava que eu era relativamente normal, embora um pouco esquisito e desligado da realidade.

Saí da escola aos dezoito anos me sentindo com sessenta e oito e vendo que agora eu era um adulto, que seguramente poderia gastar o resto da minha vida a me destruir. As pessoas não estavam mais cuidando de mim, eu podia gastar quanto tempo quisesse por minha conta. E o monstro dentro de mim estava determinado a levar adiante esse intento. Toda a minha coleção de personalidades mostrava-se ávida para entrar em cena, ansiosa para fazer qualquer coisa e tudo o que fosse possível para foder com a minha vida de todas as formas. E foi o que eu fiz. Ao extremo.

Começou em Edimburgo. Para mim, uma cidade fria, com fortes ventos, infeliz, que parecia uma réplica exata da minha paisagem interior. Fiquei chapado desde o dia em que cheguei e só parei um ano mais tarde, quando aconteceu a primeira das minhas várias internações em clínicas psiquiátricas e me entupiram de antipsicóticos.

E, puta merda, entrar nessa loucura à base de drogas foi muito bom. Quer dizer, bom para arrebentar o cérebro, do jeito mais sádico e autodestrutivo que se possa imaginar. Lidei comigo como se eu fosse minha própria bonequinha de vodu. Zanzando pelas partes mais barra-pesada de Edimburgo e Glasgow às 2 da manhã atrás de sexo, com a paranoia aumentando a mil por hora, ouvindo vozes, sabendo que meu quarto e meu carro estavam sendo vigiados pela polícia, vários dias sem comer, tão doido de anfetamina barata que às vezes ficava dezoito horas sem conseguir literalmente me mexer. Há uma espécie singular de impotência que vem de você ficar ausente durante vários dias, despercebido, entocado num quarto sujo e bagunçado, o coração batendo tão rápido que você sabe que está a ponto de explodir, desesperado para chamar uma ambulância, mas sem ser capaz de alcançar o telefone para fazer isso, resignando-se a morrer sozinho, a mente rodando enlouquecida, com coisas alucinadas que não fazem o menor sentido, mijando na cama, falando sozinho, gritando para si mesmo. Você questiona sua sanidade, e ela responde em voz alta.

Não tardou para que eu parasse de assistir às aulas, tomei tanto ácido que não conseguia distinguir entre realidade e fantasia, fumei heroína (que é ao mesmo tempo a melhor coisa e a mais estúpida que já fiz na vida), fumava um baseado atrás do outro, comprei quantidades enormes de anfetamina e cocaína (achando que era para fazer um bom negócio em termos de grana, mas na realidade era pela ânsia de arrebentar meu nariz), furtei lojas, me escondi de todos e não tinha um só amigo. Nenhum. Tive uma garota, bonita e legal. Mas depois de uma semana comigo ela, muito corajosamente, me disse que eu precisava de uma enfermeira, e não de uma namorada, e que, se eu não parasse de ficar chapado de drogas, ela nunca mais falaria comigo. E cumpriu sua palavra. Grato para sempre.

A maioria das coisas que aconteceram naquele ano se perdeu na minha memória. Sobram apenas alguns flashes: ser seguido pela polícia; sair de carro às três da manhã e não ser capaz de lembrar como foi que consegui voltar pra casa; sair de Londres enlouquecido, babando no meio da noite, e conseguir chegar de carro a Edimburgo em pouco mais de cinco horas (em geral, dá umas sete horas, no mínimo); tentar, invariavelmente sem sucesso, ir pra cama com um monte de garotas; dirigir pela contramão porque "assim eu chego mais rápido"; consultar um médico que me disse que eu tinha a capacidade pulmonar de um cara de sessenta anos (isso acontece ao fumar droga classe A, que cristaliza no seu pulmão); perambular pela cidade no meio da noite, alucinado e falando com estranhos.

Os efeitos colaterais eram desagradáveis. Destrutivos e, por isso, gratificantes, mas desagradáveis. E, quando voltei para casa no final do primeiro ano e minha mãe viu como eu me degradara física e mentalmente, além do ponto em que ela seria capaz de se justificar com os amigos, alegando tratar-se de "travessuras de adolescente", fui mandado para um psiquiatra. E fui sem resistir. Toda resistência fora nocauteada em mim e, a essa altura, era simplesmente mais fácil fazer o que me mandavam. Ele conversou comigo por uns vinte minutos, fez uma ligação telefônica e fui levado na mesma hora a um hospital silencioso, com trancas nas portas e janelas, enfermeiros carrancudos e fármacos maravilhosos.

E assim começou minha primeira experiência em uma clínica psiquiátrica.

Como eu gostaria de que as clínicas psiquiátricas tivessem uma espécie de programa com cartão de fidelidade, e que eles pusessem um selo a cada dia que você passasse lá, como se faz com cada pacote de leite da mesma marca que você compra, e que a cada dez dias você ganhasse um dia livre. Era um lugar estranho, cheio de esposas de milionários, estupidamente jovens e anoréxicas, adolescentes rabugentos filhos de estrelas do rock e de celebridades detonadas que lutavam contra a tentadora sedução de "só mais uma carreirinha". Passaram a me dar uma combinação de medicamentos antipsicóticos e, depois de uns poucos dias, começou o torturante processo de terapia em grupo, aconselhamento individual e seja qual for o método de tratamento trazido dos Estados Unidos que estivesse em voga naquele momento.

Depois de mais ou menos uma semana, decidi simplesmente fingir que concordava com aquilo, na esperança de poder sair antes de ser transformado num zumbi internado. Gritei e falei sobre minha criança interior, participei das duas reuniões diárias em grupo, compartilhei meus sentimentos de inadequação e meu falso desejo profundo de mudar e de parar de ficar muito louco.

E isso certamente funcionou. Eu estava fazendo "grandes progressos" e fui reintroduzido na sociedade depois de cinco semanas, com meu pequeno livreto de reuniões dos narcóticos e alcóolicos anônimos debaixo do braço.

Edimburgo havia deixado bem claro que eu não seria bem-recebido de volta — pelo jeito, aparecer nas provas visivelmente chapado e agredindo os professores foi um pouco demais, então peguei minhas malas e fui para Paris. Passar um ano com garotas francesas, aprendendo uma nova língua e curtindo aquela magnífica expressão universal da classe média, "dar um tempo", tudo isso me pareceu uma excelente ideia.

Recapitulando, o pobre Jimmy sai de uma escola particular de trinta mil libras por ano e vai para a universidade, onde não passa um tempo muito agradável. Acaba numa clínica psiquiátrica paga por seu convênio médico, sai e vai para Paris, a fim de se recuperar, passando um ano em uma das cidades mais bonitas do mundo e aprendendo francês.

A essa altura, você já deve estar chorando de pena dele.

Consegui um emprego na Burger King, grelhando "les Whoppers", aluguei um apezinho que era tão pequeno que tinha um fogãozinho no banheiro e, quando eu desdobrava a cama, podia literalmente atravessar o quarto inteiro, da porta da frente até a parede do fundo, sem descer da cama, e decidi parar de beber e de usar drogas.

Preciso dizer, talvez sem surpresa alguma, que foram os melhores doze meses da minha vida. Foi uma sucessão de namoradas (a melhor maneira de aprender francês), centenas de reuniões da Narcóticos Anônimos da França (a segunda melhor maneira de se aprender francês), partidas de xadrez no meio da madrugada, noites inteiras dançando e suando em clubes barulhentos, amigos novos e uma lenta acumulação de dias sem álcool nem drogas de qualquer tipo. Será que alguém consegue ser infeliz em Paris? Ainda não vi uma parisiense gorda, a cidade tem aquela arquitetura linda de perder o fôlego, que só pode resultar de se render às forças inimigas nos primeiros dias da guerra, e mais arte, café, crepes, sotaques ásperos, certo desdém natural pelo trabalho e permissão para fumar em qualquer lugar.

Tive alguns momentos complicados ao ficar limpo — tipo tomar uns dois ou três drinques marotos, achando que talvez fosse capaz de beber com moderação e logo percebendo que ficar entediado às três da madrugada e perambular pelas partes mais perigosas de Paris tentando descolar heroína não era algo necessariamente saudável. Mais ou menos na metade da minha estada em Paris, não sei como, milagrosamente, joguei fora o resto do meu último drinque no dia 29 de março de 1995 e, por meio do sutil milagre que são os grupos de doze passos, permaneci limpo e sóbrio.

E as coisas em geral melhoraram consideravelmente.

Parei de ouvir vozes (alucinações auditivas são um efeito colateral comum tanto das drogas psicotrópicas como dos traumas), a loucura se acalmou e eu tive um vislumbre de uma vida que parecia divertida, leve e até administrável. Comprei um pequeno teclado eletrônico (a ideia de um piano de verdade caber naquele apartamento era absurda) e fiz o melhor que pude com ele, mas comecei a perceber que qualquer sonho de fazer uma carreira tocando piano era simplesmente forçar demais a barra. Era a mesma coisa que querer tornar-me astronauta. E então simplesmente parei de tocar. Eu me distraía com qualquer coisa à mão que não fosse químico e estava decidido a compensar todos os anos perdidos em isolamento e terror tentando, a todo custo, resgatar uma adolescência inteira e enfiá-la à força no período de um ano. E então solicitei matrícula em várias universidades de Londres a fim de aprender psicologia.

Cala a boca, é verdade.

O que foi muito incrível é que escrevi para sete universidades, contando que acabara de sair de uma clínica psiquiátrica, onde fora tratado com sucesso de uma psicose induzida por drogas, e que estava interessado em estudar psicologia na sua prestigiosa instituição etc. etc., e que eu sabia que havia perdido o prazo de inscrição, e que Edimburgo não iria fornecer nenhuma boa referência, mas, por favor, seria possível uma resposta afirmativa, já que estou absolutamente bem agora? E cinco delas disseram sim, sem nenhuma exigência adicional, nem mesmo uma entrevista. Meu dom para manipular com um bom papo ainda estava em ótima forma.

E depois de um ano fazendo praticamente nada além de trepar, voltei a Londres, com um francês fluente, e fiz uma entrada triunfante na University College London. Ainda limpo e sóbrio. Ainda doido (talvez bem menos, mas ainda doido). Ainda fugindo de uma infância que a essa altura eu havia, com curto sucesso, enterrado bem lá no fundo.

Aí vai outra observação marginal para qualquer um que tenha sofrido um trauma de infância similar: você não consegue passar ao largo disso.

Não consegue se esconder disso.

Não consegue negar.

Não consegue varrer pra debaixo do tapete e esperar que não volte a aparecer.

Se eu soubesse o que iria acontecer comigo mais adiante, teria, numa boa, me internado em alguma clínica psiquiátrica por um ano, para poder lidar com isso, não importa quanto me custasse em grana, tempo e oportunidades perdidas. O sofrimento que eu teria poupado a mim mesmo, tirando uns poucos meses para trabalhar com meu problema (uma espécie de ano sabático para pessoas com distúrbios mentais), teria sido algo de valor inestimável. Mas eu vivia alheio, de maneira estúpida, feliz e idiota. Achei que, se desse um jeito de não pensar na coisa, negando tudo o que fosse ruim, me distraindo e me esquivando, ficaria imune ao passado. Que a coisa, como um corpo enterrado debaixo de um pátio, iria apodrecer e desaparecer, mesmo que ainda exalasse um pouco de fedor. E então me concentrei em ser um bom aluno, evitei ao máximo cair na armadilha da autoanálise excessiva e segui com o meu dia a dia.

Foram três anos embotados, embora semiprodutivos. Eu trocara o piano, o álcool e as drogas por namoradas e putas, cumpri todos os créditos, escondendo-me nos braços de mais uma loira aqui, uma morena ali, o que quer que fosse, e cheguei ao final do curso. Adotei a *persona* de um palerma meio doido, grandiloquente, para manter as pessoas a certa distância, e me mantive profundamente desinteressado de qualquer tipo de vida social ou de autoaprimoramento.

No entanto, consegui iniciar e manter um relacionamento com Matthew, o homem que se tornou meu melhor amigo. Eu soube na hora que o conheci que ele era um cara confiável. Ele era alto, absurdamente bonito, brilhante e gentil.

E essas qualidades só cresceram com o tempo. O cara é um psicólogo com dois doutorados e faz um trabalho vital, daqueles que mudam a vida da pessoa. E simplesmente não se incomoda quando eu esqueço as coisas (aniversários, planos, gentilezas sociais, como, por exemplo, perguntar como vão as coisas com ele etc.), ou por eu às vezes agir de maneira grosseira e insensível, ficar muito carente e esquisito e, de repente, emburrar com ele sem nenhum motivo.

Foi meu primeiro amigo.

Ainda é meu melhor amigo e vale por mil conhecidos que eu possa ter feito na universidade.

Terminei meu curso com notas razoáveis, acima da média, não segui em frente para me graduar, e depois, como já era hora de ganhar algum dinheiro, abri o *Evening Standard*, candidatei-me à primeira vaga de vendedor que eu vi (publicações sobre finanças) e, depois de uma entrevista de dez minutos, consegui o emprego.

FAIXA SETE

Ravel, *Trio para Piano*
Vladimir Ashkenazy, Itzhak Perlman, Lynn Harrell

Ravel era um francês assexuado e obcecado pela mãe, que escreveu menos de noventa composições durante a vida. Filho de um inventor suíço e de uma mulher basca, era um dandy fumante inveterado que suava sangue ao compor sua música e tinha cada nota arrancada dele dolorosamente, lenta e metodicamente. Ele e Debussy foram os maiores expoentes da música impressionista que a França já produziu e, apesar de ter ficado de algum modo comprometido pelo trauma de servir como motorista de caminhão durante a Primeira Guerra Mundial e de ter mais tarde sofrido danos cerebrais decorrentes de uma colisão com um táxi parisiense, ele permaneceu como um grande gênio da música francesa.

O fato de haver percorrido com Gershwin clubes de jazz do Harlem emprestou à sua música certo swing.

Seu trio para piano é uma força da natureza; visceral, enérgico e, de algum modo, poderoso demais para os três instrumentos para os quais foi escrito. Essa foi a última peça que ele escreveu antes de se alistar no exército. Quatro movimentos longos e que exigem um nível de virtuosismo quase sobre-humano dos músicos; é um caleidoscópio vertiginoso de cores e sonhos. Ele declarou que o único caso de amor que teve foi com a música, para onde canalizou toda essa energia sexual represada.

Se isso fosse um filme, eu congelaria a imagem mais ou menos nesse ponto. Esse foi um momento decisivo para mim, embora eu não tivesse ideia do que estava de fato acontecendo na minha vida. Aparentemente, estava tudo normal. Conclua os estudos, receba o diploma, arrume um emprego, dê um primeiro passo numa carreira, apaixone-se, case, forme uma família. Era o que estava acontecendo comigo, sem que eu estivesse consciente disso, incapaz de sair dessa engrenagem. Eu me esforçava, na crença totalmente equivocada de que alguém como eu, com minha história e minha cabeça, poderia conseguir. Quebrar a cara, chafurdar na vitimização, foder com tudo — sim, isso era a minha cara. E quanto a ser um membro efetivo, produtivo e normal da sociedade? Duvido. Num filme, as coisas seriam como em *De caso com o acaso* e tomariam um rumo oposto àquele outro, totalmente estúpido, que eu havia escolhido. E logo repararia que seguir basicamente qualquer caminho, exceto fingir-me de normal, seria a melhor escolha.

Mas não foi o que eu fiz. E foi tudo culpa minha. Mesmo que algum cara do futuro tivesse aparecido na minha frente berrando para eu fazer algo diferente, como o Fantasma do *Conto de Natal* do Dickens, eu não teria acreditado nele. Porque, há muito tempo, de modo consciente ou não, eu havia começado a fugir de mim e do que me parecia real, e a essa altura não podia mais mudar o rumo das coisas nem que quisesse. Há uma ironia horrível em saber que passei a maior parte da vida fugindo das coisas que acabariam me salvando (honestidade, verdade, realidade, amor e autoaceitação), por acreditar que elas iriam me matar.

Portanto, lá estava eu, impulsionando-me para frente e usando o terror como combustível. Nada de piano, ainda, nada de autoexame, nada de passado, nenhuma noção de quem eu era ou do que havia sido. Seguindo em frente no piloto automático. E, porra, ainda fico impressionado ao ver como foi fácil seguir por essa linha.

Meu emprego consistia em vender anúncios e matérias editoriais para empresas do mundo todo, em várias publicações sobre finanças que ninguém lia. E, como isso envolvia manipular, mentir e persuadir homens mais velhos, eu me revelei absolutamente competente. Recebia comissão sobre cada venda, além de um pequeno salário básico mensal, e, enquanto meus amigos começavam ganhando vinte mil libras por ano, eu tirava entre três mil e quatro mil por semana, sem muito esforço, trabalhando até cinco da tarde todo dia e nunca nos fins de semana. É certo que, por causa da minha estranha neurose com o tempo, eu chegava todo dia no escritório às sete e meia da manhã, motivado pela minha necessidade desesperada de ter sucesso e de parecer o número um. E o dinheiro me fazia querer mais.

Se você quer ter uma carreira projetada para alimentar o ódio por si mesmo em proporções inimagináveis e que, ao mesmo tempo, seja um afago para seu ego frágil, a que se encaixa melhor é trabalhar na City. Especialmente porque eu estava limpo e sóbrio — esse dinheiro todo, para um cara de vinte e dois anos, me permitiu comprar alguns anos de distrações e fugas. Eu levava as garotas para os hotéis mais caros, comprava para elas presentes incrivelmente estúpidos, viajava pelo mundo, mandava fazer ternos sob medida, comia em restaurantes em que só o primeiro prato já custava mais do que uma refeição para quatro pessoas no Pizza Express. Era um sujeito arrogante, um grande e catastrófico sujeito arrogante. Uma paródia de tudo o que há de ruim entre a raça dos ratos e a raça humana.

E aqui temos outra coisa incrível sobre o abuso: o corpo jamais esquece. Por isso, eu podia correr o mais rápido que quisesse, me distrair ao máximo, mas todo maldito dia eu praticamente me borrava de ansiedade no metrô, meu corpo estava desabando, meus músculos eram como cordas velhas tensionadas e rangendo, minha cabeça parecia estar em algum tipo de vício dezesseis horas por dia. E uma vez mais minhas costas arrebentaram.

Passei por uma segunda operação, adorei aquele efeito ambíguo dos narcóticos classe A depois de alguns anos limpo e corri de volta direto para a minha vida de negação.

E então conheci a mulher que viria se tornar minha esposa. A coitadinha não teve a menor chance. Eu não arrumava namoradas; na verdade, eu fazia reféns. E Jane (a pedido dela, concordei em usar um pseudônimo) era a candidata perfeita. Bonita, dez anos mais velha que eu, já havia casado duas vezes e parecia alguém que saíra daquele mundo da década de 1920 de Gatsby, da Lei Seca e das grandes festas. Eu estava, lá no fundo, procurando uma mãe; ela estava, bem, não tenho ideia do que ela estava procurando, mas não poderia ser eu, a menos que fosse alguma piada absolutamente de mau gosto.

Acho que ela simplesmente queria um marido que não fosse um imbecil. E eu, de maneira cruel embora inconsciente, acabei sendo justamente isso. Eu a cobri de joias da Tiffany, levava-a para fins de semana no George V em Paris, mandava flores três vezes por semana, insisti para que se mudasse de sua molambenta quitinete em Streatham para o meu apartamento depois de apenas dois meses, pagava todas as despesas e fazia o possível para desempenhar o papel do "pretendente esplêndido". E fiz isso à minha própria revelia. Mesmo sabendo que provavelmente se tratava de um grande equívoco. Mesmo sabendo que esse não era eu, que eu era incapaz de ter um relacionamento. Queria salvá-la, sentia-me bem fazendo isso, e vivi essa porra de existência tipo conto de fadas da Disney. E foi um desastre. Eu sabia que iria implodir, que era algo insustentável. Então pedi que ela se casasse comigo. Porque era isso que você fazia depois de onze meses com alguém, era o que as pessoas normais faziam, era o que iria equilibrar a loucura em mim, o que iria acrescentar uma camada de normalidade à minha vida.

Ficamos noivos. Meu corpo continuou enviando mensagens para eu parar. Passei por outra cirurgia nas costas, uma cirurgia grande, fodida, séria, fusão da coluna.

Casei. Chorei durante meu discurso de casamento por não ter conseguido encontrar um modo de deter as coisas, que seguiam em frente inexoravelmente. Dois dias mais tarde, aconteceu o 11 de setembro. Nossa lua de mel foi supercara e vazia. Fui mordido na bunda por uma vespa. Acordei em nossa suíte nupcial em algum hotel exótico do sul da França, caiu a ficha de que agora estava casado, e, em algum lugar bem distante, algum ser monstruoso começou a rir sem parar.

Honestamente, não tenho ideia do que eu andava pensando, exceto que tinha aquela esperança bem triste de que, se continuasse a fazer o que as pessoas normais faziam, então, de algum modo, eu me tornaria normal. Mas a ideia de que um homem como eu pudesse não só casar, mas também manter, nutrir, comprometer-se com um casamento, era totalmente ridícula. Todo o meu conceito de amor estava distorcido. Amor para mim era atenção, afinidade, marcar pontos, com base nas opiniões dos outros e em coisas externas, materiais. Não era sobre valores compartilhados e crenças compartilhadas. Era algo ingênuo, disfuncional, doentio e egoísta. Era o amor de uma criança por um dos pais, e não de um homem por uma mulher. E é um desafio escrever sobre isso sem ter vontade de me dar um soco na cara várias vezes até não sobrar nada. Mas é o que é.

Montamos um "lar perfeito", com uma mobília ridiculamente cara. Era lindo e parecia embalado a vácuo. Esbanjei um monte de dinheiro e fiz tudo o que pude para desviar nossa atenção da falha inerente do nosso casamento, que residia no fato de eu (não posso e não vou falar por ela) ser totalmente incapaz de manter um relacionamento normal. Ela era, e é, uma mulher adorável, sem dúvida. É boa e compassiva, empática e engraçada, além de ter uma mente brilhante.

E então ela engravidou. Foi uma queda longa, desajeitada e dolorosa. Algo cataclísmico parecia ter acontecido, embora nada de tangível tivesse mudado, e eu comecei a cair num desespero e num pânico cada vez mais profundos a respeito do que estava prestes a acontecer. Meu mundo estava em rota de colisão inevitável com forças invisíveis e poderosíssimas, enquanto eu me debatia entre fingir ser uma pessoa e saber que era outra. E aqui talvez seja o momento certo para fazer mais uma pausa.

FAIXA OITO

Shostakovich, *Concerto para Piano Nº 2*, Segundo Movimento
Elisabeth Leonskaja, piano

Em 1957, o titã da música russa, Dmitri Shostakovich, escreveu seu segundo concerto para piano para o aniversário de seu filho. Talvez por ter sido composto para ele, mostrou uma espécie de ruptura em relação ao seu estilo usual, sardônico, raivoso e opressivo (ouça a sua quinta e maior sinfonia para ter um exemplo definitivo disso).

Diferentemente da quase totalidade de seus contemporâneos, Shostakovich permaneceu na Rússia a vida inteira, apesar da turbulência e da loucura de Stálin, que levou Prokofiev, Rachmaninoff e outros a saírem. Ele ficou e lutou por meio da música, usando ocasionalmente suas composições para retratar paródias musicais de um estado terrível.

Era compulsivo, político, corajoso e revolucionário, e fazia belas afirmações, como esta: "Um artista criativo trabalha em sua próxima composição por não estar satisfeito com a anterior".

Esse movimento lento, que lembra o Concerto "Imperador" de Beethoven, ainda é uma de suas mais belas e românticas composições, ainda mais considerando todos os horrores que aconteciam à sua volta enquanto ele a compunha.

O anúncio de uma gravidez é, quase universalmente, motivo de celebração. A paternidade tornou-se uma espécie de hino impessoal para celebrar tudo o que é milagroso. Ela envolve uma coleção de imagens mentais de pais sorrindo, elevando aos ombros seus bebês gorgolejantes e andando de braços dados com suas esposas num parque. Nada se diz sobre noites maldormidas, a tremenda responsabilidade de criar uma vida, as despesas, a confusão, o estresse emocional de ter filhos. Escrevem-se livros intitulados "Adormeci no semáforo fechado — a história do homem que teve trigêmeos". Há inúmeros guias sobre "como ser um pai eficiente", seja lá que porra isso queira dizer. A realidade, pelo menos para mim, era algo bem mais sinistro.

Meu filho foi e é um milagre. Não há nada que eu possa experimentar na vida que se iguale à bomba atômica de amor incandescente que explodiu em mim quando ele nasceu. Eu não entendi a palavra "perfeição" até segurá-lo nos braços nem havia compreendido completamente o conceito de Deus. E, se alguns pais estão lendo isso e disserem que não acreditam em Deus, estão mentindo. Porque eu garanto, quando você está esperando no hospital, a mulher em trabalho de parto, os médicos e enfermeiros agitados em volta, o cheiro de amônia entrando pelas suas narinas, só há um pensamento que passa pela sua mente — "por favor, Deus, que ele seja saudável. Não me importo se não for inteligente, atlético, bonito e talentoso. Apenas dê-lhe todos os dedos das mãos e dos pés".

Mas, para mim, havia outro lado disso. Precisava haver. Algo tão poderoso precisava ter um oposto igualmente intenso para contrabalançá-lo. E para mim isso era o terror. Puro, não adulterado, visceral. Eu recebera a coisa mais preciosa do mundo e, no meu íntimo, sabia que era absolutamente incapaz de estar à altura dessa responsabilidade.

Você pode cair fora de um casamento, largar o emprego, vender sua casa, justificadamente se afastar de seus amigos, família, ex-esposa ou marido, conseguir outra casa para deixar um animal de estimação. Mas um filho? Uma extensão biológica de sua própria alma? Apenas não há como você fugir disso.

Jack (de novo, um pseudônimo, a pedido de Jane) era o menino mais extraordinário. Todo pai diz isso do filho. E para você provavelmente ele é apenas mais uma coisinha linda, cagando, gritando e gemendo. Mas, para mim, ele foi, é e sempre será a prova esmagadora de tudo o que há de mágico neste mundo. Apesar de meus sentimentos em relação ao nosso casamento, ele foi concebido a partir de um lugar de amor e desejo. Ele foi desejado, desesperadamente desejado, e desde o início foi adorado, admirado, e foi incrível e impressionante e tudo o que tem de bom no mundo.

No entanto, muita coisa confusa havia acontecido na minha vida, e eu tinha sido míope demais, preguiçoso, assustado ou medroso demais (você escolhe) para consertar antes que ele chegasse. E por isso ele teve uma introdução a este mundo mais difícil que a maioria das pessoas. Uma criança de quatro anos cujo pai passou nove meses em hospitais psiquiátricos não tem um pai em nenhum sentido real da palavra. Uma criança com um pai que nem de longe superou sua forma particular de loucura não tem um pai. Decidir criar uma vida antes de estar totalmente seguro de que eu tinha a capacidade necessária para fazer isso de modo responsável é uma transgressão quase imperdoável, mas foi exatamente isso o que eu fiz.

Eu tinha uma lista de qualidades que eu queria encarnar como pai. Incluía palavras como forte, disponível, sempre presente, paciente, seguro, casado e amoroso. E fiquei muito aquém de todas elas, a não ser por esta última. Amoroso. E tal é o poder da biologia, do universo, dos genes, do coração, da natureza, que amar meu filho foi, e continua a ser, a coisa mais fácil e natural do mundo para mim. Eu luto para conseguir isso, seja comigo, com meus amigos, minhas namoradas e até mesmo com minha família. Mas com o Jack? É como respirar.

Pelo fato de já ter começado a lutar contra alguns dos meus

demônios passados, há coisas que sou capaz de lhe oferecer agora, embora com um pouco de atraso. Ele nunca terá de se preocupar em fazer alguma tarefa que "pareça certa". Ele só terá de fazer alguma coisa que o faça rir, sair pulando de excitação e querer contar ao mundo inteiro. E se ele, dessa forma, não conseguir dinheiro suficiente para viver com conforto, terei o maior prazer em afastar a preguiça e sustentá-lo o tempo que for necessário. A única coisa que desejo para ele, muito mais do que sucesso acadêmico ou financeiro, é que seja incansável em perseguir a risada e a alegria.

Eu quero que ele saiba qual é o segredo da felicidade. É tão simples que parece ter passado despercebido para muitas pessoas. O truque é fazer qualquer coisa que você queira fazer e que o deixe feliz, desde que não magoe quem está à sua volta. Não se trata de fazer o que você acha que deveria estar fazendo. Nem o que você acha que os outros acreditam que você deveria fazer. Mas simplesmente agir de uma maneira que lhe traga imensa alegria. Ser capaz de dizer "não" de modo educado e gentil às coisas que não são do seu agrado, cair fora de situações que não o satisfaçam, ir atrás das coisas que lhe dão prazer. E não há nada que eu não possa fazer para ajudá-lo a conseguir isso.

Acho que nunca ficarei em paz com o fato de que as marolas do meu passado se tornaram tsunamis quando ele nasceu. Não faz a menor diferença que eu não tenha tido escolha quando perdi o rumo e desabei. Nem o fato de que eu atravessaria o fogo do inferno por toda a eternidade só para poupá-lo de ter um pai ausente, fodido, um desastre, uma sombra do que um pai deveria ser. Pedir desculpas a ele é um dos gestos mais vazios e ocos que sou capaz de imaginar. A única remota possibilidade que eu tenho de tornar essas desculpas sinceras aos seus olhos é assumir um compromisso constante, focado e urgente de fazer com que tais desculpas sejam acompanhadas por uma mudança genuína e sincera.

Quer ele me perdoe ou não, agora eu sou, finalmente, forte, disponível, presente e aberto. Estou agora, mais tarde do que gostaria, pronto para ser seu pai e acredito nele e em sua capacidade de ter um futuro cheio de sucesso. Tenho orgulho dele, da forma mais absoluta, intensa, devastadora.

FAIXA NOVE

Bruckner, *Sinfonia N⁰ 7*, Segundo Movimento
Herbert von Karajan, regente

Em uma das minhas primeiras viagens a Verona para estudar com um professor de piano italiano chamado Edo, ele mencionou o compositor Anton Bruckner.
   "Uma bosta", eu disse. "Peças longas demais, nunca escreveu nada para piano, tedioso e alguém em quem não vale a pena gastar tempo."
   Na verdade, nunca tinha ouvido nada do que ele compôs.
   Edo literalmente me deu um tapa. Ele me fez sentar e disse: "Fique aqui", e colocou o CD da Sétima Sinfonia de Bruckner. Todos os setenta minutos dela.
   Não me mexi. Não conseguia me mexer. Provocou uma mudança irreversível em mim.
   Bruckner era um cristão profundamente devoto (uma citação, como exemplo: "Eles querem que eu escreva de modo diferente. Sem dúvida, eu poderia, mas não devo. Deus me escolheu entre milhares e me deu, dentre todas as pessoas, esse talento. É a ele que devo prestar contas. Caso contrário, como poderia ficar diante do Deus Todo-Poderoso se tivesse seguido os outros, e não a Ele?"). Era baixinho, rechonchudo, socialmente sem charme e desesperadamente romântico, a ponto de ter feito

várias propostas a garotas lindas e sensuais, embora fossem sempre rejeitado. Nunca se casou, desenvolveu um transtorno obsessivo-compulsivo que acabou se tornando uma limitante obsessão por números, vivia reescrevendo suas composições, pois era bastante autocrítico, e bebia em excesso.

Também compôs uma das maiores sinfonias que o homem jamais conheceu. Universos orquestrais gigantescos, com sessenta, setenta minutos de duração e às vezes até mais, que são as grandes montanhas da história musical.

A Sétima Sinfonia tem quatro movimentos, e cada uma dessas paisagens musicais épicas mereceria seu próprio capítulo neste livro. Mas sempre será o imenso e desesperado segundo movimento que irá me levar à lona, como se fosse um gancho de esquerda de Tyson.

Quando me tornei pai, os ecos do meu passado se tornaram gritos. Havia uma certeza fria e insidiosa, crescendo como um câncer no meu ser interior, de que coisas terríveis iriam acontecer para aquilo que eu tinha de mais precioso na vida. Era a sensação mais aterradora que eu já havia experimentado. Para onde quer que olhasse, via apenas perigo.

Eu não sabia que era possível sentir tantas emoções fortes ao mesmo tempo — puras, genuínas, instantâneas, um amor denso combinado com um terror tão enceguecedor e penetrante que eu mal conseguia respirar. E lá estava eu, recebendo aquela coisa de indizível perfeição. Era como se aquelas enfermeiras, com sua feliz ignorância, estivessem dando as chaves de um Aston Martin a uma criança de quatro anos na Times Square, dizendo: "Enlouqueça".

Eu insistia para dar as mamadeiras da madrugada. Já estava acordado mesmo. Ansioso, o tempo inteiro pensando, repassando todas a miríades das formas pelas quais ele poderia morrer a qualquer momento. Sabendo, num nível primal, que algo terrível estava prestes a acontecer com ele e que era apenas uma questão de "quando", e não de "se". Porque é isso que acontece com as crianças.

O lado positivo é que ele e eu tínhamos um vínculo intenso. Quer dizer, tudo bem, era doentio, mas eu vivia e respirava com ele, vinte e quatro horas por dia. Por mais que convivesse com ele, não era o suficiente. Até hoje, os momentos mais felizes, mais verdadeiramente pacíficos da minha vida foram aqueles em que o segurei nos braços, ele dormindo profundamente, um peso nos braços que me dava imenso prazer, alimentando-o enquanto dormia. Eu nem sabia que se pode alimentar um bebê enquanto ele dorme. Que bom era saber que o alimentava, protegia, que naquele momento ele estava seguro.

Seguindo o roteiro exagerado e ultracompetitivo do "investimento em educação" da classe média londrina, matriculamos nosso filho em algumas escolas primárias anos antes do necessário. E, em cada entrevista nas escolas, minhas perguntas sequer passavam perto de aspectos como instalações, método, alimentação etc.

Ficávamos sentados na sala da orientadora escolar, com as paredes lotadas de desenhos horroroso, feitos por crianças que eu, sinceramente, achava preguiçosas, e ela nos dizia coisas como:

"Muitos dos nossos alunos vão para as mais bem-sucedidas escolas secundárias de Londres, e depois seguem para as mais renomadas faculdades e universidades do país. Temos um currículo extenso e criativo, instalações maravilhosas, fazemos viagens de estudo, sempre temos boas notas nas avaliações dos órgãos educacionais e uma proporção equipe-alunos de um para cinco. Não apenas concentramos nossos esforços na excelência acadêmica, como também acreditamos no valor da meditação, do aconselhamento e do autodesenvolvimento por meio do trabalho de equipe e da solidariedade" etc. etc.

E eu ficava lá sentado, pálido e alarmado, perguntando:

"Vocês também contratam professores homens? Quantos? Eles chegam a ficar alguma vez a sós com alguma das crianças?

Vocês checam os antecedentes criminais? Têm circuito fechado de tevê? Nos banheiros também? Quem leva as crianças ao banheiro? Elas ficam sozinhas? Há áreas na escola não cobertas pelas câmeras? Como vocês checam os antecedentes dos funcionários? Vocês fazem uma boa verificação das referências? Vocês monitoram as crianças para ver se elas mostram sintomas de perturbação e abuso? Qual o procedimento padrão da escola em caso de suspeita de abuso? Isso está colocado por escrito? Posso ficar com uma cópia?"

Fui me tornando cada vez mais um zumbi. Tive de retomar meu trabalho na City depois de algumas semanas e deixar o menino às sete da manhã, e então ia dirigindo pelas ruas escuras de Londres chorando de soluçar. Eu sabia o que havia acontecido comigo, e tinha acontecido pelo simples fato de eu ser uma criança. Parecia inevitável que algo similar aconteceria com ele. A infância era isto: uma zona de guerra cheia de perigos, ameaças, terror e sofrimento.

E, apenas por tê-lo trazido ao mundo, eu me sentia como se o tivesse atirado diretamente no meio dessa situação.

E o que você faz quando tem esse nível de culpa? Como fazer para simplesmente não se afogar nisso? Sendo mais claro, como você faz para não se jogar do prédio mais alto que encontrar, zombando durante a queda do inexorável montinho de merda que você é?

E foi aí que a minha fachada começou a desabar. Esse momento — que deveria, que poderia ter sido o momento mais feliz da minha vida — foi o início da minha descida a uma espécie de loucura que eu jamais poderia ter imaginado.

O que estou dizendo é apenas o seguinte: fui estuprado quando era criança. Ao longo de cinco anos, tive sexo com um homem três vezes maior do que eu e trinta ou quarenta anos mais velho, contra a minha vontade, de maneira dolorosa, secreta, perversa, dezenas e dezenas de vezes. Fui transformado em uma coisa a ser usada. E fui capaz de lidar com essa dor

— física, mental e espiritual. Mas o que eles não contam a você é que aquelas ondas estendem suas mãos frias e tóxicas para além do seu eu. Elas instalam a crença inabalável de que todas as crianças sofrem em sua infância das maneiras mais abomináveis, e que nada nem ninguém será capaz de protegê-las disso. Assim, apenas por ter trazido Jack a esse mundo, eu era agora cúmplice de qualquer futura dor que ele certamente viria a sofrer. O FILHO DA PUTA que me estuprou havia arruinado não só a mim, mas, por procuração, iria agora roubar a infância do meu filho. E isso era culpa minha. E esse sofrimento eu não era capaz de suportar. Ele me tirou a infância. Tirou de mim meu filho. Arrancou de mim a paternidade. E fez tudo isso dando risada. E era *isso* que deveria te deixar chocado, e não meus privilégios, minha obsessão por mim mesmo, meu estilo de vida cheio de frescuras, típico do norte de Londres.

Comecei a me isolar cada vez mais. Punição, comportamento passivo-agressivo, vergonha, ridicularização, chantagens emocionais e pré-julgamentos era praticamente tudo o que saía da minha boca e desabava em cima do meu casamento sem trégua. O fato de Jane ter ficado comigo pelo tempo que ela ficou só prova suas amplas reservas de paciência e bondade. Mesmo que fundamentalmente eu não fosse capaz de amá-la "do jeito certo", éramos uma unidade familiar. Tínhamos as ferramentas necessárias para construir um ninho forte, estável e de apoio mútuo para nosso filhote. Mas, em vez de acordar e agarrar isso com todas as minhas forças, eu estraguei tudo.

O egoísmo da vítima é a coisa mais difícil de tolerar e de tratar com compaixão. Somos idiotas. É praticamente impossível que alguém nos ame. Pressionamos e pressionamos até conseguir o que queremos: mais vitimização. Às vezes, minha capacidade de tolerar e desejar o sofrimento é infinita, um poço sem fundo de autorrecriminação e uma excitação perversa em busca de mais e mais.

Acho que poderia olhar para isso de um jeito diferente, ou seja, que o nascimento do meu filho sinalizou o fim da minha antiga vida e o início de uma vida nova, muito mais satisfatória. E, olhando em retrospecto, isso faz muito sentido e deixaria Deepak Chopra muito orgulhoso. Mas ter passado tantos anos andando em areia movediça, lutando contra incêndios imaginários, com uma inesgotável sensação de pavor e desespero, é algo que cobra seu preço.

Começaram a acontecer algumas coisas que me desconcertaram, porque fazia muitos anos que eu não as experimentava; passei a chorar sem motivo, dormir era impossível, ou então era a única coisa que eu conseguia fazer. O mais aterrador era perder tempo — acabava de checar alguma coisa, sem ter consciência do que estava fazendo, e voltava depois de um tempo, fossem minutos ou horas, sem nenhuma memória do que havia feito. Meus tiques de infância começaram a voltar — gemidos repentinos, espasmos, a mania de bater de leve os dedos na mesa sem parar, ou acender e apagar um interruptor — e perdi meu apetite por tudo, de comida a sexo e televisão. Estava entrando num túnel e não tinha a menor ideia da razão ou de como parar.

Então procurei distrações. Fui atrás de uma saída que não envolvesse homicídio ou suicídio. E todos os caminhos levavam à música. Eles sempre levam. Eu não podia ser músico, pois sabia que, depois de dez anos sem tocar uma só nota no piano, essa não era uma opção, mas talvez eu pudesse virar agente. Qualquer coisa que me tirasse da City e me aproximasse, ainda que apenas vagamente, da música poderia ser um passo na direção certa. E então fiz o que um trabalhador egocêntrico e metido da City faria: descobrir o contato do agente que representava o maior pianista do mundo e tentar uma parceria de negócios com ele.

Não foi difícil. Uma caixa de champanhe Krug, alguns e-mails, um ou dois almoços e pronto. O nome dele era Franco. Morava em Verona. Havia cuidado do meu herói, Grigory

Sokolov, durante vinte anos. Grigory Sokolov — com certeza, o maior pianista vivo. Talvez o maior pianista de todos os tempos. Um homem que conseguia, sem dúvida e com absoluta continuidade, usar as notas do piano para chegar à alma do ouvinte, arrancar o que lá houvesse, chacoalhar, polir, levar a um passeio e depois colocar de volta de um jeito que encaixasse melhor. Esse cara, esse autista sábio e esquisito. Esse gigante do piano, rechonchudo, desajeitado, introvertido, havia sido o meu *crack* musical durante uma década, desde que eu ouvira seu primeiro álbum. Só Chopin. E ao vivo. A maior parte dos álbuns ao vivo (o meu incluído) é montada a partir de pelo menos duas execuções; os produtores e engenheiros de som pegam os melhores trechos e os reúnem em um álbum "ao vivo". Se o selo for especialmente ousado, ele pode também fazer um trabalho adicional de estúdio, pós-concerto, e "consertar" algum trechinho que não ficou bom, com o cuidado de não mencionar isso em nenhum lugar. É uma adulteração grosseira, mas fazemos isso porque somos movidos por certa precariedade e insegurança e por não suportar a ideia de oferecer algo que não seja perfeito. Mas não é o caso de Sokolov. Um concerto, um só *take*, alguns russos resfriados tossindo na plateia e a mais visceral e impressionante execução da *Segunda Sonata* e dos *Estudos Opus 25* de Chopin que eu já ouvi. Está tudo no iTunes — se não acredita, vá lá e verifique.

Ali teve início um caso amoroso que ficou ainda mais tentador por ele ter lançado apenas um pequeno punhado de álbuns. O resto foi recolhido via internet, do jeito que se garimpa pornografia infantil, em gravações feitas por pianófilos (a palavra existe, juro) tecnicamente pouco competentes, e eu ouvia isso totalmente extasiado.

Portanto, a ideia de trabalhar com seu agente, que o trouxe ainda jovem da Rússia para o Ocidente e o transformou num fenômeno, que se apresentou a plateias lotadas ao redor do mundo, era bastante estimulante.

Com a aprovação de Jane, saí do meu emprego, com a minha excitação quase contrabalançando a leve sensação de vertigem de cair fora de uma renda mensal tão substancial. Então, Franco e eu decidimos que, juntos, desembolsaríamos trinta mil euros e abriríamos um escritório em Londres. Mas antes disso concordamos que eu deveria passar umas duas semanas em Verona para aprender o funcionamento básico do negócio. Foi o que fiz. Animadíssimo.

Franco mora no único arranha-céu de Verona, com a vista mais extraordinária da cidade, janelas do teto ao chão, uma máquina de café de mil euros e um piano Yamaha de cauda. Isso é tudo o que você precisa neste mundo. E, depois de jantar na minha primeira noite, ele me perguntou se eu tocava piano. Eu grunhi algo a respeito de não pegar no instrumento há anos, mas que costumava tocar razoavelmente bem para um adolescente. Então, ele perguntou se eu poderia tocar alguma coisa. E eu, ansioso por aprovação e atenção e um pouco doido depois das massas e das vistas e do clima daquela cidade italiana, sentei ao piano e, de algum modo, arranquei de mim uma peça de Chopin. Aos meus ouvidos, ela me soou confusa e embaraçosa. Mas eu havia conseguido me lembrar dela inteira, de cabo a rabo, e, com um pouco de rubor nas faces, virei-me para ver a reação dele. Estava sentado ali, de queixo caído e em total silêncio. E, depois de um minuto, disse simplesmente:

"James, estou nisso há vinte e cinco anos e nunca ouvi ninguém tocar piano assim que não fosse pianista profissional. Você não vai virar agente. Virá todo mês aqui para Verona, ficará hospedado em minha casa e terá aulas com meu amigo Edo, o melhor professor da Itália. Talvez você não se torne um sucesso, mas precisa tentar."

E isso foi o começo de tudo.

Depois, nos dias seguintes, ele me arrastou para a casa de todos os seus amigos (todos tinham um piano em casa) e me obrigou a tocar para eles como se eu fosse uma espécie de filhotinho recém-adestrado. E foi estranho, maravilhoso, eu mal podia acreditar. Depois de uma década sem tocar e tentando fazer as pazes com o fato de que eu nunca seria capaz de fazer aquilo com que sempre havia sonhado, Franco havia desmantelado completamente esse maquinismo perverso.

Numa manhã, fomos até a casa de Edo. E esse foi um dos caras que realmente mudaram minha vida para sempre. O filho da puta mais violento, agressivo, arrogante e ditatorial que eu conheci. O professor perfeito para alguém como eu, preguiçoso, indisciplinado, maltreinado e entusiasmado demais. Tive minha primeira aula com ele naquele mesmo dia. Fomos andando até a loja de música e compramos uma sonata de Mozart (aquela em F maior, para os leitores que querem saber). Que foi um começo de merda porque (a) eu odeio Mozart (mais ou menos da maneira adolescente com que odiava tudo o que eu não soubesse ou entendesse direito, porque eu era muito limitado e preguiçoso para me animar a conhecê-lo melhor) e (b) porque imaginei que a gente fosse logo trabalhar com um daqueles concertos enormes e espetaculares de Rachmaninoff.

E então começamos a trabalhar. De um jeito que eu nunca soube existir. Devagar, meticulosamente, com uma atenção aos detalhes quase inumana, concentração intensa, toneladas de anotações a lápis. Ele me mostrou truques que tornavam tudo possível, e o mais útil deles era seu método para o ritmo; a maioria das passagens difíceis ao executar uma peça no piano envolve sequências de escalas com notas rápidas. E ele fragmentou essas sequências em grupos de quatro ou três notas. E, em seguida, dispôs as sequências em diferentes esquemas de ritmos — dez no total, cada um enfatizando uma nota diferente desse grupo, seja acentuando-a, ou pontuando a nota anterior (ou seja, fazendo-a durar cinquenta por cento mais do que está escrito). Era como se um corredor de longa distância dividisse cada um dos movimentos mecânicos que seu corpo faz ao correr a maratona e depois praticasse cada micromovimento várias vezes, um após o outro, até começar a juntar todos.

Eu tinha de treinar meus dedos para que tocassem todas as variações de cada grupo de notas, de todas as maneiras possíveis, e depois tocava a passagem inteira, e não é que na décima quinta vez eu tocava tudo perfeitamente como estava escrito? Era como uma porta se abrindo: passe algumas horas trabalhando metódica e lentamente, e você vai acabar tocando muito bem, muito, mas muito mais depressa e de modo mais confiável do que se ficasse apenas martelando o trecho de cabo a rabo várias vezes do jeito convencional. Foi uma grande revelação, porque todas as peças que eu imaginava impossíveis de tocar de repente se tornavam viáveis. Por fim, eu compreendia a regra dos dois décimos de segundo, da qual Edo me falara — a ideia de que, para a maioria das pessoas, essa extensão de tempo é apenas um piscar de olhos, mas, para um piloto de Fórmula Um, é a diferença entre chegar em primeiro ou em décimo lugar. A maioria das pessoas pode ficar mais ou menos competente no piano em um tempo relativamente curto, mas chegar ao topo, levar seu jogo ao nível dos dois décimos de segundo exigidos para passar de bom a excelente, isso pode exigir vinte e cinco anos desse tipo de trabalho incessante, concentrado e perseverante. Eu me senti como alguém que tivesse ficado paralisado da cintura para baixo e, subitamente, fosse capaz de andar de novo, embora com uma grande dose de trabalho árduo e treino.

E foi o que eu fiz. Trabalho árduo e treino. Todo mês eu pegava um avião de Gatwick a Verona, passava quatro dias com Edo e, então, voltava para casa e estudava. Era, na mesma proporção, algo que me destruía a alma e que me dava também o maior prazer. Edo era tão chato, tão crítico, tão hipercontrolador — com frequência, eu via pelo canto do olho um celular sendo atirado na minha direção, arremessado por ele, de pura irritação, ou então eu o via gritando comigo, respingos de saliva voando de sua boca, me xingando em italiano. Nas ocasiões (raríssimas) em que eu tocava de um jeito que ele achava aceitável, ele simplesmente sacudia os ombros e dizia: "Bem, e agora, o que vamos ver?". Minhas partituras de piano ainda estão cheias das anotações dele — acrônimos deliciosos como FCPVQ ("faça como porra você quiser", que eu deveria ouvir naquele seu tom rabugento, exasperado, decepcionado), ou então ASSASSINO DE CRIANÇAS (expressando sua desaprovação sobre uma abordagem minha a um certo trecho musical que ele considerava excessivamente livre) e o simples, mas preciso, MERDA. Mas no fundo eu não me importava com isso, porque estava tocando peças que eu havia admirado a vida inteira — a *Terceira Sonata* e o *Segundo Concerto para Piano* de Chopin, a *Sonata Waldstein opus 109* de Beethoven, as *Partitas* de Bach, peças gigantescas de Chopin, como a *Polonaise-Fantasia* e a *Fantasia em Fá Menor*, os *Estudos* de Rachmaninoff, as *Rapsódias Húngaras* de Liszt.

Até compramos um piano novo, um lindíssimo Steinway Modelo B. E — a propósito, os Steinway são de fato os melhores pianos do mundo. Simplesmente não há concorrentes. E o preço deles reflete isso — eu estendi o prazo de nossa hipoteca para poder comprar o piano (pelo preço de cinquenta e cinco mil libras, nojento), que ficava na sala da frente, a coisa mais valiosa que eu já possuíra na vida.

Todo dia eu passava horas praticando — e praticando do jeito certo também; devagar, com método, de modo inteligente, antes de me dar a satisfação de tocar a peça inteira e ver as pessoas que passavam em frente à nossa casa pararem alguns minutos em pé, ouvindo (eu fechava as persianas para evitar o embaraço, mas ainda dava para espiar pelas frestas e vê-las ali). Tínhamos uma babá que cuidava do Jack algumas horas por dia, enquanto eu praticava, e depois passávamos algum tempo como uma família, cozinhando, andando, passeando. Era quase uma situação credível. O ruído na minha mente havia diminuído, pois fora substituído por notas e música, e parecia me permitir algum espaço para funcionar de maneira mais eficiente. A vida mostrava-se um pouco menos frágil e um pouco mais tranquila e fácil. Parecia quase possível administrá-la.

E Jack continuava a ser um milagre, aprendendo a andar, falar, rir e agarrar coisas. Ainda era a coisa mais linda que eu já vira na vida. Eu, pelo menos para quem visse de fora, tinha tudo: uma esposa linda que me apoiava, bem-sucedida, e um filho perfeito, uma bela casa de seiscentos metros quadrados e um jardim imenso, um Steinway novinho, tempo e espaço para ir atrás da carreira dos meus sonhos, bastante dinheiro no banco, um carro luxuoso, bons amigos — uma vida ostensivamente completa.

Havia muitas coisas que eu ainda desejava. Que não fosse possível uma partida de críquete durar cinco dias e, mesmo assim, terminar empatada. Que houvesse imensa divulgação e destinação de verbas para unidades de saúde mental e centros de tratamento de casos de estupro. Que eu tivesse uma barriga estilo tanquinho. Que o KFC entregasse comida em casa.

Mas, acima de tudo, eu desejava ser capaz de me sentir bem com aquilo que as coisas pareciam ser, e não com o que me davam a sensação de ser. Gostaria de poder ter olhado para a minha vida de então e dizer: "Sim. Tudo certo. Acomode-se, relaxe e curta". Como as coisas seriam bem mais fáceis se não fosse a minha cabeça! Deveria ter ficado óbvio para mim que um alívio sintomático trazido por uma mudança de carreira, como se fosse outra injeção milagrosa, uma namorada nova, mais dinheiro, outra casa ou a porra dumas férias, seria algo invariavelmente temporário. Não demorou para ficar cada vez mais difícil convencer meu eu de que as coisas eram diferentes, e não demorou para que meus companheiros de cérebro, até então silenciosos, começassem a voltar para o primeiro plano da minha cabeça, para me fazer saber quanto eu estava fodido.

O desconforto que eu havia sentido quando meu filho nasceu estava de volta, e eu comecei a sentir aquela mão fria, de alguma coisa suja e gosmenta que rastejava pelas minhas costas até a nuca. Aquela coisa fodida que simplesmente não ia me deixar em paz, não importa quanto eu tentasse fugir dela. Aquela gigantesca e obscena mancha de porra que vinha me perseguindo como um perverso pitbull errante havia décadas.

De novo, o piano começou a se virar contra mim, o brilho de aprender aquelas peças novas e magníficas começou a diminuir, substituído por uma autocrítica constante quanto à minha incapacidade de tocá-las com perfeição. Sentia-me cada vez mais frustrado, comecei a pirar cada vez mais depressa, dia após dia, como se alguém tivesse acendido uma chaleira de fervura lenta no meu estômago e na minha mente, que ficava cada vez mais quente, mais quente. Eu não tinha certeza do que havia acontecido ou da razão, mas sabia que algo não estava bem.

E era um grande desafio conseguir me comportar como adulto, marido, pai e ser humano civilizado enquanto tudo isso estava acontecendo. Continuei desse jeito, no piloto automático, pelo tempo que foi possível, mas travava uma batalha perdida e sabia bem disso. Era uma questão de "quando" — e não mais de "se" — todo aquele inferno desabar em mim.

Por ironia, tudo começou quando pedi ajuda pela primeira vez. Ficava cada vez mais evidente que eu era incapaz de funcionar como queria, ou do jeito que minha família precisava. Fora bem-sucedido em manter minha esposa fora da história toda por um bom tempo — o que não é difícil de fazer quando há mudanças de carreira, prazos a cumprir no trabalho, casa nova e uma criança para completar o pacote. No passado, eu já fizera algumas referências veladas ao abuso, mas isso nunca fora discutido ou adequadamente admitido entre nós. Qualquer versão honesta de amor que houvesse existido no início havia desaparecido por completo ou (mais provavelmente) estava enterrada sob o peso da negação, da incessante necessidade de marcar pontos e da minha obsessão por mim mesmo.

Eu conseguia lidar com o sofrimento, mas, no final, não era

mais capaz de lidar com o fato de minha família pagar o preço disso. E um dia, procurando na internet, encontrei uma menção a uma associação assistencial voltada ao auxílio de homens sobreviventes de agressão sexual. Não sei bem por que, mas liguei para eles. Talvez por tédio, talvez porque estivesse de saco cheio de estar de saco cheio. Talvez fosse uma última tentativa desesperada de ver se alguma coisa podia ser salva ou transformada em algo suportável.

A sede ficava em London Bridge, e eles me ofereceram uma entrevista confidencial no dia seguinte. E a grande pergunta ainda é: "Se eu soubesse como isso tudo iria se desenrolar, será que, mesmo assim, teria ido?" Provavelmente não.

Cheguei lá (duas horas antes, como sempre) e acabei me vendo em uma "sala padrão de psiquiatra", com mobília Ikea — duas cadeiras confortáveis, mas não confortáveis demais, uma mesinha de centro baixa entre as duas, caixinha de Kleenex no meio, tons suaves, quadros com paisagens sofisticadas nas paredes. Uma mulher com o rosto mais adorável que se possa imaginar estava ali. Com a mente aberta, bondosa, totalmente amorosa e com o jeito de quem não vai querer te julgar. E, apesar da minha resolução de ficar rodeando o assunto, de não falar nada muito pessoal, manter as paredes em pé, a coisa toda veio à tona. Trinta anos daquilo simplesmente brotaram de dentro de mim, do começo ao fim. Tudo com a maior riqueza de detalhes que eu fui capaz de lembrar. Não estabeleci contato visual nenhuma vez, mas fui em frente como um ator fazendo teste para o papel de "vítima de estupro autista, maluca, envergonhada". E a única coisa que lembro de ela ter dito a mim foi: "Você contou isso à sua esposa?". O que era uma ideia tão estranha para mim quanto se alguém sugerisse que eu começasse a treinar para andar na lua.

— Claro que não contei pra minha esposa!

<Surpresa>

— Por que não?

— Porra! Por que caralho eu ia contar pra minha esposa?
— Porque ela é sua esposa. Isso começou a vir para fora agora, e a estrada promete ser difícil e estreita, e você vai precisar de apoio. Quanto mais, melhor.
<Um olhar indecifrável >
Esta é outra coisa que ninguém conta. Depois que você começa a falar, está fodido. Os perpetradores que fazem você prometer que não vai contar a ninguém estão absolutamente certos. Você não consegue colocar a coisa de volta dentro da caixa. É como lancetar um furúnculo: só que o que sai é um jato aparentemente infindável de pus, bile e resíduos tóxicos, que não diminui nem acaba, ao contrário, cresce em intensidade e volume até que você se afoga nele.
— Você precisa contar pra ela. Precisa contar hoje mesmo. Precisa pedir que ela o ajude de algum modo.
Eu havia contado a uma estranha, com garantia de confidencialidade (eu fiz essa pergunta pelo menos umas dez vezes para confirmar), e não tinha revelado meu nome verdadeiro ou mencionado quaisquer nomes identificáveis de escolas ou professores. E agora, pelo que eu via, teria de contar à minha esposa coisas que eu passara a vida inteira escondendo, tudo bem trancado a sete chaves.
O fato era que eu sabia que a mulher tinha razão. Não porque eu sentisse precisar de apoio, mas porque a coisa agora estava fora da caixa. É como você fazer *bungee-jump* do alto de um rochedo: depois de pular lá de cima, não tem mais volta. Eu estava em queda livre, e Jane era, potencialmente, meu paraquedas, e eu sabia, com toda a certeza, que agora estava lançado na atmosfera e corria real perigo. Se você passa tempo suficiente achando que vai morrer se contar seus segredos, então acaba acreditando nisso. Se um estuprador diz a um menino de cinco anos, muitas e muitas vezes, que, se ele contar a alguém, vão acontecer coisas monstruosas, isso fica assimilado, torna-se inquestionável, é aceito como verdade absoluta. E eu havia contado isso a alguém.

A bomba-relógio agora fazia tique-taque, o tempo ia ficando cada vez mais curto, e eu me sentia mais fodido do que imaginava possível. Para todos os efeitos e propósitos, eu era agora um menino de cinco anos disfarçado de homem de trinta e um, sem defesa, sem nenhuma capacidade de dissimular à qual pudesse me agarrar, sem saída, a não ser continuar em frente.

Enviei uma mensagem de texto à minha mulher, e marcamos de nos encontrar para jantar naquela noite num restaurante que ambos adorávamos. Cheguei lá molhado de suor, enjoado e com a sensação de que estava passando mal. Porque sabia que o que eu ia contar acabaria destruindo nossa relação de uma vez por todas e que ela não estava minimamente preparada para suprir minhas necessidades. Eu sequer sabia quais eram minhas necessidades. Então me senti como um homem-bomba suicida, com uma mochila nas costas cheia de C-4, a ponto de explodir um monte de gente inocente e incapaz de desistir. Relaxe, eu sei que não é a mesma coisa. Mas os sentimentos às vezes se parecem com Auschwitz, embora, na realidade, estejam mais próximos de uma colônia de férias. A verdadeira compaixão vem da compreensão de que aquilo que alguém sente como verdade é, para todos os efeitos, verdade. Não importa nem um pouco se é evidentemente falso para você e para todos os demais. E esse terror eu sentia como verdadeiro. Era a minha realidade, por mais distorcida que pudesse parecer.

Ela sabia que algo estava acontecendo. Minha aparência era horrível, e eu não conseguia olhá-la nos olhos. E, então, quando ela me perguntou o que havia de errado, eu simplesmente abri o jogo com ela. Frio, sucinto, direto. E, naquele instante, eu soube que aquilo era o nosso fim. Que aquele filho da puta me arruinara e, vinte e cinco anos mais tarde, também estava arruinando meu casamento.

É importante mencionar que minha esposa foi e é a mais adorável das mulheres. Ela é capaz de níveis de bondade e compaixão espantosos. E eu sei que foi uma questão de "não ter como", e não de "não se dispor a". Ela literalmente não tinha como reagir de um modo que pudesse ajudar a resolver a situação. Era como tentar juntar um corpo de novo depois de ele ser explodido pelos ares por uma granada de mão. Nem com toda a boa vontade do mundo, isso iria acontecer. Saímos do restaurante e voltamos de carro para casa em silêncio. E eu sentei no quarto do meu filho, olhando para o seu corpinho de quatro anos de idade. E, que merda, só consegui chorar.

FAIXA DEZ

Liszt, "*Totentanz*"
Sergio Tiempo, piano

Liszt é aquele pateta responsável por fazer os pianistas tocarem de cor recitais inteiros de piano. Isso nunca havia sido feito — os concertos eram uma mistura de diferentes músicos e gêneros, e os executantes sempre liam partitura. E então esse astro do rock do século XIX, o Paganini do piano, o Keith Richards daquela época, estraçalhou as convenções da performance ao fazer recitais longos, de cor, e tocar mais rápido, mais alto, de modo mais rude e violento do que qualquer um havia feito até então. Ele compôs peças traiçoeiras, monumentalmente difíceis para piano: transcrições de todas as sinfonias de Beethoven para piano solo, peças para exibição de virtuosismo baseadas em temas de óperas populares do seu tempo, dezenas de estudos que permanecem praticamente impossíveis de tocar de maneira precisa, a não ser que você seja uma puta máquina de tocar piano.

Uma criança-prodígio que rapidamente se transformou em um showman mulherengo e super-rico. Tudo isso foi demais para ele e, depois de vários casos amorosos e de vários filhos, ele fez votos religiosos, aos quarenta e seis anos de idade, e entrou para a Ordem Franciscana, continuando a tocar e compor até sua morte, em 1886, aos setenta e cinco anos.

Além de dois concertos para piano, escreveu algumas poucas peças para piano e orquestra, uma delas foi chamada de "Dança da Morte". Era um pouco obcecado pela morte e frequentou hospitais, manicômios parisienses e até calabouços de prisões para ver aqueles que haviam sido condenados à morte. Muitas de suas obras têm títulos associados a esse tema, como a peça citada, esses setenta minutos devastadoramente aterradores de fúria pianística, baseados no famoso Dies Irae — o tema da morte usado por compositores de Rachmaninoff a Berlioz.

Essa performance de Sergio Tiempo é ao vivo, e eu honestamente ainda não ouvi uma execução tão ridiculamente bombástica quanto essa. O cara tem duas mãos simplesmente inacreditáveis, medo zero e uma convicção absoluta sobre o que quer comunicar. É assombroso.

Olhando pra isso agora, em retrospecto, fica tudo muito claro. Posso ver que eu estava revelando um segredo muito antigo, muito tóxico. Enfiara minha esposa nisso (sem o consentimento dela — para todos os efeitos, ela se casara com um cara decente, incólume, sólido), depois eu embarcara numa mudança de carreira ridiculamente ambiciosa, e meu filho acabara de completar quatro anos. Que porra eu achava que iria acontecer?

Aí vai outro alerta às vítimas de abuso. Parece que é muito comum o mundo sair dos eixos por completo quando seu filho chega perto da idade que você tinha quando o abuso começou. Eu não sabia disso. Minha psique, sim. Fui pego de surpresa. Havia algo dentro de mim me arranhando, desesperado para sair, e eu simplesmente não fui capaz de segurar por mais tempo. A sensação era como se minha mente fosse um computador que tivesse sido forçado demais, por muito tempo, e então explodira. Sentia meu cérebro literalmente quente. É a sensação mais esquisita, desagradável e assustadora que existe. E eu fiquei zanzando por aí, atrás de alguma coisa que pudesse consertar isso, ainda que temporariamente.

Eu sabia que bebida e drogas eram uma opção. Sabia também que, se fosse por esse caminho, acabaria morto (e logo), mas o pior é que talvez também destruísse pessoas que eu amo muito.

E então, desesperado para encontrar algo entre o suicídio e o homicídio, descobri as lâminas de barbear.

Eu fiz o que qualquer cara com um mínimo de autorrespeito teria feito na minha situação: fui buscar na internet soluções para o que estava acontecendo. E deparei com o universo glorioso e insano dos fóruns on-line. Anônimos, livres das entonações da fala, chiqueiros em formato em textos se passando por lugares nos quais você podia encontrar ajuda, mas na verdade uma mera fachada onde é possível vomitar no mundo toda espécie de neuroses, perversões, taras e fraquezas, na esperança de acabar com a sensação de estar "sempre sozinho" e quem sabe achar alguém em condição pior que a sua. E num desses sites as pessoas falavam sobre se cortar. Como se fosse uma coisa ruim — ou seja, falavam que haviam caído nessa história de novo e estavam putos por isso e querendo parar. Era uma coisa da qual eu já ouvira falar, geralmente associada a garotas adolescentes, mas, até então, nunca me passara pela cabeça fazer isso comigo.

Mas tudo doía, e naquela hora me pareceu uma boa ideia. E assim, do jeito mais banal que se possa imaginar, dei um pulo até a farmácia do bairro e comprei cinco pacotinhos de lâminas de barbear Wilkinson Sword e algumas gazes de curativo.

Pode ser que esta parte do livro engatilhe as piores sensações nas pessoas que sofrem de problemas parecidos. Por isso, pule essa parte ou chame um amigo. E, antes que você me julgue pelo que vou contar agora, talvez valha a pena dizer algumas palavras sobre o ato de fazer cortes nos braços.

A automutilação (AM, daqui em diante) é uma droga maravilhosa. Está alcançando níveis de pandemia no Reino Unido, onde já temos os maiores índices de AM da Europa. Em vez de *tapas* e *siestas*, estamos indo atrás de pequenos objetos metálicos com bordas afiadas e fitas de material absorvente. E a razão disso é que se trata do barato mais eficaz, imediato e eletrizante, só igualado pela heroína (injetada, não fumada) e pelo *crack*. Não dá revertério, não tem efeito colateral negativo (desde que se faça do jeito certo), tem custo praticamente zero, pode ser feito em qualquer lugar e você só precisa ir até a farmácia (ou até a gaveta da cozinha, se a farmácia estiver fechada).

Envolve todos os elementos "seguros" que tornam as drogas ilegais tão atraentes (ritual, controle mental, bloqueio das emoções, isolamento, fuga, um desejo genérico de "foda-se o mundo") e introduz uma dose de auto-ódio visceral, além da imunidade em relação a ser preso (a não ser que você tenha muito azar), maior controle, uma pseudossaudável expressão de raiva e a incrível sensação de ser capaz de gritar ao mundo o tamanho da sua dor sem ter de dizer isso em voz alta. Lembra-se daquele sentimento de querer contar a alguém na escola quem era que estava praticando *bullying* ou abusando de você, e não se sentir capaz disso? Aumente isso um milhão de vezes e, então, imagine que você pode voltar no tempo, tacar fogo nessa pessoa várias vezes, obrigá-la a olhar enquanto você decapita a família dele e faz uma dancinha enquanto ardem lentamente até a morte. Você consegue a mesma coisa e um pouco mais com uma caixinha de uma libra de lâminas Wilkinson Sword e vinte pênis de gaze.

E é por essa razão que querer parar com isso por encarar como algo ruim é uma batalha perdida. Não é possível lidar com algo assim por meio de conversas, advertências de centros de saúde, folhetos de salas de espera e professores bem-intencionados. É uma coisa que funciona bem demais, a recompensa é boa demais, e a liberação de endorfina, intensa demais.

É um mecanismo de defesa regular, persistente e eficaz. E disseminado no mesmo nível que foi a febre — não tão oculta assim — do Valium na década de 1970. A maior parte das pessoas que se envolvem com esse comportamento são catastroficamente mal compreendidas, mal diagnosticadas, maltratadas. A AM não é uma indicação de fantasias suicidas. Não representa uma ameaça aos outros. Não significa que você é menos capaz. Russell Brand, Johnny Depp, Colin Farrell, Alfred Kinsey e Sid

Vicious são algumas celebridades que recorreram a isso. A lista de mulheres é bem mais longa.

Não é algo feito apenas por meninas adolescentes magrinhas (embora muitas delas se entreguem a isso com relativa frequência). É invariavelmente uma resposta a uma cultura pela qual circulamos invisíveis e sem sermos ouvidos, incapazes de acompanhar o ritmo e o estresse da vida moderna, em que, seja homem ou mulher, você tem que ser pai, ganhar dinheiro e realizar coisas de maneira insustentável e ridiculamente numerosas. E, mesmo que consiga alcançar esse patamar de realizações, a surpresa é que isso não faz a menor diferença. Você ainda se sente miserável e menor.

Mas naquele dia eu descobri uma cura, uma maneira de parar de me sentir tão merda.

Cheguei em casa, e o apartamento estava vazio. Jack está fora com Jane. Vejo-me tremendo ao montar o pequeno kit de corte no chão do banheiro, sentado de pernas cruzadas. Olho para os meus braços e decido qual deles e em que lugar. Concluo que o antebraço esquerdo é o melhor ponto para começar. Então, tiro minha camiseta e retiro uma pequena lâmina da embalagem. É muito reluzente e até assusta olhar pra ela — lisa, flexível, pequena, afiadíssima. Enfio a lâmina na pele, movimento-a para cima e para baixo em ângulo e arrasto-a mais ou menos uns dois centímetros pela carne, enterrando mais a lâmina ao fazer isso. De início, nada. Nenhuma dor, nada de nada. E de repente, um ou dois segundos depois, vejo a pele literalmente se abrir, o sangue surgindo de forma mágica, a dor correndo pelo meu corpo, a carne se abrindo. E o sangue continua brotando. Muito mais do que imaginei. Calculei muito mal a pressão necessária. As gazes vão foder mais ainda a história toda e, então, eu pego uma toalha e ponho em cima. Começo a entrar em pânico — tem sangue por todo o chão do banheiro, que é de piso branco de cerâmica, a tolha ficou ensopada, não deu para curtir meu barato nem um pouco. Fodi completamente a porra toda.

Chamei então meu melhor amigo, Matthew, porque ele e a mulher eram uma espécie de força médica: ele, psicólogo, ela, chefe da emergência de um hospital a dez minutos de carro de casa. E, claro, ele chegou logo, me levou até o hospital da mulher dele, teve uma conversa discreta com ela. Isso foi muito útil para evitar que eu tivesse que passar por um psiquiatra e encarar a longa fila cheia de miseráveis bêbados que já estavam ali. Então, ela gentilmente, com suavidade, limpou tudo, costurou, fez curativo e me mandou embora.

Tomei todas as precauções de praxe para mantê-los tranquilos. Para que não ficassem me interrogando, chamassem minha mulher e viessem até em casa comigo confiscar minhas lâminas. Para convencê-los de que era a minha primeira vez e de que não voltaria a acontecer, de que eu estava horrorizado e havia cometido um equívoco terrível. E, claro, é isso que os bons amigos fazem, não é? Deixaram-me em casa, com muita compaixão, entregue aos meus botões, e foram cuidar da própria vida. E eu entrei em casa, limpei o piso do banheiro e tentei de novo. Um pouco menos de pressão, um pouco mais de atenção aos detalhes. E desta vez foi perfeito. Cortes de sete centímetros, nem muito fundos, para evitar ter que dar pontos, nem rasos demais que fizessem a dor desaparecer muito cedo. Na medida certa. E foi como um barato de heroína. Só que mais limpo. A sensação de ficar deitado no piso do banheiro, satisfeito, esgotado, feliz, foi tudo o que eu esperava e mais um pouco.

É este o atrativo de você se cortar — você tem não só o barato, como também pode expressar toda a sua aversão por si mesmo e pelo mundo, controlar a dor, curtir o ritual, as endorfinas, a autoviolência escusa, atrevida, íntima, e sem machucar ninguém a não ser a si mesmo. A sensação é como ter um caso sexual particularmente sórdido, sem precisar gastar grana com quarto de hotel e sem ter de trair a esposa ou tomar aqueles cuidados que nem a polícia forense descobre, de apagar mensagens de telefone ou e-mails da caixa de entrada.

Foi algo que cumpriu bem sua função. Eu havia encontrado uma saída, embora temporária, que me ajudou a funcionar melhor, estar mais disponível, participar mais da família, vestir uma máscara. Tornou-se uma espécie de prática cotidiana, uma forma de evitar desmoronar, e me deu força suficiente para poder agir como marido e pai para o mundo exterior, mas não a ponto de remover o cheiro suspeito de "coisa não lá muito correta" que me envolvia enquanto eu fazia isso.

Eu ficava tocando meu piano depois de deixar Jack na creche, fazia uma pausa entre as sessões de prática para me cortar, buscava-o no fim do dia, e nós passávamos a noite como uma família, fazendo o que as famílias fazem. Era esquizofrênico, estranho e errado, mas eu não conseguia escapar disso.

Tem algo esquisito em mim que me impede de curtir as coisas das quais eu gosto, a não ser que fiquem escondidas. Com a única exceção do cigarro, tudo o que é prazeroso me dá vergonha. O sexo — reservado e escondido, com as luzes apagadas. O piano — persianas abaixadas, porta fechada, nunca diante de outras pessoas, a não ser que elas estejam pagando ingresso. Drogas — sozinho num quarto decadente, sem ser perturbado. Cortar-me — no banheiro com a porta trancada. Comer — em geral, bem rápido e com urgência, na cozinha, distante de olhares curiosos. Gastar dinheiro em coisas agradáveis — escondido da minha mulher, pela internet, longe dos olhares das balconistas, com a mercadoria entregue anonimamente pelo correio por um carteiro discreto. Segurar meu filho — no meio da noite, enquanto o mundo dorme, sozinho com ele em seu quarto, sua respiração preenchendo meus ouvidos.

A vida é transitória, perigosa, hostil e agressiva. E eu agi em consonância com isso. Devia ter saltado fora imediatamente. Pedido desculpas, entrado com um pedido de divórcio, tirado meu filho completamente dessa bagunça, fugido do país, começado tudo do zero em algum lugar distante no qual eu fosse capaz de comprar alguns poucos anos a mais de relativa paz.

Mas não foi assim. Em vez disso, decidi organizar meu primeiro concerto público.

Foi uma ideia excelente. Justamente quando as coisas estão começando a degenerar, quando há pressão vindo de todos os lados — pressão para fazer o casamento funcionar, para ser o melhor pai do planeta, para tocar piano como um gênio, para ser homem —, eu decido intensificá-la fazendo minha primeira apresentação. Para mostrar àqueles mais próximos de mim, e a mim mesmo, que eu não era um zero à esquerda, e que o trabalho que vinha realizando estava realmente dando frutos.

Encontrei uma sala de concerto para alugar na South Bank de Londres, com cerca de quatrocentos lugares, bem perto do Festival Hall. Consegui uma entidade de assistência à criança que podia patrocinar o evento (de modo a evitar a arrogância de cobrar ingresso para me verem tocar e também para fingir que estava fazendo algo vagamente nobre e altruísta). E marquei a data para algumas semanas à frente.

Eu ia tocar um programa estupendo — três peças gigantescas de Bach, Beethoven e Chopin (a santíssima trindade da música para piano), talvez vinte mil notas, tudo de cor, tudo com o dedilhado correto, o toque adequado, pedal, nuances, o tempo inteiro consciente da nota que toquei e da que vou tocar em seguida, tudo fundido num todo glorioso e enviado do piano para uma plateia cheia de expectativa. É uma coisa infernal de se fazer, especialmente na primeira vez. A maior parte dos pianistas — bem, todos os pianistas — tem feito isso desde os nove ou dez anos; na Ásia, mais cedo ainda. Eu acabara de completar trinta e um. Não tinha noção sobre nervosismo, prática de performance, respiração, como lidar com os ruídos da plateia e como ficar concentrado por duas horas nesse nível. Mal conseguia acompanhar um episódio de *EastEnders* sem (literalmente) perder o fio da meada do enredo.

A sala estava lotada. Eu não tinha ideia do porquê. Os amigos vieram, os amigos dos amigos vieram, a própria sala deve ter mandado e-mails para a sua lista, porque também havia desconhecidos, fãs de música, gente aleatória, centenas de pessoas apinhadas, movimentações de última hora para colocar cadeiras adicionais, eu nos bastidores querendo vomitar, as luzes se apagando, as últimas tossidas, aquele ruído único das salas de concerto quando o público se acomoda e fica na expectativa de algo que está além das palavras. E então eu entro.

Os psicanalistas falam muito sobre encontrar um lugar seguro. Um ponto dentro da sua cabeça para onde você possa ir e que propicie um sentimento de bem-estar e relaxamento. Talvez o aconchego do braço de alguém, uma praia favorita, uma cama que você tinha na infância. Eu sei agora que o meu é, invariavelmente, sentado diante de um piano de cauda, um único *spot* de luz voltado para as teclas, o resto da sala em total escuridão. Tudo o que posso enxergar no meu campo de visão é um teclado em branco e preto com oitenta e oito teclas e, de preferência, umas letras douradas nas quais se lê "Steinway".

E, porra, agradeço a Deus por isso. Porque, depois de caminhar com as pernas tremendo, eu sento no banquinho, e alguma coisa assume. Eu desapareço de maneira positiva. Sem sair voando do meu corpo, sem uma dor abrasadora no meu ânus, sem lágrimas nem sangue ou sem aquele sentimento pesado de impotência. É a melhor de todas as coisas, como estar nu e receber de Bach uma massagem a quatro mãos com pedras quentes. Tudo acontece num flash e, ao mesmo tempo, o mundo parece desacelerar por completo, e todas as minhas ansiedades em relação ao tempo desaparecem. Há um espaço infinito entre as notas, um total deslumbramento com o som que meus dedos estão produzindo (não com a qualidade, mas com o simples fato de que eu, de algum modo, estou fazendo isso), a sensação de ter voltado para casa. Deve ter sido sobre isso que o Sting falava quando delirava sobre sexo tântrico.

Tudo corre bem. Algumas notas imprecisas, nenhum grande lapso de memória (ainda tenho uma gravação disso), condução de vozes decente (é quando as melodias soam fluentes, cantadas), novas (para mim) interpretações musicais de peças que são tocadas há séculos. E eu compreendi que todas aquelas fantasias sobre dar concertos que eu tinha na infância, que me mantiveram vivo e resguardado na minha mente, eram precisas. De fato, é algo que tem esse poder. E eu soube que queria fazer isso pelo resto da vida. Não importava como.

Houve um grande jantar depois para celebrar. Fui muito bem-tratado. Até Edo, que voara da Itália para me assistir, fez elogios. Minha mulher me trouxe flores. Comemos todo o *dim sum*. Minha adrenalina foi lá para cima, despencou, fez acrobacias. Não dormi aquela noite. Hoje, alguns anos mais tarde e depois de uns duzentos concertos, isso se tornou quase normal para mim. Mas naquela época? Foi como ter feito sexo pela primeira vez com sua alma gêmea. E com um supertesão. Um barato maior que o da heroína ou da automutilação e de todas as demais coisas destrutivas. Foi meu nirvana, pessoal e particular.

E por algumas semanas isso me acompanhou. Eu ainda me cortava regularmente e escondia isso de Jane (camisetas de manga comprida ajudaram). Ainda me debatia com vozes dentro da minha cabeça, que eu não conseguia entender e que não queria ouvir. Mas eu funcionava razoavelmente bem. E também me beneficiava do brilho residual daquele meu primeiro concerto. Havia sentido um gostinho de algo que parecia imortal. Olhando em retrospecto, aquelas semanas depois do concerto foram como andar numa corda bamba sem dar muita bola para os tubarões lá embaixo, que nadavam em círculos, à espera de que eu caísse. Minha vida girava em torno do meu filho, meu piano, minhas lâminas de barbear e em me esforçar ao máximo para convencer minha mulher e o resto do mundo de que estava tudo em ordem.

Fiz um trabalho muito bom de não ficar pensando demais nas coisas (mais difícil do que parece) e me empenhei em outros afazeres. E por um breve período, tirando os cortes, parecia que eu ainda tinha alguma chance.

Não acho que um dia eu consiga entender direito o que aconteceu em seguida. À primeira vista, parecia ser o trampolim perfeito para uma nova carreira. Podia ter encontrado um agente, feito mais concertos, forjado meu caminho nesse mundo musical estranho e maravilhoso. Cavado um nicho só para mim. Minha vida poderia ter-se tornado uma sucessão de apresentações, horas de estudo praticando, passeios com Jack, cuidados com meu casamento. Teria sido muito bom. Normal e extraordinário ao mesmo tempo. Eu poderia ter largado as lâminas de barbear, encontrado um bom psiquiatra para lidar com algumas das bombas mentais de maior porte, poderia ter continuado dia após dia, colocando um pé diante do outro e seguindo aos poucos rumo a uma boa vida.

Nada, absolutamente nada, me impedia de fazer isso. De novo, por isso é tão difícil ter paciência com pessoas como eu. Diante de mim há duas portas. Numa delas está escrito nitidamente "Vida Boa", na outra, "Inferno". E eu não só acabei entrando pela porta sombria, como fiz isso assobiando, impassível, arregaçando as mangas, bastante decidido. Avancei empertigado como um galo rumo à porra do Armagedom.

FAIXA ONZE

Brahms, "*Réquiem Alemão*", Primeiro Movimento
Herbert von Karajan, regente

Brahms era ao mesmo tempo um compositor tradicionalista e inovador. Foi uma luz-guia no cenário musical austríaco, mas não esteve envolvido na Guerra dos Românticos travada entre compositores como Liszt e Wagner, representantes de uma abordagem mais radical da composição musical, e preferiu manter-se numa trilha mais conservadora. Um dos Bs da Santíssima Trindade da música (junto com Bach e Beethoven), manteve-se como um dos grandes avôs musicais do nosso tempo, com suas sinfonias, concertos para piano, música de câmara e composições para piano, que fazem parte do repertório consagrado das salas de concerto.

Quando menino, sua família era tão desestruturada que ele se viu obrigado a tocar piano em "salões de dança" (leiam-se "bordéis") para ganhar dinheiro e, talvez devido a algumas experiências suspeitas pelas quais ele passara naquela época, na idade adulta foi incapaz de estabelecer um relacionamento real, funcional, com mulheres. Mas teve, sem dúvida, uma ereção poderosa pela mulher de Schumann, Clara. O fato de Brahms, logo após a morte do marido dela, ter corrido ao seu encontro, e de ambos terem destruído numerosas cartas pessoais trocadas parece implicar que havia algo acontecendo que valia a pena esconder.

Em 1865, a mãe de Brahms morreu e, destruído pela dor, ele compôs seu "Réquiem Alemão", até hoje uma de suas obras mais apreciadas e executadas. Teve uma estreia pouco auspiciosa, pois o timpanista leu errado a indicação de dinâmica e tocou "ff" (muito forte) em vez de "pp" (bem suavemente), ofuscando o som dos demais instrumentos, mas, desde então, se tornou uma de suas obras mais famosas.

Há algo intensamente pungente no pesar religioso, e essa obra musical, como os réquiens de Mozart e Fauré, merece seu lugar na história da música como o pináculo absoluto do gênero.

Uma noite, minha esposa colocou o braço em volta de mim. Uma coisa normal de se fazer. Carinhosa. Aquela tarde fora estressante para mim, e eu havia me cortado. Reduzira isso a uma ou duas vezes por semana, mas esse corte era bem recente, e, quando a mão dela tocou no meu braço, eu me contraí. Um gesto automático. Ela perguntou o que havia de errado, fiquei todo atrapalhado, e ela não acreditou quando eu disse "nada", pois ficou aquela mentira no ar, e então ela mandou (não pediu) que eu lhe mostrasse o braço. Obedeci. Estava muito cansado de esconder coisas dela. Lembrei o dia em que a gente começou a namorar, como ela havia sido bondosa, como a gente parecia um casal sólido, invencível. Isso não podia simplesmente haver desaparecido, não importa quanto eu tivesse me tornado um palerma.

Então tirei a camiseta e mostrei a ela, que, totalmente horrorizada, perdeu o prumo, como seria de esperar. Eu havia escrito a palavra "tóxico" na parte de cima do braço com uma lâmina.

Eu sei. Uma coisa muito adolescente e melodramática. Mas era como eu me sentia. E essa fonte de letra feita com lâmina de barbear, de fato, é assustadora. Mas ela achou que fosse muito mais sério do que eu considerava. Pude sentir sua raiva e, por trás disso, amor, preocupação, bondade, medo. Ela me fez prometer que eu iria procurar ajuda, e eu concordei, é claro. Ela não estava mais engolindo aquela minha história de que "não é um problema tão grande assim como você está achando". Deu-me o prazo de uma semana e, outro segredo revelado, eu comecei a entrar numa vertiginosa espiral de descontrole.

Não dormia. Não conseguia me mexer. Não conseguia comer. Não conseguia falar. Era aquele quadro: "prostrado na cama, olhos vidrados, cabeça quente, fodido". E, quando você está assim, é porque chegou finalmente ao ponto em que nem liga mais. Simplesmente não há um nível mais profundo de ódio por si mesmo e vergonha ao qual você possa descer. Já está no fundo do poço, e tudo desmoronou. É ao mesmo tempo excitante, libertador e torturante. Era como se o elo dentro de mim que estava segurando a onda simplesmente tivesse se rompido — como se qualquer aparência de que eu estivesse fazendo as coisas direito, como uma pessoa decente, tivesse sido varrida por uma gigantesca onda de indiferença.

Eu parecia ter aceitado que nada iria funcionar e, portanto, tomei a decisão de me matar e, com essa aceitação, veio o mais espantoso senso de libertação.

A melhor parte de querer se matar é a energia que você sente após tomar essa decisão. É um pouco como se lhe dessem asas depois de você ter-se arrastado durante anos por areia movediça. Além disso, o planejamento envolvido é extremamente divertido. É como você montar uma seleção de músicas para alguém que ama — exige você pensar um bocado, você se anima só de pensar em como vai ficar a lista e em como a pessoa vai reagir e fica curtindo o processo de fazer aquilo, tanto quanto o resultado final.

Concluí que pular ou me enforcar seriam as melhores alternativas. E, porra, a internet ajuda muito nessas coisas. Páginas e páginas a respeito da melhor altura para pular, os locais mais adequados, o que evitar, a melhor maneira de fazer isso.

Encontrei até um mapa da relação "altura e peso" para aqueles que pretendem se enforcar — garante que a altura da queda seja adequada ao peso da pessoa, de modo que ela não fique lá dependurada em coma, ainda viva, depois de ter perpetrado o ato. Muito prático.

Um amigo ligou quando eu estava no meio do planejamento. Stephen. Um cara incrível — aos quinze anos, largou a escola do povoado galês onde morava, e a única atividade era a extração de minerais, sem qualquer qualificação, e aos dezesseis anos estava tocando para um Madison Square Garden lotado com uma grande banda de rock britânica. Vinte anos mais tarde, coberto de tatuagens e ainda sem qualificação, resolveu que queria ser cirurgião, entrou na escola de medicina da Universidade Columbia, trabalhou feito um condenado e hoje é, pasmem, um puta cirurgião. Fomos muito próximos há uns anos, antes de ele se mudar para Nova York, e depois perdemos o contato. Ele me pegou num mau dia. Fiz uma piada dizendo que estava procurando um prédio para pular lá de cima, tentei desdizer, mas acho que ele não se convenceu muito de que era piada, e aí desliguei o telefone e soquei minha cara. Acho que a Jane tinha conversado com ele, pedindo para que ficasse de olho em mim.

Estou relendo isto (devia ter deixado a cargo do meu editor). E fico bem consciente da perspectiva em que me coloco. É um manual de narcisismo e autopiedade. Vejo isso agora. Mas, quando você está dentro, sentindo se afogar no meio da merda e tudo parecendo incrivelmente real, não consegue perceber o cenário completo. Não há lugar para a realidade quando você convive com depressão, trauma, síndrome de estresse pós-traumático, dê o nome que quiser. Meu mundo havia desabado em si mesmo, e só havia espaço para mim, minhas ilusões e meu ego. Não havia outra opção a não ser me retirar do mundo; um dos mais perigosos mal-entendidos sobre suicídio é que, para aqueles que consideram essa possibilidade, ela é quase sempre uma opção absolutamente válida. É como se você estivesse morrendo de fome, sem comer há dias, e de repente se visse num restaurante em que a única coisa servida é algo que você odeia mortalmente e que nunca em um milhão de anos teria comido, mas é a única alternativa. Você pede, come, vai enfiando na boca o mais rápido que pode com as mãos e só consegue parar quando está a ponto de desmaiar. A realidade da minha situação, do jeito que eu a via, aliada àquela cabeça pirada, havia começado a chacoalhar os alicerces da minha complacência a tal ponto que esse aspecto, esse luxo da escolha, fora tirado de mim.

Surgiu uma última e desesperada possibilidade, atirada no meu caminho uns dois dias antes de eu perpetrar meu plano (meus sogros iriam chegar dos Estados Unidos, e parecia justo esperar até que eles estivessem ali, para que houvesse pelo menos algum apoio à minha esposa na sequência dos acontecimentos). Eu tinha ido a uma reunião do AA, uma daquelas que frequento regularmente, e, quando cheguei em casa, Jane e meu amigão Matthew estavam esperando por mim. Ficou óbvio que o relato de Stephen sobre o nosso telefonema não tinha sido dos mais animadores.

Não quero falar muito sobre o AA porque, bem, o segundo A é de "Anônimos". Mas posso dizer que, pela minha experiência (dezenove anos sem uma bebida sequer e ainda comparecendo às reuniões regularmente), é o caminho mais fácil e bem-sucedido para quem quer parar de beber. É uma invenção notável e que opera milagres todo dia, mas se assenta no fato de que existe certo nível de honestidade, especialmente honestidade consigo mesmo, entre os membros. Mesmo isso não é necessário o tempo todo; ter simplesmente a disposição de parar de beber em algum momento da trajetória é suficiente. Mas eu estava indo às reuniões e conversando com as pessoas de lá com um grau fundamental de desonestidade, o que tornava qualquer melhora impossível para mim. Eu continuava fisicamente sóbrio, mas no mental a história era bem outra. Quer dizer, tirando o fato de não estar bebendo, eu não vinha sendo um bom menino e perdi a oportunidade de superar meus demônios, algo que muitos outros membros do AA conseguiram. Mas, de uma coisa, eu sei: se tivesse voltado a beber, estaria morto. Não há dúvida quanto a isso na minha mente — é muito, mas muito mais fácil você se matar bêbado do que sóbrio. E, nesse sentido, devo ao AA a minha vida. E agora, hoje, com a honestidade recuperada, o que, na realidade, decorre do fato de eu ter saído de um fundo do poço brutalmente degradante, eu também devo ao AA minha paz mental. É a melhor coisa do mundo.

Então, cheguei em casa depois de ter me esbaldado de tanto mentir em mais uma reunião, dizendo quanto eu estava me sentindo bem, e fui recebido gentilmente por minha esposa e meu melhor amigo. Eles disseram que haviam pesquisado clínicas com tratamentos específicos para casos de abuso sexual e sugeriram (mais ou menos nos seguintes termos: "se você não for, vamos pôr você lá do mesmo jeito") que eu fosse na manhã seguinte para uma entrevista com a equipe de recepção. Os dois não tinham ideia de que eu já havia encontrado o prédio do qual iria saltar, já fizera um testamento, escrevera uma carta com as senhas do computador, detalhes das contas bancárias, pedidos para o enterro etc. E fiquei num dilema. Podia mentir para eles e, em vez de ir para a clínica no dia seguinte, simplesmente me atirar de lá de cima, ou podia fazer como eles estavam pedindo que fizesse. E isso porque não restava mais nada e, mesmo que fosse mínima a porcentagem de encontrar algo que pudesse ajudar a evitar a solução permanente, talvez valesse a pena.

E assim, depois de passadas algumas horas com os dois me tranquilizando, dizendo repetidas vezes que o Jack ficaria bem, que eles podiam se virar perfeitamente bem sem mim e que meus sogros passariam umas duas semanas na cidade para ajudar a segurar a onda, eu concordei. E, na manhã seguinte, fui para a clínica.

Foi um puta desastre, desde o início.

Não tenho certeza quanto disso se deveu ao fato de eu ser um pau no cu e quanto foi porque eles eram uns profissionais de merda, mas, meu Deus, aquele lugar era horrível. Apesar de todo o discursinho sobre programas específicos para ajudar a lidar com traumas de abuso sexual, não havia nada disso lá. Um par de "terapeutas" morbidamente obesos, um grupo ressentido de dependentes de heroína mandados para lá contra a vontade por um bem-intencionado Serviço Nacional de Saúde, um psiquiatra que mal conseguia falar inglês e um monte de regras, impostas com a alegria perversa de um filho adotado ruivo, vítima de *bullying*, que finalmente é capaz de se vingar de seus torturadores.

Sempre que eu abria a boca para perguntar alguma coisa ou ver se podia falar com alguém de nível hierárquico superior dentro da equipe, eles me mandavam calar, no estilo campo de treinamento de recrutas, e me rotulavam como encrenqueiro. Aguentei quarenta e oito horas até decidir que aquilo não era para mim. Ao ingressar na clínica, eu escondera um pacote de lâminas de barbear no jardim dos fundos, que eu resgatei e usei para me cortar de novo. Nem isso funcionou. Então fiz as malas e pedi meu celular de volta, as chaves do carro e a carteira (confiscados quando cheguei), pois estava indo embora. E eles disseram não. Simples assim.

Eu dei uma risadinha e continuei: "Estou falando sério, preciso das minhas coisas de volta e depois vou sair da sua frente".

E então eles disseram que iriam discutir a questão e que eu voltasse ao escritório dali a umas duas horas.

Fiquei vagando pelo lugar um tempo e retornei pouco antes do almoço. Ali, na minha frente, vi um monte de gente que eu nunca tinha visto antes.

Médicos, enfermeiras e mais alguns outros, todos olhando para mim sérios e ligeiramente ameaçadores. Dei umas risadinhas e soltei uma piada sobre aquilo ser uma espécie de intervenção. Nada. Silêncio de pedra.

Era como uma cena de tribunal de filme de TV de baixo orçamento. Eles haviam revistado meu quarto e encontrado o pacote de lâminas (eu disse "Nunca saio de casa sem isso", mas, ao que parece, não foi um bom argumento); disseram que havia um consenso entre a equipe e os clientes ("pacientes" não era um termo politicamente correto) de que eu exercia influência negativa; e que, em função disso, era tido como um perigo para mim mesmo e para os outros. Dessa forma, resolveram me mandar para outra clínica onde eu pudesse ser "cuidado de maneira mais adequada". E foi simplesmente assim que os muros começaram a desabar.

Tirar do outro a possibilidade de escolher é um dos grandes terrores que você pode infligir a alguém. Desde os dez anos de idade, quando saí da escola em que o abuso acontecia, eu sempre tivera escolha. Poderia ter contado a alguém, ter sido menos promíscuo, ter pedido ajuda, ter continuado solteiro, ter insistido mais no piano, ter dito não às drogas e assim por diante. Escolhi não fazer nenhuma dessas coisas. Eu ainda escolho, eventualmente, pedir ajuda. E agora, pela primeira vez desde que tinha cinco anos de idade e ficava com a cara colada num colchonete de ginástica, espremido sob o peso de um gigante, uma vez mais eu não tinha escolha. Não podia sair daquela situação argumentando (embora tivesse tentado), não podia sair brigando (também tentei, mas dois enfermeiros da psiquiatria bem-fornidos simplesmente deram uma risadinha de desdém) nem podia tentar sair na base da conversa mole. Tinha permissão de chamar meu médico particular (como eu lhe pagava cento e dez libras a visita, imaginei arrogantemente que ele seria capaz de lidar com isso), mas ele falou que não podia fazer nada a esse respeito. Mandaram-me deixar o carro lá mesmo e me removeram para outra clínica, a uma hora e meia de carro dali. Fui chorando de raiva e frustração.

A internação foi aterradora. Disseram que eu tinha que tomar medicação — era o primeiro produto farmacêutico que eu tomava em onze anos. Quando me recusei, obrigaram-me a engolir uma coisa que eu não sabia nem pronunciar o nome. A sala rodou, minha cabeça saiu voando, tudo ficou pequeno, e eu dormi por umas vinte e quatro horas seguidas.

Essa nova clínica era uma instituição mental de outro padrão. Eles adoravam remédio. Fui basicamente amordaçado com medicamentos e deixado por minha conta nas primeiras semanas. Ficar chapado depois de mais de uma década sem drogas foi algo desagradável, assustador, devastador. Minha memória de curto prazo foi embora na hora — eu me apresentava às mesmas pessoas a cada cinco minutos —, perdi a coordenação, babava, suava o tempo inteiro. Tornei-me uma paródia, um "paciente mental" de cartum.

Jane e eu resolvemos que Jack não deveria me visitar — não precisava me ver aos tropeções, andando até bater a cara na parede, incapaz de focalizar ou de falar direito. Virei uma espécie de cobaia de laboratório para psiquiatras interessados em praticar diagnósticos e testar sua capacidade de prescrever remédios. Depois de uns dias, pelo visto, eu sofria oficialmente de: transtorno bipolar, síndrome de distúrbio pós-traumático, autismo, síndrome de Tourette, depressão clínica, fantasias suicidas, anorexia, transtorno dissociativo de identidade e transtorno de personalidade limítrofe. E fui medicado "de acordo".

A medicação é um desastre. Não dá nem pra falar. Clonazepam, diazepam, alprazolam, quetiapina, fluoxetina, trimipromina, citalopram, efexor, lítio, tramadol e dezenas de outros, alguns ao mesmo tempo, outros sucessivamente ou combinados, alguns de manhã, outros à noite. E eu não tinha escolha — se recusasse, seriam ministrados à força.

Havia terapia (em grupo e individual), mas nenhuma delas fazia qualquer diferença porque eu era incapaz de lucidez, de racionalidade, de ter qualquer porra de pensamento. Eles me deram até um remédio para combater a automutilação. Uma merda de remédio que fazia o cérebro parar de produzir endorfina em reação à dor, portanto, se eu encontrasse um jeito de me cortar, isso só iria fazer com que doesse, mas doesse de verdade, e não daria barato nenhum. Nojento.

Alguns dos caras na ala eram realmente assustadores; um deles descobriu que eu era pianista e falou que ia quebrar meus dedos um por um. Aí simplesmente ficou de pé, quieto, mas quieto mesmo, e olhando fixamente pra mim, de um jeito que não parecia nada amigável. Falei pra ele cair fora, e ele não se mexia. Então, virei as costas, fechei os olhos e disse que ia contar até trinta e que, durante esse tempo, ele poderia fazer o que quisesse comigo. Nem assim ele se mexeu. Banana.

Eles haviam me revistado todinho, e eu não tinha mais nada comigo para me ajudar a morrer. Tudo passou da conta — a culpa pelo que eu estava fazendo com o Jack, a porra da minha cabeça, que doía demais, eu não podia sair, não podia ficar, não podia pensar, falar, agir, sonhar, imaginar. Eu estava empacado em uma espécie de estranho círculo do inferno patrocinado pela grande indústria farmacêutica. E não havia nada que eu pudesse fazer para escapar dessa situação.

E então decidi tentar o "jeito saudável" de pedir ajuda. Aquilo claramente não havia funcionado. Agora era hora de fazer do meu jeito, de uma vez por todas. E isso significava, uma vez mais, me matar. Mas planejar isso em uma ala segura e, ainda por cima, com um coquetel de remédios na cabeça não é fácil.

Eu tinha um enfermeiro de saúde mental (guarda-costas) quase o tempo todo comigo, até mesmo quando dormia. Não havia lâminas nem objetos afiados, nenhum acesso ao telhado, os remédios eram guardados em total segurança, trancados a chave. Então imaginei que a única opção viável seria me enforcar. Sabia que a troca de turno da minha guarda psíquica era por volta das duas da manhã. E sabia que a TV tinha um cabo de antena ótimo, bem comprido. Então, lá pelas nove da noite, fingi que estava dormindo e fiquei só esperando. O cara estava mais do que entediado e, quando chegou o outro que ia rendê-lo, os dois ficaram de papo furado por alguns minutos durante a troca de turno. E por que não fariam isso? Eu estava morto para o mundo, era no meio da porra da madrugada, o cara ganhava oito libras por hora e tinha coisa melhor pra pensar do que ficar de olho num privilegiado filho da puta como eu.

Os dois batiam papo baixinho no corredor, fora do meu quarto. Então corri até o aparelho de TV e puxei o cabo da tomada. Corri pro banheiro, fiquei de pé em cima da privada fechada e joguei o cabo, fazendo-o passar por uma grade de ventilação no teto. Fiz uma espécie de nó corrediço (nada muito diferente de um nó de gravata duplo), enfiei a cabeça dentro, dei um bom puxão para testar se aguentava e pulei.

Uma coisa sobre o enforcamento — ele não estrangula você. Em resumo, se você calcula direito, ele quebra seu pescoço com um estalo. Tudo é concluído em cerca de 0,6 segundos, as luzes se apagam, tudo vai ficando preto, e pronto. E, se eu tivesse contado com o luxo de uma imensa viga no teto, escadinha de abrir e fechar, uma corda adequada, calculadora, conexão com internet, isolamento e habilidade para fazer nós de escoteiro, a coisa teria sido exatamente assim. Mas não. Eu caí, nada fez estalo nenhum (exceto o último cantinho encardido da minha mente, que ainda estava intacto), vi um monte de cores esquisitas, tudo ficou na mesma hora em foco, muito vívido, "aqui e agora", e senti que começava a engasgar. Essa é a pior coisa que pode acontecer ao se enforcar. Eu não conseguia descer para tentar fazer de novo direito; sabia que, se fosse descoberto, seria resgatado; dependendo de quanto tempo isso levasse, eu ainda poderia sofrer algum tipo de dano cerebral devido à falta de oxigenação; e então ficaria (a) para sempre (mais) retardado, e, portanto, (b) incapaz de terminar o serviço.

Ou seja, estava literalmente dependurado no banheiro e começando a perder os sentidos quando a porta foi arrombada e meu enfermeiro/guarda-costas entrou. Os olhos dele pareciam saltar para fora das órbitas alguns centímetros, sua mão direita bateu forte na parede e acertou o botão de emergência. Com o mesmo movimento, ele avançou rápido e agarrou minhas pernas num abraço de urso, levantando-me e gritando por ajuda. Eu não desisti de jeito nenhum e comecei a dar chutes, me debatendo como um filho da puta e gemendo, meleca escorrendo do nariz, baba saltando pela boca. Estávamos os dois fazendo essa porra de dancinha de salsa juntos quando chegaram mais funcionários, assumiram várias posições à minha volta e deram um jeito de me fazer descer de lá.

Aí acontece uma espécie de esquete tipo "Benny Hill na ala psiquiátrica" — eu caio nos braços deles, eles relaxam um segundo, e eu saio correndo do banheiro, de cueca samba-canção, com o fio da antena de tevê enrolado no pescoço como num pretensioso momento fashion, e começo a correr pelos corredores à procura da saída, com todos os enfermeiros correndo atrás de mim. Como seria de esperar, a porta da ala estava trancada, então eu me agarrei a uma enorme luminária de pedestal perto da porta e comecei a tentar derrubá-la. Ela não cedeu, eu fiquei lá como um estúpido e rodopiei usando a luminária como um sabre de luz maluco, brandindo-o ameaçadoramente para o grupo (cada vez maior) de funcionários, que se abriu em leque à minha frente.

Livrei-me de sete deles usando apenas minhas mãos, me atirei contra a porta apenas com a força física, rachei a madeira e saí como uma crisálida do outro lado, no ar frio, onde corri mais que toda a equipe de segurança, derrubei as barreiras da entrada e me atirei na frente de um táxi que passava, que freou cantando pneu no meio da noite, no estilo Jack Bauer da série "24" horas.

Tudo bem. Durou só vinte segundos, e então fui imobilizado no chão, carregado até um quarto de segurança, me fizeram engolir algo assombroso e fui arremessado para o nada.

Quando retomei os sentidos paguei o preço. Coquetéis gigantescos de medicação, conversas profundas e muito sérias com o psiquiatra-chefe, revistas no meu quarto e no meu corpo, sem contato com os outros "residentes" (reclusos), refeições sozinho no meu quarto, banho monitorado.

Você não pode imaginar a raiva. Eu não sabia que uma raiva assim pudesse existir. Uma fúria constante, fria, que foi se acumulando durante trinta anos e finalmente teve permissão para ser posta para fora.

Mas ainda não havia terminado. Aconteceu algo comigo. Alguém totalmente novo assumiu o controle, e sua única missão era sair da porra daquele lugar. Não importa quanto tempo levasse nem a que extremos eu precisasse chegar. Ficar "bom", seja lá que porra isso quisesse dizer, não iria rolar. Eu não iria conseguir me matar dentro daquele inferno e sabia que tinha que sair dali e encontrar outro lugar para fazer isso.

Poucos dias depois, fui levado a uma entrevista com o psiquiatra. Estavam reformando o consultório dele, e então a entrevista foi no térreo, perto da entrada principal. O que significa que fui escoltado (por um enfermeiro maior ainda), da ala de segurança até o térreo. E, fato notável, enquanto eu estava esperando para ver o médico naquela sua estéril mas confortável sala de espera, minha escolta voltou para a ala e me deixou lá sozinho. Não tenho ideia de por que fez isso. Se foi falha de comunicação, desleixo, ou se ele simplesmente precisou fumar um cigarro, mas essa era minha única chance de sair dali, e não hesitei. Fui andando calmamente, com confiança, até as portas principais, empurrei-as e me vi andando à luz do sol. Juro, foi fácil desse jeito. Calculei que eu tinha uns sete minutos de vantagem antes que alguém percebesse o que tinha acontecido, então acenei para um táxi e pedi para o rapaz me levar até a estação de metrô da Sloane Square. Paguei o taxista (eu tinha a principesca quantia de setenta libras em dinheiro para usar apenas em cigarros e tranqueiras da "loja de presentes" da clínica), comprei um bilhete, peguei o metrô e fui *a la* Jason Bourne, fazendo baldeações de um trem a outro, peguei um ônibus, mudei de direção, brinquei de espião por um bom tempo e acabei em Paddington. Comprei lâminas de barbear numa farmácia Boots e fiquei zanzando até encontrar o tipo de hotel que faria você querer se matar, mesmo que estivesse perfeitamente feliz antes do check-in. Foram quarenta libras, o último dinheiro que eu tinha, pelo pernoite. Tomei o banho mais quente que eu era capaz de aguentar, espalhei minhas lâminas de barbear e toalhas, tirei a roupa e sentei na cama. Pela primeira vez em meses, eu pude respirar. Estava sozinho, ninguém sabia onde eu estava, sentindo-me tranquilo, como há anos não me sentia. Dormi umas poucas horas. Um sono de verdade, reparador, não induzido por medicação, simplesmente tranquilo, totalmente coberto, músculos sem espasmos, a cabeça sem Magimix. Eu sabia que precisava dar adeus ao meu filho. Estava fodido, mas não tão fodido assim a ponto de sair de circuito sem que ele ouvisse minha voz e vice-versa. Virar uma espécie de âncora para ele fez sentido na minha mente, de modo que, à medida que ele fosse crescendo e rememorasse quando seu pai se matou, pudesse ter algum conforto no fato de saber que ele tinha vindo se despedir. Tal é o narcisismo do suicídio. Liguei para o celular da mãe dele, e ela atendeu. Importante notar que, a essa altura, eu havia sofrido basicamente uma ruptura completa com a realidade. Não estava ciente disso, mas estava claramente funcionando num sistema operacional diferente de qualquer outra pessoa num raio de dois ou três quilômetros. É óbvio que podia ligar para ela, dizer que queria falar com meu filho, que havia sido liberado da clínica como um teste, para ver se eles podiam confiar e me deixar sair por períodos mais longos, e que já estava voltando para lá. Não me passou pela cabeça um só segundo que a polícia já devia ter sido acionada, que Jane já devia estar em contato telefônico com a clínica e com Matthew, todos tentando imaginar onde eu poderia estar.

E ainda havia bondade e alguma espécie de amor dentro dela. Também não sei por quê. Mas ela não me deu a menor impressão de que havia algo de errado. Disse apenas que adoraria me ver.

"O que você acha, Jimmy? Posso encontrar você em algum lugar — pra gente conversar uns dez minutinhos e depois você volta para casa e fica um pouco, ou não. Você é quem sabe."

E eu imaginei, com o tipo de nobreza fodida e egocêntrica que só pode vir de uma ruptura psicótica e da abominável quantidade de medicamentos ainda no meu organismo, que sim, que essa era uma ótima ideia. Eu tenho que ver minha esposa para fazer uma despedida como se deve, beijá-la uma última vez e depois voltar aqui e fazer o que precisa ser feito. Porque isso é a coisa certa a fazer. A coisa certa a fazer.

Deixei tudo como estava, arrumado no estilo TOC em cima da cama, tudo espaçadinho de maneira uniforme, os ângulos certos, tudo checado e checado de novo, e saí do quarto em direção à estação Paddington, onde combinamos de nos encontrar no saguão principal.

Cheguei ali e fiquei uns vinte minutos de pé, observando os passageiros estressados, bêbados, perdidos e ocupados, passando rapidamente por ali, até que vi Jane. E Jack. Por alguma razão inimaginável, ela trouxe o menino com ela. Uma surpresa desse tamanho, real, que ela trazia com a melhor das intenções. Ele era minúsculo. Um pacotinho de jaqueta acolchoada e jeans incrivelmente pequeno, segurando a mão dela. Quando eu descia a escada rolante ao encontro dos dois, pude sentir algo no meu coração, um som abafado batendo e explodindo. E continuei andando até que ele me viu e correu na minha direção. Aquele abraço foi, em cada detalhe, tão memorável e importante quanto o que dei nele na primeira vez que me foi passado, logo depois que nasceu. E, antes mesmo que a gente tivesse a chance de dizer alguma coisa, eu soube que algo bem lá no fundo tinha mudado.

Pelo canto do olho, vi Matthew chegando. Ele já havia falado com a polícia, eu voltaria para o hospital em uma hora. Nem fiquei com raiva. Aliviado, talvez, mais do que qualquer outra coisa. Porque havia um sentimento novo lá no fundo das coisas tentando se fazer ouvir. Algo aconteceu quando a mãozinha pequena e suada de Jack segurou a minha e apertou mais forte do que eu imaginava possível. Quando cheirei sua cabecinha e senti o menino se aconchegando em mim e gritando "pai", aquilo foi um imperativo biológico primal, coisa do cérebro reptiliano, na linha do "Bem, você abandonou a si mesmo, mas é contra a natureza fundamental das coisas fazer o mesmo com ele, e você sabe disso". Ele era uma extensão de mim. Uma parte de mim. Se o hospedeiro morre, então o resto do organismo morre também, e ele não era forte o suficiente para existir sem mim àquela altura.

Eu ainda não estava pronto para ir. E, se eu não tivesse ligado para Jane, se ela não tivesse fingido pra mim, se eu não tivesse visto Jack uma última vez, eu nunca teria ouvido aquele grito interior alto o suficiente para prestar atenção nele.

Fui levado de volta à clínica.

Senti como se toda a resistência tivesse sido expulsa de mim. Eu estava mole, maleável, indiferente. Arrastando-me pela ala, salivando um pouco, perdendo mais algumas células cerebrais e memórias graças a mais um coquetel de remédios. E então, em um domingo de visitas, fui chamado e me disseram que havia alguém lá querendo me ver. O que era estranho, porque, além de uma breve e desastrosa visita de Jane e Jack algumas semanas antes, eu nunca recebera visitas.

Era um velho amigo que eu não via há tempos. Um cara esquisito, um pouco autista, frágil. Um fanático por piano (a gente se conheceu porque, naquele tempo, ambos ficávamos de pau duro por gravações pirata de Sokolov). Ele soube que eu estava lá e quis me dar uma força. E música. Quando ligou para marcar a visita, foi informado de que não era permitido trazer presentes, exceto produtos de toalete etc. (eu não tinha permissão de receber nada a essa altura, porque já haviam interceptado facas e lâminas). Ele me trouxe uma embalagem gigantesca de xampu e piscou o olho. Sem que os enfermeiros ouvissem, disse para abrir só quando estivesse sozinho. Foi o que fiz. E dentro da garrafa vazia havia um saquinho de plástico. E dentro do saquinho, o recém-lançado iPod nano, novinho. Do tamanho de uma barrinha de chocolate. E os fones estavam enrolados em volta dele de um jeito especial. Ele encheu o iPod com gigabytes de música. E isso mudou tudo.

Eis que me encontro debaixo das cobertas. Fone de ouvido bem apertado. Meia-noite. Escuro, silêncio total. E eu apertei o play e ouvi uma peça de Bach que ainda não tinha ouvido. E isso me levou a um lugar de tamanha magnificência, entrega, esperança, beleza e espaço infinito, que foi como tocar a face de Deus. Juro que tive algumas vezes uma espécie de epifania. A peça era o *Adágio,* de Bach-Marcello — uma peça escrita para oboé e orquestrada pelo compositor barroco italiano Alessandro Marcello, que Bach adorava tanto que a transcreveu para piano solo. Glenn Gould estava tocando isso no seu Steinway, e conseguiu há quarenta anos viajar mais trezentos anos até o passado, fazendo-me saber que as coisas não só iriam ficar bem, como também iriam ficar absolutamente sensacionais. A sensação era como se eu tivesse sido plugado a um soquete elétrico. Foi um daqueles raros "momentos Elvis" que eu jamais vou esquecer. Aquilo me arrasou e liberou algum tipo de delicadeza interior que não via a luz do dia havia trinta anos.

E agora eu estava determinado. Sabia que ali não era o lugar certo para mim. Eu não poderia me curar ali. Não com tanta medicação, com tanta loucura, tanta televisão o dia inteiro e tanto tédio. Precisava sair de lá de maneira adequada, de uma vez por todas. Ser liberado, encontrar algum espaço, voltar para casa, para o meu filho. Eu tinha que ficar bom. Mas primeiro precisava mostrar a eles que estava bem o suficiente para sair.

E foi assim que eu fiz. Assim fizemos. Aquele filho da puta, frio, implacável, paciente e esperto que controlava uma parte da minha mente assumiu o comando. Ainda bem. Ele nasceu para essa merda. Começamos a cooperar, não rápido demais, porque não pareceria crível, nem devagar demais, para não perder o prazo que eu me impusera de sair, no Natal. Chorei quando foi preciso, abracei minha criança interior, fiz desenhos raivosos como era esperado na sessão de arteterapia, participei das sessões em grupo, expressei apenas a quantidade certa de preocupação, remorso, raiva, esperança e arrependimento na minha terapia individual. Fiquei lá sentado em sessões e entrevistas dizendo as coisas certas e depois reforcei isso com as ações adequadas. Ajudei os outros, fiz piadas com os funcionários, assobiava feliz da vida dentro do campo auditivo dos médicos, tomava os remédios, acordava cedo e meditava no jardim bem à vista da equipe da noite. Fiz tudo o que precisava fazer a fim de chegar àquela tarde de segunda-feira, dois meses depois, quando me fizeram sentar, comunicaram-me basicamente que eu era um menino modelo de tratamento de saúde mental, que estavam satisfeitos com o meu progresso e que sentiam muito prazer em me informar que eu estava recebendo alta. Eu sairia dali a três dias, desde que concordasse em participar de um intenso curso de acompanhamento para pacientes externos e mantivesse a rotina de medicamentos.

Meu sorriso de gratidão, solícito, falsamente humilde, merecia um Oscar. Até incluí o obrigatório "Vocês têm certeza de que estou pronto para isso?", expressando minha preocupação. Consegui fazer com que eles me convencessem a sair. Mark Rylance teria aplaudido minha atuação. Eu sentia um orgulho estúpido do que havia conseguido e, três dias mais tarde, saí todo pimpão daquela clínica, joguei fora os remédios e fui para casa, direto para a cama.

Um rápido comentário sobre esse desafiador "joguei fora meus remédios". Não façam isso, em hipótese alguma. Nunca. Imagine que você joga um monte de maionese caseira em cima de um filé de frango cru, deixa no sol uns quatro ou cinco dias e depois enfia a coisa toda na boca, deita na cama e espera para ver o que acontece. Bem, você vai chegar perto do que é um revertério produzido quando se interrompe de vez a medicação psicotrópica.

Levou umas doze horas até meu cérebro pegar no tranco de novo. Tudo começou a parecer bem surreal, uma coisa meio bêbada, não muito concreta. Passou um tempo, e isso se transformou em alucinações, espasmos musculares, vômitos, caganeira, falta de ar, suor, dor, tremores, ânsia de vômito. Fiquei imprestável por uns três dias, até começar a me senti vagamente capaz de andar, falar, funcionar.

Eu tinha uma expectativa muito elevada de que sairia da clínica, voltaria para uma casa cheia de amor e apoio, e tudo ficaria bem. Que o raio de esperança que meu estoque de música ilícita havia despertado em mim na clínica persistiria e floresceria aqui fora. Mas isso, é claro, não aconteceu. Eu era uma porra de peso para todo mundo, tinha contas para pagar, papelada para pôr em dia, uma série de encrencas com que eu tinha que lidar. Meu piano precisou ser vendido por uma fração do que a gente havia pagado por ele, portanto minha única tábua de salvação fora atirada pela janela. As coisas eram tensas, hostis, assustadoras, difíceis e incertas em casa. Estávamos todos num buraco, sem ideia de como sair dele, ou mesmo se isso seria possível. As coisas, tinham dado tão errado, e tão depressa, que parecia não haver volta.

O simples fato de eu haver desacelerado minha vida não significava que o mundo real tivesse desacelerado um minuto sequer. Continuava a mil por hora enquanto eu continuava totalmente alheio e tentando acertar o passo sem ter a capacidade necessária para isso. Foi a primeira vez que percebi, de verdade, que boas intenções não são suficientes. Mesmo estando fora da clínica, sem tomar medicação, fisicamente presente para a minha família, eu ainda era um fantasma.

Apesar de querer uma esposa, não sentia mais ter uma conexão com Jane, nenhum futuro otimista que nos vinculasse ou expectativas e sonhos sobre os quais pudéssemos falar noite adentro. Eu entrara nesse barco como um sonâmbulo, tinha um filho perfeito, lindo e fascinante, e nenhuma ideia de como criá-lo. Dizem que casamento é trabalho árduo. Eu não tinha noção do que isso significava até que olhei em volta e percebi que me ausentara dele tanto emocional quanto fisicamente durante a maior parte de um ano, estava me debatendo como um peixe doente fora d'água e agora, depois de ter sido mantido vivo numa clínica, mas sem que me tivessem dado as condições necessárias para fazer o mesmo com meu casamento, eu precisava encontrar um modo de reparar esse dano colossal.

E, então, um amigo nosso me ofereceu a salvação. Uma oportunidade única de talvez acertar as coisas.

O cara era rico. Muito rico. Com casas por todos os lados do mundo, o tipo de cara rico que tem jatos e submarinos particulares. Conhecia bem a gente, estivera próximo da minha mulher, sabia o que estava acontecendo. Também tivera seus demônios, lutara para se livrar deles e havia conhecido um lugar no Arizona que foi de grande ajuda no seu caso. Ele viu que eu não estava melhorando, seja lá o que isso significasse, e que, para início de conversa, eu não tinha nem começado a lidar com as coisas que me haviam levado à clínica, que eu ainda era uma bomba-relógio. E se ofereceu para pagar minha ida até esse lugar, no qual ele estivera um dia.

Ele contribuía com o local doando um monte de dinheiro todo ano, o que foi uma sorte, porque ele havia feito contato, mas eles disseram que, por decisão unânime, não me aceitariam. Tinham lido os relatórios médicos e acharam que seria um risco muito alto para eles. Mas o Bob, esse meu amigo rico, deixou claro que talvez eles não conseguissem mais nenhum centavo dele se não me aceitassem pelo tempo que fosse preciso. E o dinheiro resolve tudo na área da psiquiatria.

Bob ligou para nós. Disse que, se não fosse aquele lugar em Phoenix, ele não estaria mais aqui, que não importava quanto eu quisesse melhorar e ser feliz e saudável, se não fizesse aquele trabalho com eles, isso simplesmente não aconteceria, e que ir para aquela clínica por alguns meses seria um trampolim para eu voltar à vida, tanto para mim como para o meu casamento. Ele disse que eu não estava bem e que, sem ajuda, só pioraria. Eu havia passado a tarde do dia anterior segurando uma bolsa de gelo em cima da minha virilha durante uma hora, tentando criar coragem para me castrar, portanto não tive como contra-argumentar.

Assim, uma vez mais, fiz as malas, deixei a família e embarquei num avião para me permitir uma pequena terapia estilo EUA em Phoenix.

FAIXA DOZE

Mozart, *Sinfonia N⁰ 41* ("Júpiter"), Quarto Movimento
Sir Charles Mackerras, regente

O compositor mais famoso do mundo. Uma bela façanha, mas sentimos que, de algum modo, Mozart não daria a menor bola para isso. Responsável por redefinir totalmente o sentido da palavra "gênio" (compôs desde os cinco anos, aos seis começou a fazer turnês, falava quinze idiomas, escreveu quarenta e uma sinfonias, vinte e sete concertos para piano, numerosas óperas, música de câmara e sonatas etc. etc.), a profundidade do talento monumental de Mozart só foi igualada pela extensão de seu nome, Johannes Theophilus Amadeus Gottlieb Chrysostomus Wolfgangus Sigismundus Mozart.

Três anos após a sua morte, aos trinta e cinco anos, Mozart compôs sua maior e última sinfonia — a quadragésima primeira (batizada de "Júpiter" vinte e seis anos após sua morte, em uma jogada de marketing que não teve nada a ver com o próprio Mozart). Ele compôs essa obra em dezesseis dias, e ela representa a consumação de sua maestria como compositor. Na mesma época, também compôs as sinfonias 39 e 40; três obras-primas que resistem ao tempo, escritas com a distância de alguns dias e num período de tempo bastante curto, e que dão uma ideia da dimensão colossal do talento de Mozart.

Bem no final do último movimento de sua Sinfonia 41, ele abre a coda final com uma fuga a cinco vozes — um trecho de escrita osquestral impressionante, milagroso, que nunca foi superado. Imagine o mesmo tema sendo tocado cinco vezes, mas com cada uma de suas intervenções tendo seu início protelado, e todas combinando entre si, de modo a criar um sentido harmônico perfeito, com quase uma centena de músicos tocando a todo vapor. Mozart espera para fazer isso somente nos últimos quarenta e cinco segundos da sinfonia inteira (porque é o equivalente musical de um malabarismo feito com quinze motosserras e seria impossível que durasse mais tempo) e é por essa razão que eu nunca conseguiria ser um instrumentista de orquestra — eu, literalmente, mijaria nas calças de felicidade e desabaria se fosse tocar isso num palco.

E transcrevo aqui dois comentários a respeito dela, o primeiro de Schumann, que se referiu à Júpiter dizendo: "Existem coisas no mundo sobre as quais nada pode ser dito; é o caso da Sinfonia 'Júpiter' de Mozart, com sua fuga, de boa parte do que Shakespeare escreveu e de certas páginas de Beethoven".

E, sobre essa maldita fuga, que é praticamente a coisa mais excitante que eu já ouvi uma orquestra tocar, Sir Donald Francis Tovey escreveu:

"Cada movimento da Sinfonia 'Júpiter' é uma criação poderosa e insuperável. O momento mais alto dessa impressionante sinfonia é, sem dúvida, a fuga final, em que se usa a maestria polifônica de uma fuga antiga, com outro material, para a consumação perfeita do pensamento do compositor e para a glória eterna da arte. Na verdade, não há nada que se compare a esse movimento no repertório sinfônico. Há outras composições — poucas se equiparam a essa em interesse —, mas não como essa, mesmo em Mozart. É sua apoteose sinfônica — a fuga final da sinfonia 'Júpiter'."

Os Estados Unidos sempre são um pouco maiores, mais arrojados e mais impactantes do que os demais países. O mesmo se aplica ao seu setor de saúde mental. Depois de ter resolvido o problema do meu cartão de desembarque (não tenho ligações com o Partido Nazista nem participei de genocídios ou da fabricação de artefatos nucleares, mas a questão da minha dependência de drogas e da doença mental foi tratada com alguma licença poética), fui recebido no aeroporto Sky Harbor de Phoenix por dois caras estupidamente grandes de chapéu Stetson e levado para o que parecia ser uma prisão. Guardas de segurança com *tasers* e cassetetes patrulhando em volta, os obrigatórios óculos Ray-Ban e aquela apática atitude policial, que fazia parte de seu uniforme tanto quanto sua falta de compaixão e seus músculos induzidos por esteroides. O que para mim era a mesma coisa que um pano vermelho para um touro. Fiquei agressivo na mesma hora, puto e azedo, provocador, obtuso, violento. O bizarro é que senti que aqueles caras eram capazes de neutralizar minha raiva mal-administrada, com aquelas armas todas, e simplesmente deixei de me importar. Veio tudo à tona. Dei a eles tudo o que tinha e um pouco mais.

A internação, na verdade o processo todo de admissão, foi bem difícil — aquilo era como um campo de treinamento militar para doidos. E eu tornei a coisa mais difícil ainda. Tiraram tudo de mim. Quando digo tudo, é tudo mesmo. Livros, música, fones de ouvido, dinheiro, chaves, passaporte — tudo. Fui revistado nu, submetido a testes de urina, avaliações psicométricas, questionários intermináveis, entrevistas e interrogatórios. Deram-me medicamentos diferentes (não tenho ideia de quais eram) e me informaram que, antes de ter permissão de me juntar aos demais pacientes, eu passaria os três dias de praxe num quarto junto ao posto dos enfermeiros, com um guarda-costas do meu lado o tempo todo para minha própria proteção. Esse era o procedimento padrão pelo qual todos passavam no momento da admissão. Só que não foram os três dias de praxe. Passei dezessete dias naquele quarto (um recorde, eu soube depois), uivando, berrando, puto, tentando acabar comigo de todas as formas possíveis. Fiquei tão mal (certas coisas, certos níveis de violência e disfunção eu não me permito relatar aqui) que, depois de duas semanas, eles estavam inclinados a dizer adeus às doações anuais do Bob e chamar a polícia. Eu fiquei a ponto de ser detido e levado a uma instituição psiquiátrica federal, onde havia "uma remota chance de você sair de lá em um ano ou dois".

Uma dica útil — se algum dia você quiser que alguém como eu (um egomaníaco psicopata petulante, perdido e assustado) coopere de maneira total e imediata, basta mencionar as palavras "instituição" e "federal", trazer uma camisa de força para o quarto e deixar em cima da cama. Eu nunca parei com alguma coisa tão rápido.

Caí sinceramente de joelhos e implorei que não me levassem. Falei o mais depressa e honestamente que podia entre soluços e, por fim, me garantiram uma prorrogação de vinte e quatro horas. Uma última chance. Uma única oportunidade. Era só eu dar qualquer sinal de tolice, ficaria perdido no sistema, afastado de qualquer pessoa que eu conhecia e fora de combate por um bom tempo. Podiam fazer isso com um só telefonema.

Uns dois dias depois, perceberam que haviam conseguido. Qualquer resistência que eu ainda tivesse fora extirpada de mim, e eu tive permissão de me reunir aos outros. Era o mais bizarro e diversificado bando de indivíduos imaginável, e todos absolutamente encantadores. Alguns usavam adesivos em que se lia a frase "só homens" (viciados em sexo enfurecidos, que não tinham permissão para falar com nenhuma mulher, nunca); alguns eram incrivelmente jovens (garotos e garotas de dezessete anos vítimas da epidemia de Oxycontin)[4]; alguns homens e mulheres de negócios decentes, bonitos, saudáveis; alguns sem-teto

---

[4] Oxycontin é o nome comercial de um analgésico à base de oxidodone que age no sistema nervoso de modo similar à heroína. Apelidado de "heroína da zona rural", passou a ser usada como droga principalmente no leste dos Estados Unidos, e produziu um onda de assaltos à mão armada nas farmácias da região. (N. T.)

devastados; eram todos gentis, todos aparentemente aceitando a ideia de que poderiam melhorar.

E então começou. Fiquei alguns dias só ouvindo, sem participar nem dizer nada em nenhum dos encontros de grupo ou das sessões de terapia. Observava e aguardava, sempre à procura de uma armadilha, uma objeção, ou razão pela qual aquilo não iria funcionar comigo. Eu passara tanto tempo sem nenhuma esperança que simplesmente não conseguia ver as coisas de modo diferente. Mas, aos poucos, algo começou a se erguer, e uma sensação de segurança se insinuava a cada dia.

E foi então que as coisas finalmente, milagrosamente, começaram a mudar de rumo.

Não sei se foi por osmose ou apenas por cansaço. Talvez tenha sido porque eles tenham tirado toda a medicação, exceto à noite. Mas, por motivos honestos e decentes, eu comecei a me abrir um pouco mais, participar da terapia, falar com os outros pacientes e com os funcionários. E as pessoas da equipe eram brilhantes ali — bem-treinadas, empáticas, bondosas, perspicazes. O trabalho era constante: escrever, ler, explorar, cavoucar, descobrir e falar. Havia meditação todo dia, terapia em grupo, terapia individual, as novas terapias de centramento americanas com nomes impressionantes, como "experiência somática" e "oficinas para sobreviventes". Eu espancava coisas com um bastão de plástico gigante, falava sobre o que havia acontecido quando era menino e via que isso era encarado com horror e compaixão, mas sem ceticismo ou atribuição de culpa. Chorava, escrevia cartas hipotéticas ao professor de educação física, o senhor Lee, achei um jeito de me isentar de culpa por ter sido tão promíscuo e prostituído quando pré-adolescente, comecei a entender como foi que as ligações do meu cérebro haviam sido rompidas e ressoldadas quando era bem jovem, como eu havia operado em modo de sobrevivência durante décadas, como, apesar de ser responsável pela minha vida, eu não podia ser culpado por isso.

Coisas gigantescas começaram a acontecer dentro de mim.

Grandes mudanças na maneira de pensar e raciocinar ganhavam forma. Os caras realmente me pegaram de jeito. Eles encaravam minha loucura com total compreensão e aceitação e me ofereciam soluções para problemas que pareciam insuperáveis. Passamos semanas repassando minha vida, examinando meu papel em tudo. Vendo onde eu havia sido responsável por coisas — onde havia sido egoísta, autocentrado, desonesto, interesseiro, manipulador, medroso. Por que havia agido da maneira que agi, quem havia magoado e como. Botei tudo isso por escrito e fiz uma lista de cada uma das pessoas cuja vida eu havia impactado negativamente. Uma lista longa. Depois fomos lembrando de todas as pessoas a quem eu devia algum tipo de desculpas ou reparação. De novo, uma longa lista.

Havia instituições como escolas e universidades e locais de trabalho onde eu havia roubado (roubado não só coisas tangíveis como dinheiro, mas também tempo); lugares e pessoas de quem havia falado mal (ao que parece isso não está certo, não importa o quanto possa ter parecido trivial para mim na época); propriedade alheia que eu havia destruído ou vandalizado; amigos que eu tinha ignorado ou prejudicado; relacionamentos nos quais eu tivesse sido autocentrado ou manipulador (basicamente, todo mundo com quem havia transado); minha família, a quem eu causei preocupação, cuja vida perturbei, cuja paz mental sequestrei; amigos, colegas, conhecidos que magoei. Todos aqueles que, se cruzassem comigo na rua, eu teria vontade de desviar para a outra calçada e evitá-los, e assim seguia a lista. A regra era que, a não ser quando pedir perdão a essas pessoas trouxesse a elas uma angústia ainda maior ("eu dormi com sua namorada/mulher/filha, desculpe por isso"), elas precisavam ser abordadas, e alguma ação teria que ser feita.

O hospital me deu um telefone e um computador, e eu escrevi ou liguei para cada uma dessas pessoas da minha lista pedindo desculpas, assumindo minha parte nas coisas, perguntando se havia algo que eu podia fazer como reparação. A maior parte das pessoas envolvidas simplesmente achou muito bom, às vezes achavam até engraçado ter notícias minhas. Algumas não quiseram falar comigo. Outras, poucas, ficaram realmente felizes em poder arrancar certas coisas do peito. Não se tratava de fazer um convite à punição ou à culpa ou à recriminação. Era mais para garantir que eu pudesse dormir tranquilo à noite. Para deixar claro que eu podia ter contato, intencional ou acidental, com qualquer pessoa do meu passado sem que meu estômago ficasse embrulhado de vergonha e medo. E assim, onde fosse adequado, pedi desculpas, doei dinheiro, devolvi dinheiro, me ofereci para fazer o necessário para acertar as coisas.

Havia uma leve inclinação religiosa, estilo Bible-Belt[5], no trabalho que era feito ali, mas eles davam uma roupagem crível e espiritualizada, e eu também pensei quem diabos eu era para negar a existência de algo maior do que eu, que de algum modo fazia as coisas funcionarem. Foi um pouco de alívio para mim permitir-me renunciar ao cargo de gerente-geral da porra do universo inteiro e simplesmente passar a andar por aí como parte dele, de uma vez por todas. Acho que eles chamam isso de "humildade".

Ao todo, fiquei lá por dois meses. No final, milagrosamente, havia parado de me odiar tanto. Ganhei um pouco de peso, removi um monte de escombros do passado, consertei alguns relacionamentos e encontrei um jeito de conviver comigo que, na maioria dos dias, me deixava relativamente calmo e controlado.

Eu vinha falando com Jack umas duas vezes por semana e estava ansioso para vê-lo. Finalmente, tinha condições de me apresentar. E talvez isso fosse o bastante para reconstruir as coisas entre mim e Jane e criar uma pequena unidade familiar bem-ajustada, do jeito que ambos tínhamos desejado tempos atrás.

---

[5] O Bible Belt ("Cinturão Bíblico") é uma região dos Estados Unidos que abrange o sul e parte do Meio-Oeste, onde é muito forte a presença do protestantismo na cultura local, especialmente da Igreja Batista. (N. T.)

Era um sentimento de rendição. De algum modo, eu conseguira clareza e autoconhecimento suficientes para saber que era capaz de fazer tudo a meu alcance para ficar bom, que tinha as ferramentas necessárias para, aos poucos, avançar sem destruir nada. E sabia também que não havia garantia de que aqueles à minha volta acreditariam nisso. Eu estava voltando para casa com a certeza de que encontraria uma entidade desconhecida.

Foi aterrorizador e emocionante — as duas coisas. Um tempo talvez para tomar uma xícara de chá e ficar ouvindo o maior dos noturnos de Chopin — aquele em dó menor Op. 48/1 (YouTube, Spotify, iTunes, SoundCloud, você escolhe). Era assim que eu me sentia: cheio de trepidação, saudade, emoções tormentosas, incerteza, inquietação, entrega e esperança. Todas as coisas que eu imagino que o próprio Chopin deve ter sentido quando, aos vinte e um anos, deixou sua casa em Varsóvia e foi explorar o mundo.

Acabou em Paris, porque não conseguiu entrar na Áustria (sua primeira escolha), contraiu gonorreia com uma prostituta, morria de saudades de casa, era meio idiota, cheio de incertezas e inseguranças. Escreveu seu primeiro concerto para piano aos dezenove anos e, nos vinte anos seguintes, transformou para sempre o mundo do piano.

Foi também, é claro, um cara que acabou sendo completamente fodido por sua relação altamente disfuncional com George Sand, pobre, doente, infeliz, e morreu, em meio a grande sofrimento, de tuberculose, aos trinta e nove anos.

Eu, menos pobre que ele, monumentalmente menos talentoso, talvez tão doente quanto, não era tão infeliz e ainda não tossia ou cuspia fora pedaços dos meus pulmões.

Fiz minhas despedidas, agradeci à equipe, preparei a mala e voei para Londres. Sem guarda-costas desta vez. Sem medicação. Sem lâminas de barbear escondidas. A sensação era de um novo começo, e vi depois que se tratava exatamente disso, só que não do jeito que eu imaginava. Não do jeito que alguém poderia ter previsto.

Entrei pela porta da frente e caminhei até minha mulher e meu filho. Eles haviam colocado cartazinhos de "Bem-vindo ao lar" e fizeram alguns bolos. Senti então que estava mesmo de volta ao lar. Sabia que seria um pai melhor para o Jack a partir daquele momento. Que estaria presente e seria disponível e forte. Sabia que teria de provar isso a ele ao longo do tempo. Que, depois de tantos meses fora, com contatos apenas ocasionais, levaria um tempo até que ele se convencesse de que podia confiar em mim de novo. Crianças de cinco anos são suficientemente sencientes. Eu tinha de conquistar de novo a confiança dele e estava totalmente preparado a fazer o que fosse preciso para isso.

E foi o que eu fiz. Fiquei o máximo de tempo possível com Jack. E a verdade é que tínhamos passado tanto tempo juntos nos seus primeiros três ou quatro anos nesta Terra, eu ficara tantas noites e dias alimentando-o, fazendo-o andar, dando carinho, a gente tinha criado um vínculo tão profundo naquela fase que não demorou para isso acontecer. É estranho o que acontece com as crianças — elas têm uma capacidade de perdão à qual a maioria dos adultos só pode aspirar. Ele sempre havia me amado — era algo intrínseco e imutável — e eu também a ele. Após umas semanas brincando, cantando e passeando, nós nos sentimos absolutamente ligados e de volta ao normal. Eu o levava e pegava na escola todo dia, ia passear com ele no parque, brincava de Lego, e íamos até o Starbucks curtir umas delícias, lia pra ele, assistia TV junto, dava comida, fazia carinho, fosse do jeito que fosse, eu deixava claro que eu estava ali.

Senti que as maiores reparações deveriam estar voltadas para ele, e a única maneira de fazer isso era mostrando que ele podia contar comigo. E de maneira estúpida, talvez ingênua, não fiz o mesmo com Jane. Toda a minha atenção se voltou para o Jack, e as coisas entre mim e a mãe dele estavam se esvaindo, um pouquinho a cada dia.

Há poucas coisas que eu sei hoje sobre o amor que parece que só ficaram evidentes depois de trinta anos de total estupidez e de alguns anos mais curtos de intensa procura e exame interior. Infelizmente, o amor é sempre uma prova prática, nunca teórica, e todo pensamento do mundo é, em última instância, inútil. É como aprender a tocar piano lendo um manual. Você pode achar que sabe o que tem que fazer, mas, enquanto não sentar na frente do teclado e descobrir quanto é um negócio imensa e esmagadoramente complexo, quanto exige de esforço e concentração, você não sabe nada.

Eu odeio a expressão "apaixonar-se". É uma besteira. Você não se apaixona coisa nenhuma. Apaixonar-se implica você derrubar a viga mestra da mina e acabar sozinho e soterrado bem lá no fundo, meio morto. Tudo, hoje em dia, ficou muito imediato, muito grande, muito mais difícil, rápido, maluco e brilhante do que costumava ser. A série de TV *Inspector Morse* parecia ter um ritmo frenético e prender totalmente sua atenção. Hoje, ninguém, em sã consciência, ousaria produzir um programa de TV com cenas que durassem mais do que sete segundos. Portanto, em nossos dias, "apaixonar-se" não quer mais dizer flertar, namorar e passar algumas semanas procurando conhecer um ao outro, fazer uma viagem juntos e, com o tempo, perceber que estamos profundamente apaixonados. Tem o mesmo sentido que nos filmes — você bate o olho (ou vê o avatar dela no Twitter), troca duas palavras, uma mensagem de texto, um ou dois e-mails e, então, PIMBA, você se apaixonou. Urgente, imediato, explosivo, quente. Você conta a todos os seus amigos, posta no Facebook e age como um babaca. É Disney, só que louco de crack, e é um puta negócio perigoso. Não tem nada que se sustente desse jeito. Não pode haver nenhuma verdade nisso. É simplesmente uma droga, uma química cerebral que dá um barato cada vez maior até que vem a inevitável trombada. Mas todos nós embarcamos nessa porque é assim que funciona nos filmes, na TV e nos jornais, e é um troço sedutor, imediato e divertido.

Meu casamento, na verdade, foi uma simulação no lugar da coisa real. E paguei um preço alto. Embora não tivesse uma base adequada desde o início e fosse emocionalmente retardado quando Jane e eu nos conhecemos, achei que estava perdidamente apaixonado. Mas, olhando para trás, talvez eu tenha ficado apenas perdido. Perdido na fantasia do amor, ignorando a realidade, aceitando todas aquelas bobagens fictícias sobre romance e aventura. Hoje prefiro a ideia de amor com duas pessoas andando juntas, e não perdidamente apaixonadas. A ideia de manter os olhos abertos, não mascarados pelo cinismo ou fechados pelo medo, mas buscando e oferecendo qualidades que eu nunca considerei tão terrivelmente importantes quanto agora. Bondade, compaixão, profundidade, paciência, e assim por diante.

Sei que posso ser feliz pelo resto da vida com a mulher com quem estou agora. Sei disso em um nível celular. Sei também que os homens estão sempre querendo cair fora. Somos condicionados a isso. E, portanto, vamos sempre questionar as coisas, geralmente com a gente mesmo, às vezes com os amigos e rara e estupidamente, com a própria pessoa que amamos. Aquela vozinha interior sempre vai acreditar que existe outra mulher mais bonita, menos carente, mais safada na cama, mais independente, mais cheirosinha, mais legal, a porra que for. Do mesmo jeito que o novo iPhone parece sem graça depois de três meses. Ou o aparelho de TV, depois de cinco anos. O terno, o emprego, o carro, a casa. Tudo precisa ser melhor o tempo todo, e a gente pira quando percebe que a nossa mulher não vai desafiar as leis da biologia e da física e ficar mais bonita, mais magrinha, mais ágil, mais nova, não vai passar por um upgrade.

E, então, passamos a ter casos com outras, começamos a beber, a arrumar briga. Eu não traí Jane nem passei a beber, mas meu comportamento com ela tornou-se mais destrutivo e mais crítico com o tempo. Acabou virando, na minha cabeça pelo menos, um estado quase constante de conflito, com discussões não só em momentos de estresse, mas também por nada. Ficar implicando, reclamando, julgando. E então, finalmente, o golpe fatal: a indiferença. Aquela apatia abominável do "Não tô mais ligando". E, mesmo quando a coisa chega ao estágio avançado de virar uma merda de relacionamento, a maioria de nós, homens, é muito covarde para levantar e cair fora, e ficamos aguardando que as nossas mulheres façam isso por nós. Ficamos insuportáveis, na esperança de que elas peçam o divórcio, e a gente possa seguir em frente fazendo o mesmo com a próxima mulher. Não é de se admirar que terapia de casais seja um negócio tão lucrativo.

Jane e eu concordamos com uma separação judicial, e eu saí de casa.

Tudo bem que a separação foi a melhor opção. E que, no longo prazo, tenha se mostrado nitidamente algo positivo. Eu me tornara um daqueles homens. Os que largam a mulher. Aqueles que caem fora quando a coisa fica real demais. Aluguei um apartamento pequeno de subsolo, enfiei a merda dum piano de armário lá, certifiquei-me de que havia um quarto a mais para o Jack dormir, acordava cedo pela manhã para pegá-lo e levá-lo à escola de ônibus (a essa altura, tínhamos vendido o carro). Fiz o possível para ser o melhor pai para ele. Mas, ainda assim, era um cara que tinha largado a mulher. Podia dar um pulo para frente na minha cabeça e avançar alguns anos, e ver meu filho, depois de fazer terapia, dizendo pra mim: "Pai, você me abandonou", e eu sem poder contra-argumentar.

As coisas começaram a ficar cada vez mais instáveis. E pioraram um pouco quando fui até a polícia tentar exorcizar alguns horrores do passado.

Eles têm uma unidade de proteção à criança em Earl's Court. Fui lá para fazer uma declaração sobre o senhor Lee e ver se eles conseguiam localizá-lo, a fim de incriminá-lo. Fiz isso para poder encerrar de vez o assunto, fazer justiça, tentar obter reparações para o meu pequeno eu e seguir adiante com o começo saudável que eu ensaiara em Phoenix. Foi inútil. E doloroso. Passei umas três horas diante de uma câmera de vídeo dando detalhes que ninguém deveria ter que dar. Desenhos do ginásio, o que aconteceu, onde, com que frequência, onde ele gozava, quando, que tipo de sexo, que posições, quais adereços ele usava, se eu engolia ou cuspia, qual era o gosto (sério), e assim por diante. Era uma brutalidade, um negócio vergonhoso, indigno. E, depois disso tudo, eles disseram que tinham entrado em contato com a escola e que não havia nenhum registro de que alguém com aquele nome tivesse trabalhado lá. A polícia supôs que se tratava de um nome falso, não conseguiram localizá-lo e não podiam fazer nada.

A essa altura, qualquer progresso que tivesse feito na minha estada em Phoenix parecia estar evaporando. Comprei lâminas de novo e voltei a me cortar. Parei de comer. Nesse ponto, o Bob parecia ter ficado de saco cheio por eu cair a toda hora na vitimização. Pediu para eu devolver cada centavo que havia gastado no hospital de Phoenix (uma quantia de dar caganeira em qualquer um, que dizimou minha conta bancária e me deu outra razão para me sentir doente de preocupação e com ódio de mim mesmo). Fiz todo o possível para me punir. O que, de novo, é uma maravilha sob uma perspectiva egoísta, já que a compensação e os sentimentos de ódio por si mesmo são gloriosos, mas o efeito indireto costuma ser um desastre.

Um raio de sol: havia conseguido um psiquiatra novo chamado Billy. Um irlandês alto, de fala mansa, bondoso e tolerante. A primeira vez que o vi, logo depois de voltar para Londres da clínica americana, ele me disse, com seu lindo sotaque de Cork: "Ah James, honestamente, as chances de você ainda estar aqui no prazo de um ano ou de não estar mais são as mesmas. Eu sei disso, você sabe disso. Algumas pessoas têm sucesso e outras, bem, elas não conseguem sair do outro lado. É assim mesmo. Vamos ver o que a gente consegue fazer para aumentar um pouco as suas chances, não é?". E naquele instante, vi que era o cara perfeito. Admitir o que eu sempre soube, mas que ninguém havia verbalizado antes, e fazer isso de maneira tão natural e tranquila, sem cair naquele história toda de tentar "convencer por meio de blá-blá-blá psiquiátrico", foi tão revigorante que eu quase bati palmas. Ele tem feito mais do que eu jamais poderia esperar para me manter bem (ainda faz isso), mas foi, está sendo, um longo processo. E, naquela época, a sedução da lâmina de barbear ainda tinha uma puta força.

Essa recaída na automutilação significava que eu não tinha mais permissão para ver Jack sem supervisão. Minha raiva e frustração pela total ausência de comunicação entre mim e Jane cresceram, e não havia o que eu pudesse fazer a esse respeito. Tem uma coisa em particular. Esse "gatilho" que me deixa mais puto do que qualquer outra coisa. É quando sinto que alguém me ignora, que não me ouve, que não me vê. É uma ironia, porque eu faço a mesma coisa o tempo todo, fico me abstraindo quando estou junto com outras pessoas. Sei disso. Faço uma pergunta a alguém e, se a pessoa me ignora, eu automaticamente reajo dentro da minha cabeça com trinta anos de raiva. Eu pergunto a uma namorada: "Ei, que tal a gente sair amanhã pra fazer umas compras?" — ela está lendo um livro, não ouve a pergunta e, então, não responde, e eu me sinto literalmente como se ela tivesse acabado de trepar com seu professor de ioga bem ali na minha frente e estivesse rindo e fazendo piada de mim, dizendo que sou um cocozinho, e aí eu simplesmente quero morrer. Tenho consciência de que esse é um tema paranoico meu, recorrente. Sem dúvida, vem do fato de eu ficar implorando pro meu professor parar de me comer, e ele fazer o oposto. Ou talvez de ficar implorando aos outros professores ou aos meus pais para não me mandarem à aula de educação física, e eles ignorarem. Seja como for, esse é o meu problema. Todo mundo tem algum problema, certo?

Eu continuei tentando explicar à Jane o que estava acontecendo, que eu não representava uma ameaça, que a gente poderia ajeitar as coisas, que não havia necessidade de tornar obrigatória essa supervisão para que eu tivesse acesso ao Jack, mas senti que nada disso adiantava. A irritação e a sensação de não estar sendo ouvido foram crescendo mais e mais, eu podia ver o meu filho sendo tirado de mim aos poucos, e ninguém se dispunha a me ouvir ou entender o que estava acontecendo dentro da minha cabeça. Até que perdi.

Fiquei fora do jogo. De volta direto para a primeira casinha do tabuleiro. Aterrorizado e me enterrando cada vez mais no buraco. Convencido de que seria feito em pedaços. Eu não podia, não deixaria que isso acontecesse. Entrei num táxi com meu passaporte e disse ao motorista para me levar direto para Heathrow. No caminho, reservei o primeiro voo internacional que encontrei (para Nova York, foi o que consegui), cheguei no Terminal 3, saquei meus últimos cinco mil dólares em dinheiro, embarquei no avião e fugi do país. Não tinha ideia do porquê, do que iria fazer, iria simplesmente torrar o dinheiro com putas, bebida e cocaína e depois meter um tiro na cabeça. Eu apenas precisava fugir. De algum jeito, isso parecia mais fácil e fazia mais sentido do que ficar simplesmente sentado calmamente com os médicos, tentando encontrar uma solução que funcionasse para todos nós. Isso mesmo. Caí fora de novo, sem contar a ninguém para onde estava indo, sem ter ideia de quanto tempo ficaria fora, deixando minha mulher e meu filho sozinhos.

Fiquei fora uma semana. Durante todo esse tempo, passei horas numa academia de kickboxing de Manhattan apanhando de um preto porto-riquenho de 1,20 m de largura (excelente punição), tentando pensar direito e ter alguma ideia do que estava havendo comigo. Mandei um e-mail para a minha mulher e depois falei com ela por telefone. Pedi desculpas. Tentei explicar o que estava acontecendo na minha cabeça e que eu não queria mais que a coisa fosse como antes. Ela disse que queria o divórcio. Pedi para ela pensar melhor, que era uma decisão muito séria e que, portanto, deveria ponderar o assunto por algumas semanas. E que então, se ela ainda quisesse levar a coisa adiante, eu não iria me opor. Não havia necessidade de advogados — a gente podia resolver rapidinho pela internet, se era isso o que ela de fato queria, e ela obteria o que quisesse de mim, desde que eu pudesse ter acesso ao Jack.

Logo depois que voltei de Nova York, já havia papéis do advogado dela à minha espera. Eu havia conseguido levar Jane até o ponto de ruptura.

E comecei a travar de novo, como se fosse um disco quebrado. Perdi tanto peso que meu médico disse que, em três meses, meus pulmões e cérebro iriam parar de funcionar e que, se eu não passasse a consumir pelo menos oitocentas calorias por dia, ele é que iria me cortar com uma lâmina. Eu vinha me cortando regularmente, dormia duas ou três horas por noite, tentando, com muito esforço, encontrar algo a respeito de mim que não fosse tóxico ou destrutivo.

Tive de arrumar um advogado para me defender no divórcio, mas ainda não dava bola pra isso e disse pro cara que assinaria qualquer coisa numa boa. Mais punição, mais tentativas desesperadas de me absolver da culpa de ter explodido minha família.

E foi assim que fiquei por minha conta. Havia uma coisa incrivelmente libertadora no fato de ter uma quantia pequena, finita, de dinheiro no banco, um apartamento no subsolo de cem metros quadrados, com seis meses de aluguel já pagos, e nenhuma carreira. Não sei explicar. Quase todo o dinheiro que havia sobrado para mim após a separação e o divórcio acabou indo para pagar o Bob, o aluguel e a minha fuga para Nova York, e as coisas de repente ficaram muito simples. Fáceis de lidar. Eu pegava o Jack na escola na sexta-feira, e a gente ficava passeando até eu deixá-lo em casa no dia seguinte. A comunicação com Jane não era boa. Era como um interruptor sendo desligado. Nós nos tornamos dois estranhos, afastados, com aquela civilidade fria. Minha única preocupação era o Jack, minha vergonha, meu remorso e minha culpa esmagadora.

FAIXA TREZE

Chopin, *Estudo em Dó Maior, Op. 10/1*
Maurizio Pollini, piano

Chopin. Hoje em dia, há muitas regras autoimpostas nos concertos. Será que posso acrescentar mais uma?
Todo recital de piano deveria incluir, pelo menos, uma peça de Chopin.
Um cara doido por música, de uma pequena vila na periferia de Varsóvia, que revolucionou para sempre a execução pianística. O único compositor que me vem à mente, talvez à exceção de Ravel, a respeito do qual se pode dizer que noventa e nove por cento de tudo o que escreveu ainda continua ativo no repertório atual.
Ele compôs praticamente só para o piano e, apesar de ser alguém bastante desagradável (arrivista, um pouco racista, irresponsável em questões financeiras), mudou o panorama musical de modo tão completo e radical que simplesmente não é possível falar em música para piano sem mencioná-lo. Ele experimentou e criou novas sonoridades para o piano que libertaram o instrumento de uma vez por todas do passado. Não admira que fosse capaz de cobrar o equivalente a novecentas libras a hora por suas aulas de piano.
Uma das primeiras fitas cassete que eu comprei tinha o grande pianista italiano Maurizio Pollini tocando os Estudos de Chopin. As peças difíceis desse filho da puta foram concebidas, como todos os estudos, para melhorar o desempenho

técnico. Mas, ao contrário do que foi feito antes dele (exercícios chatos, intermináveis, com pouco ou nenhum interesse musical, de compositores como Hanon e Czerny), cada um dos vinte e sete estudos que ele escreveu é uma genuína obra-prima em miniatura de melodia, forma, beleza e pirotecnia técnica.

E ele tampouco força você a ficar zanzando e esperando até o terceiro ou o quarto estudos, para que então apareça alguma coisa de fato interessante; assim que você adentra o portão, ele abre com o mais difícil de todos, uma exibição visceral de arpejos gigantescos, de uma extensão quase impossível, voando para cima e para baixo do teclado, como se a mão estivesse possuída.

Há uma percepção difusa de Chopin de um homem-criança frágil, incapaz de vigor e força. Essas peças, como muitas outras, acabam com essa visão preconcebida.

Eu sabia que Jack precisaria de mim, agora mais do que nunca, embora ficássemos juntos apenas uns dois dias por semana, e eu precisava ficar bem, por ele, mesmo que não ficasse bem comigo mesmo. Ao mudar da nossa casa, e tendo pouco mais o que fazer, voltei a me envolver com o piano. Eu tinha que fazer isso, caso contrário, afundaria e sem deixar rastro. Comecei a aprender novas peças, praticar, ouvir, trabalhar direito. Em poucas semanas, com a ajuda de um psiquiatra decente, algum espaço, boa comida, Matthew e alguns novos amigos próximos, minha cabeça ficou não exatamente tranquila, mas pelo menos mais administrável. Alguns daqueles antigos sentimentos que tivera nos Estados Unidos voltaram — bons sentimentos, de esperança, potencial e liberdade. Parei de me cortar, comecei a comer de novo, fazia-me presente com meu filho quando estava com ele (o oposto do que acontece com muitos pais que eu vejo colados no smartphone, fingindo que estão dedicando seu tempo livre aos filhos). E, como se alguma estranha dívida cármica estivesse finalmente sendo paga em pequenas prestações, aconteceu algo maravilhoso. Eu estava sem grana, sozinho, inseguro em relação a todas as áreas da minha vida, e um dia, num café, cruzei com o homem que se tornaria meu empresário e mudaria minha vida para sempre.

Gosto de falar com estranhos. Certa vez, li um livro sobre depressão em que o protagonista era tão solitário que costumava entrar em filas simplesmente pela interação humana. E, embora as coisas ainda não estivessem tão ruins desse jeito, eu às vezes entabulava conversa com as pessoas. Nunca no metrô, é claro; certas coisas são absolutamente não aconselháveis. Mas, nos cafés, esse era um comportamento legítimo, e certa manhã, na fila, comecei a conversar com um cara canadense. Parecia ser uns quinze anos mais velho que eu, tinha um corpo bacana de jogador de hockey, uma barba rala e uma expressão gentil. Fico então sabendo que ele é restaurador, que acabou de vender seu negócio por uma quantia bem razoável e está passeando em Londres, sua casa espiritual há muitos anos, em busca de um novo projeto. E, cara, não é que ele me achou?

Denis é o nome dele. Na verdade é "Denis", rimando com Lenny, mas com o acento na última sílaba. Do Canadá francês. Não é Dennis (como em *Dennis the menace*). Nem Denny (como em *Crane*, de Crane, Poole & Schmidt[6]). Ele pediu que eu fosse preciso sobre esse ponto. Foi o que eu fiz. Mas, por favor, sinta-se à vontade para chamá-lo de Dennis se você se encontrar com ele, só para vê-lo dar uma estremecida de leve.

Bem, o fato é que isso só pode ter sido uma autêntica coincidência cósmica. Denis não sabia praticamente nada sobre música clássica. E, claro, quando me perguntou o que eu fazia, e eu disse que estava tentando me tornar concertista de piano, houve aquele silêncio um pouco estranho em que nenhum de nós sabia bem o que dizer. E então ele falou:

---

[6] *Dennis the menace* ("Dennis a ameaça") é um personagem da revista em quadrinho britânica *The Beano*. Crane, Poole & Schmidt é o nome do escritório de advocacia da famosa série de TV *Boston Legal* (no Brasil, "Justiça Sem Limites") (N. T.)

"Eu na realidade conheço uma única peça para piano. Um amigo meu era obcecado por ela e costumava tocar para mim o tempo inteiro. É a Chacona, de Bach-Busoni. Você conhece?"

Cara, eu não estou mentindo. Essa era a única peça musical que eu havia carregado no coração desde os sete anos, que me ajudara a atravessar aqueles anos pedregosos, desesperados, brutais, e que eu recentemente trouxera de volta para um padrão vagamente decente no meu pequeno piano do meu minúsculo apartamento. Senti como se o universo me dissesse: "E aí, cara, tá vendo o que aconteceu agora que você parou de ser um completo imbecil?".

Então, é claro, soltei um berro, como se fosse um porco atolado, e fiz uma dancinha, pulando de um pé para o outro. E então, quando percebi que ele não recuou lentamente, indo esconder-se atrás da porta, contei que, de todas, essa era a minha peça favorita.

"Deveria tocar pra você. Caralho, cara, vamos até a loja da Steinway aqui perto. Não acredito que você conhece essa peça, cara, é tão impressionante você já ouviu o Kissin tocando cara eles dizem que os russos não sabem tocar Bach, mas é um troço e aposto que você sabe que era originalmente para violino, mas ela soa tão melhor num piano não tem dúvida aposto qualquer coisa que se o Bach tivesse um piano moderno ele teria feito isso ele mesmo você já ouviu o Michelangeli tocando isso ah meu DEUS..." etc. etc.

Cala a boca. Eu estava na maior excitação.

Então, fico sabendo que ele está matando tempo, e a gente segue pela Marylebone Lane, comigo tagarelando a cem por hora sobre a peça, sobre Bach, que perdeu quase todo mundo que amava e a maior parte de seus filhos, sobre o fato de ele ter perdido tipo quarenta por cento dos dias de aula na escola por causa da violência que rolava tanto ali como na sua casa, e que o cara era uma puta lenda e que essa peça era uma espécie de homenagem à sua falecida mulher e, imagine só, expressar em música algo que as palavras não conseguem e conduzir a gente nessa viagem de pesar até o final, quando ele deixa a nós, intérpretes, a decisão de terminar com um acorde maior (claro!) ou um acorde menor (pode me matar se eu fizer isso) e assim por diante, até a gente chegar lá no *show room* da Steinway, na frente de um piano de cauda de dois metros e setenta e quatro centímetros, e ele sentar, e eu murmuro que é uma peça de quinze minutos e que eu espero que isso não seja um problema e que eu não fiz nenhum aquecimento antes e por aí vai e, então, começo a tocar e, depois do que parecem ter sido apenas catorze segundos, eu levanto e digo: "Vamos tomar mais um café? Estou morrendo de vontade de fumar um cigarro. Meu Deus, que peça, não é? Você ouviu todas aquelas vozes internas? Fico imaginando se para o Bach eram vozes de verdade" (outro etc. etc., desculpe) e a gente sai andando (ele andando, eu pulando como o Tigrão do Ursinho Pooh), descendo a rua até outra lanchonete, a pretexto de um café.

E finalmente, quando paro para tomar fôlego, ele está todo emocionado, mexido, comovido, e me diz isso foi pra lá de incrível, que ele não tinha ideia daquelas coisas todas que eu falei, mas que a peça se tornara bem mais interessante agora, que ele sabe da sua história, e pergunta onde é que ele pode comprar meus CDs. E eu começo a dar risada dessa história de CDs e digo que ter um CD meu é tão provável quanto eu comer a Alexa Chung.[7] E ele diz: "Bem, que tal fazer um esboço dos custos e discutir tudo comigo? Talvez eu possa ajudá-lo a fazer um CD.".

E tudo mudou. Abracadabra!

Então eu chamo um cara que chama outro cara, que conhece um terceiro cara, que chama mais um, e eu descubro alguém que pode produzir um CD. Esse alguém me ajuda a escolher um engenheiro de som e um estúdio. Eu peço alguns orçamentos,

---

[7] Alexa Chung (5 de novembro de 1983) é uma famosa apresentadora e modelo britânica, tida como símbolo sexual. (N. T.)

rabisco num envelope e vou correndo até o apartamento do Denis. Não conto nada sobre a minha história; dou apenas umas dicas de que passei há pouco tempo por situações meio difíceis, acertamos termos, porcentagens e outras coisas que não significam absolutamente nada para mim, porque estou gravando um CD, e isso é literalmente tudo o que ocupa minha mente, e ele redige um contrato. Então, eu assino, e não é que duas semanas mais tarde estou indo de carro com ele para Suffolk gravar meu próprio CD?

A gente conversa um pouco no carro, e eu conto sobre a clínica, a minha cabeça e tudo mais. E que faz só um tempinho que eu saí e, embora talvez tenha passado a ele a impressão de que tive problemas emocionais "alguns anos atrás", não fui totalmente sincero sobre os períodos de tempo e a gravidade, e disse que agora estava tudo bem, sem problemas, não se preocupe, vamos lá gravar o disco, não preciso mais tomar remédio, juro.

E ele diz: "Você se importa se a gente der uma parada rápida para eu dar uma mijada?".

Então, a gente para, e eu fico um tempão pensando, meu Deus, é isso, eu nunca mais vou ver esse cara de novo, porque sou uma pessoa com problemas mentais e agora contei que faz só umas semanas que saí da clínica e, claro, ninguém em sã consciência vai levar a sério um cara como eu, e menos ainda vai desembolsar uma bela grana apostando em mim, e nesse exato instante ele deve estar correndo de volta para Londres, enquanto eu fico aqui esperando como um palhaço, todo animado com a ideia de gravar um CD.

E então ele volta e sobe no carro e, de algum modo, milagrosamente, seguimos em frente. E, pelo canto de olho, tenho a impressão de flagrar um sorriso enigmático passando pelo rosto dele.

Glenn Gould, meu herói, falava que o estúdio de gravação era um local sagrado, um lugar que tinha a "segurança de um útero". E é verdade. Eu, numa sala enorme. Num antigo celeiro reformado na área rural. Sozinho. Com um piano mega, jumbo. Nada de carros, trens ou aviões. Café à vontade. *KitKats*. Partituras. Cigarros.

Ao lado, na sala de controle, o técnico de som, o engenheiro de som, o produtor, o empresário.

Estúdio alugado por quatro dias, quando eu sei que só preciso de dois, mas ele está pagando, e é bom eu ter um tempo extra para satisfazer minha loucura.

Então, começamos com Bach. Claro. A sua *Suíte Francesa* número 5. E começo a tocar a peça do começo ao fim. E o produtor fica dizendo aos caras na sala de controle que a peça soa fantástica, assim lenta, romântica, bizarra. E depois vai desacelerando. E para de falar de vez. E, vinte minutos depois, está na maior satisfação e excitação e feliz e emocionado e essa merda toda. E vamos em frente. Chopin, Beethoven, Moszkowski e depois a Chacona, porque é a minha peça e a peça de Denis e tem de estar no primeiro CD.

Poucas vezes na vida eu me senti mais feliz e realizado. Xícaras de chá e cigarros entremeados por pessoas me ajudando a criar um disco da música que irreversivelmente mudou a porra da minha galáxia inteira para sempre. E, é claro, além do bônus adicional da rede de segurança de poder fazer mais um take. Eu podia simplesmente desaparecer, tentar coisas novas, assumir riscos estúpidos com os andamentos, a condução das vozes, as sonoridades, e depois ouvir o que havia gravado, decidir o que havia funcionado bem e o que não deu certo. Nunca vou esquecer esses poucos dias em que tudo do lado de fora desapareceu e só o que importava era a música, o piano, tocando notas escritas há duzentos ou trezentos anos por algum filho da puta de um compositor doido, gênio, que tirava aquilo da sua mente com pesar ou amor, ou as duas coisas ao mesmo tempo.

Fui para casa sabendo que ainda levaria algumas semanas para poder ouvir a primeira edição da gravação. E daí? Estou tocando, trabalhando, sonhando, passeando com meu filho, indo ao meu psiquiatra, às reuniões do AA. Voltando a um caminho que não envolve destruição e ódio por mim mesmo.

E acho que os deuses estavam generosos nessa época, porque consegui uma segunda chance na carreira dos meus sonhos, encontrei o cara que podia me ajudar a fazer isso acontecer, alcancei equilíbrio emocional. E, como se isso não bastasse, ainda conheci uma garota.

Não apenas uma garota, mas uma supergata, alta, esbelta, loira, esplendorosa. Numa manhã de sol, estou lá eu terminando de tomar um café com meu amigo Luca (um italiano baixinho, corpo bem-definido, insanamente feliz e superanimado que eu conheci há um ou dois anos em um dos meus muitos grupos de terapia) e vejo-a andando em nossa direção. Acontece que ela é conhecida do Luca, estava passando pelo café quando o viu pela vidraça da fachada e então veio dar um alô. Eu nunca tinha visto uma pessoa iluminada com uma dose tão concentrada de encanto. E, quando Luca nos apresenta, ela me oferece um sorriso enorme e puxa uma cadeira.

Fazia seis meses que eu havia me separado e estava no meio do processo de divórcio. Imagine por um momento como eu me senti. Peso apenas cinquenta quilos, magérrimo. Meus braços estão cobertos de cicatrizes que eu mesmo me infligi. Estou morando num apartamento de subsolo chinfrim, pertinho de uma ex-esposa furiosa. Só tenho acesso ao meu filho nos fins de semana e estou sem grana. Faz só uns meses que saí de uma clínica psiquiátrica e, depois de toda a foda emocional dos últimos anos, eu passo a maior parte dos meus dias em uma espécie de estado onírico, de fuga dissociativa. E essa garota, Hattie, está sorrindo pra mim e parece interessada em saber quem eu sou. Eu não estava procurando ninguém, tinha total certeza de que seria incapaz de qualquer coisa a não ser o contato social mais básico, só conseguia me concentrar na música e estava com uma aparência rançosa, exaurida e espectral. Mas não conseguia tirar os olhos dela. Uma pele impecável, um brilho nos olhos, um corpo ágil esculpido em academia, a boca mais sedutora que eu já tinha visto, com aroma de esperança e de encanto. E, por mais que eu odeie essa expressão, uma garota super legal. Sabe, aquele tipo de garota que nas festas atrai todo mundo porque simplesmente é legal pra caralho e nem percebe isso, e onde quer que ela pare em pé fica um monte de gente em volta? Ela tinha vinte e quatro anos; eu, trinta e dois.

Eu sei.

Ela era tanta areia pro meu caminhão que eu não precisava nem me preocupar. Sabia que não podia rolar nada. Então só sorri, flertei, agi do jeito que eu queria, sem jamais imaginar que pudesse dar em alguma coisa. Algo como comprar um bilhete de loteria, sabendo que não vai ganhar. Mas sonhar é divertido.

A gente trocou telefones, e eu fui pra casa, odiando-a um pouquinho por ela ser exatamente o tipo de garota que as outras gostariam de ser e que muitos caras simplesmente adorariam ter. Tirei da cabeça aquele papo de sempre, de falar como foi bom conhecê-la, talvez a gente possa tomar alguma coisa juntos etc., e voltei para o piano, agora me odiando um pouco por ter batido a uma porta que eu sabia que seria fechada na minha cara e por ter escolhido fazer isso assim mesmo.

Só que dali a uma hora ela faz contato comigo. E faz com beijinhos e tudo (não apenas o neutro "Bjs", mas com o mais íntimo "Bejinhos" — uma diferença importante, é sério). E naquela hora, aquele bipe de celular ecoando, aquela sequência de dados binários aleatórios lançada no ar, decifrada pelo Nokia e mostrada na minha tela, foi, junto com o nascimento do meu filho, com a primeira nota da Chacona do Bach e com o encontro com Denis, o movimento final do milagroso quarteto que mudaria minha vida para sempre.

FAIXA CATORZE

Chopin, *Fantasia em Fá Menor, Op. 49*
Krystian Zimerman, piano

Chopin escreveu essa Fantasia em Fá Menor quando estava de férias na Espanha com sua namorada, a escritora George Sand. Era uma bosta dum relacionamento disfuncional, fodido, que ajudou muito a acabar com ele. Essa peça, pelo menos apocrifamente, começa com Sand batendo à porta dele e Chopin reagindo com todo o amor, loucura, caos e (eventual) poesia que haviam resumido seu relacionamento tumultuado.

Um dos primeiros presentes de aniversário que ganhei de Hattie foi uma tela gigantesca, na qual ela transcreveu, à mão, as duas páginas iniciais dessa peça, rodeadas por lindas ilustrações de flores e padrões, emoldurada e colocada na parede.

Você pode achar tudo isso muito brega.

Estamos fazendo muito melhor do que Chopin e Sand jamais conseguiriam.

Ela veio até o meu apartamento no dia seguinte. Eu sugeri que a gente desse uma volta. Ela tinha saído pra fazer alguma coisa e passou de carro perto de casa, então disse que daria uma passada, tipo de uma hora. Eu fiquei como uma porra de garoto de catorze anos, correndo pra lá e pra cá, arrumando tudo, checando meu cabelo, minha respiração, minha roupa. E aí parei e decidi me acalmar, fazer uma coisa doida, como apenas ser eu mesmo, e ver o que acontecia. Mas isso só durou uns três minutos e já comecei a correr de novo como um pateta inseguro, louco para que ela gostasse de mim. O amor é chato. Faz todos nós agirmos como babacas.

Ela chegou, e a gente sentou no meu sofá, fumou e conversou, e, puta que pariu, foi a melhor coisa do mundo. Eu nunca havia me sentido tão intimidado por alguém desse jeito antes, pelo menos não por alguém que, ao que parece, queria só passear comigo e não era nenhuma celebridade da televisão. Eu nunca havia ficado tão perto de alguém que tivesse essa tamanha aura de encanto. Rolou esse clima entre a gente. Algo quase tangível, algo que eu podia sentir no fundo de mim que não era tesão ou obsessão ou falta de jeito ou carência. Era um negócio novo e pouco familiar e magnético. Agora vejo que eu tinha encontrado alguém que combinava perfeitamente comigo e, o que era mais impressionante, com quem eu me encaixava também. A loucura dela e a minha pareciam estar se encontrando no éter que havia entre nós e adquirir uma forma sólida, que era indestrutível. Uma puta duma alquimia sexual, espiritual, que nenhum de nós dois conseguia entender ou identificar, mas estava ali e era poderosa e profunda o suficiente para me fazer soar como alguém com um pau enorme quando escrevo a respeito.

Começamos a namorar. Eu comprava flores para ela. Era bonito, excitante, aterrador, eletrizante, fatigante. Nas primeiras semanas, as realidades próprias de um relacionamento novo revelaram as esquisitices de ambos. Coisa muita divertida, ela tinha seu próprio passado, como eu tinha o meu. De muitas maneiras, ela era a coisa mais frágil que eu já havia conhecido na vida, mas, em outros aspectos, era a mais forte. E isso só me fazia amá-la ainda mais. Éramos, com nossas respectivas esquisitices e bagagens, como duas crianças de desenvolvimento um pouco retardado, criando um lugar seguro para conseguir conhecer um ao outro num mundo que ambos sentíamos ainda um pouco opressivo. E foi maravilhoso.

No entanto... Se eu olhasse em retrospecto, a ideia de que eu seria capaz de agir de modo responsável num relacionamento soava bastante ridícula. Eu só não queria foder com tudo. Sabia que era uma grande oportunidade. Mulher como essa não aparece a toda hora. Rushdie disse algo brilhante, que as mulheres sempre escolhem, e os homens, se têm sorte, são escolhidos. Nossa, como eu queria ser escolhido. E ela me escolheu. Ela me escolheu dia após dia, de todas as formas possíveis, e eu mal podia acreditar nisso.

Fiquei totalmente inseguro e pirado, interpretava o desejo dela de intimidade e de "falar a respeito de sentimentos" como emboscadas e me fechei, sumindo de vista, se não fisicamente, pelo menos emocionalmente. Procurava afastá-la de mim, fazê-la entender que isso nada tinha a ver com ela, que era só problema meu, aí implorava pra ela me aceitar de volta uma semana depois e então começava o processo todo de novo, até que uns meses mais tarde eu repetia o ciclo. Não sei se era porque eu estava em pânico por chegar perto de alguém pela primeira vez na vida, ou se era porque ainda estava de luto pela ruptura da minha unidade familiar e simplesmente não conseguia me abrir para um relacionamento mais íntimo. Mas eu sabia que a amava. Havia esse incrível vínculo entre a gente que nunca enfraqueceu. Eu a queria muito, e sabia, pela primeira vez e apesar de levar em conta que se trata de um clichê estúpido, que era amor verdadeiro.

Estávamos, mesmo que espasmodicamente, começando a construir nossa pequena vida juntos. O Jack vinha todos os fins de semana, e ele e Hattie se deram muito bem, sem maiores esforços. Talvez fosse pelo deslumbramento infantil dela diante do mundo (ela gosta de verdade de cores vivas, ri saudavelmente de piadas de peido, adora fazer caretas e dancinhas idiotas), o caso é que ele se encantou com ela desde o início, e vice-versa. Se, algum dia, você precisar fazer um teste para prever a longevidade de um relacionamento, preste atenção no jeito de seu namorado ou namorada lidar com crianças. E também de que modo elas reagem a ele ou ela — crianças são muito espertas e, em geral, têm boas razões quando não querem chegar perto de certos adultos. Jack foi direto ao encontro dos braços e do coração abertos de Hattie, feliz e sentindo-se seguro.

As semanas foram se passando, o Jack indo e vindo da minha casa até a casa da mãe, e eu comecei a me preocupar, achando que nosso rompimento e nossa má comunicação talvez pudessem afetá-lo. Para mim, esse era um dos piores aspectos da separação — de que maneira nosso fracasso em agirmos como uma ex-família funcional poderia impactá-lo. Éramos antes, pelo menos aparentemente, o retrato perfeito de uma família, com dinheiro, um menino lindo, uma casa bonita, coisas agradáveis. Então, fiquei doente, desabei e arruinei tudo. A destruição simplesmente passou da conta. Deveríamos ter ficado juntos de qualquer jeito por causa do Jack? Porra, de jeito nenhum, que tipo de mensagem a gente estaria passando a ele?

Ingenuamente, achei que pudéssemos ter um daqueles relacionamentos exemplares de casal divorciado, continuando amigos, falando um pro outro dos respectivos namorados, tomando um cafezinho de quinze em quinze dias. Queria desesperadamente que ela arrumasse um cara decente, que tivesse mais sucesso na carreira, que fosse feliz. Mas não era assim. Ela já havia suportado demais, e isso era compreensível e justificável. Foi muita destruição, muita insegurança, muita dor, e claramente Jane decidira que as necessidades de Jack tinham que vir em primeiro lugar. Acima de tudo, era uma mãe, e não uma padroeira das causas perdidas.

E, logo depois que Hattie e eu começamos a namorar, recebi um e-mail de Jane dizendo que ela estava se mudando com o Jack para os Estados Unidos.

Falei com o meu advogado. Eu não tinha nenhuma renda oficialmente comprovada, não tinha carreira, propriedades, investimentos, dinheiro vivo ou ativos. Contava com um histórico de altos e baixos mentais e emocionais, e meu filho vivia oitenta por cento do tempo com a mãe. Não havia qualquer chance de eu conseguir convencer o tribunal a julgar em meu favor. Na melhor das hipóteses, poderia fazer as coisas se arrastarem por alguns meses, o que nos levaria aos tribunais, me endividar e adiar o inevitável. Não vi sentido nisso.

E então eles foram viver em Pittsburgh, onde arrumaram uma casa e uma escola incrível, perfeita para o Jack. E eu fiquei bem por um tempo. Vendi a mim mesmo a ideia de que assim seria melhor, especialmente para ele. Fiz o possível para conseguir fotos, ficar informado, me envolver em decisões sobre escola e saúde, manter sessões regulares de Skype e visitas. Não me passou pela cabeça que, depois de eles se instalarem não haveria mais fotos e praticamente nenhuma informação de qualquer tipo. O acesso seria permitido, mas, quanto aos detalhes da vida e da criação dele, eu senti que ficaria excluído desse circuito. Eu exercera tamanha pressão nela — e por tanto tempo — que acho que ela precisou de um recomeço, e a última coisa com que ela se importaria era me atualizar com as novidades dos dois.

Eu sou tão grato a ela por ainda ter permitido acesso ao Jack — muitas mulheres não teriam deixado nem isso. Ele e eu falávamos por Skype duas vezes por semana, e eu fazia viagens de vinte e cinco horas porta a porta com a maior frequência possível, hospedando-me num hotel e tentando o meu melhor para me mostrar firme para ele numa situação muito pouco estável.

Eu saía de casa, voava até Nova York ou Boston, esperava cerca de umas quatro horas por uma conexão até Pittsburgh, ia direto do aeroporto até a casa deles de táxi, pegava o menino, rumava para o hotel e passava uns quatro ou cinco dias com ele. A primeira vez que fiz isso foi pouco antes do Natal.

Hattie e eu estávamos dando um tempo — eu tinha surtado, achando erroneamente que não conseguiria me comportar como um adulto em nossa relação. Eu me sentia sufocando-a, oprimido, aterrorizado e imensamente triste pelo fato de meu filho estar a oito mil quilômetros de distância. Portanto, minha solução, claro, foi me assegurar de ficar sozinho. Esta é minha resposta padrão a qualquer coisa com a qual eu julgue impossível de lidar: afastar-me daqueles que me amam, em vez de procurá-los. Minha tristeza acabaria afogando-a, afastando-a de mim e, portanto, eu tinha de me antecipar. Uma puta de uma arrogância estúpida da minha parte.

Cheguei a Pittsburgh, peguei o Jack e fui para o meu hotel. Fazia um frio terrível, nevava, havia uma tristeza absoluta. Ele agora estava com sete anos.

Será que alguém é capaz de explicar a uma criança por que ela tem de morar do outro lado do mundo, longe do pai, dos amigos, de sua vida de antes? Será que alguém é capaz de explicar que o amor entre pessoas adultas às vezes diminui com o tempo, mas que o amor por uma criança só cresce? De que porra de jeito alguém pode oferecer à lógica incontestável e desolada de uma criança de sete anos de idade, que não consegue imaginar por que papai e mamãe, mesmo divorciados, não podem ser vizinhos um do outro, uma explicação que ela seja capaz de entender?

Houve um momento inesquecível, às quatro horas da manhã, em que eu, desorientado pela mudança de fuso, compreendi que era responsável por tudo de ruim na vida do meu filho.

E então pensei em Hattie lá em Londres, talvez se arrumando para sair com os amigos dela, certamente assediada por um monte de caras, e talvez até ela mesma dando em cima de alguém, e pensei também que poderia estar perdendo-a definitivamente. E me senti ainda mais afundado num buraco.

Liguei para ela. Não podia deixar de fazer isso — ela havia sido a primeira, a única mulher que realmente tinha me visto como eu era. Ela me conheceu logo depois de eu ter revelado e ter passado toda aquela merda e, portanto, conheceu meu verdadeiro eu, e não aquele conjunto de sintomas, minha máscara, aquela mentira cuidadosamente construída. Acho que foi por isso que vi o relacionamento como algo tão desafiador — eu era absolutamente um aprendiz em viver assim, um iniciante nessa história de ser eu mesmo, esforçando-me para não cair numa versão enganosa ou desencaminhada de mim. E, ainda assim, ela me amou, apesar de ter visto o que estava por baixo.

E, de novo, a bondade. A voz dela transmitia apoio, amor, compaixão. Ela disse que iria me esperar em Heathrow quando eu voltasse. Que eu só precisava deixar passar as próximas quarenta e oito horas, pegar alguns táxis, visitar alguns museus e pizzarias, ajudar a construir algumas boas memórias na cabeça do Jack. E foi o que eu fiz. E, quando voltei à Inglaterra, lá estava ela, no portão de desembarque às seis da manhã. Com aquele puta sorriso, o mais bondoso e delicado que eu já vi na vida.

Fomos para casa, fizemos um chá, fomos pra cama, ela deixou o passado de lado e, mais uma vez, mergulhamos na nossa relação; ela, com o coração um pouco mais abalado e um pouco mais frágil, resultado da minha instabilidade.

Entrei numa espécie de rotina com o Jack. Passei a visitá-lo umas duas vezes por ano, a mãe também vinha com ele umas duas outras, quando viajava a negócios, falávamos por Skype duas vezes por semana, e eu fazia o melhor possível para me focar em outras coisas, como Hattie e tocar piano, quando a saudade dele apertava.

Viver sem grana me deixava cada vez mais frustrado. Com música clássica, mesmo nas melhores fases, não rola muito dinheiro, mas, quando você parte do zero, aí não tem dinheiro nenhum. E, com todos os voos transatlânticos, os advogados do divórcio, psiquiatras e aluguel e tudo mais, a situação era desanimadora. Alguns anos atrás, na época em que eu pretendia virar agente, eu conhecera, meio por acaso, um cara chamado David Tang. Ele é uma espécie de zilionário de Hong-Kong, um cara impressionante, vistoso, assustador, brilhante. A gente se conheceu porque eu soube que ele era fã do Sokolov, e imaginei que talvez fosse bom conhecê-lo se eu quisesse montar minha própria agência. Então, consegui o endereço dele e deixei algumas gravações privadas do Sokolov, que eu havia conseguido com o empresário dele, e que sabia que Tang não teria. Ele ligou no dia seguinte, mandou seu Bentley com motorista me pegar e me levar até a casa dele para um chá e, então, alguns dias depois, me carregou junto até Veneza para ver o Sokolov tocar no La Fenice. Em agradecimento.

A maioria das pessoas envia um cartão e pronto.

Eu liguei pra ele, marquei um café e, do meu jeito tipicamente manipulador, comuniquei que estava passando por dificuldades, que não queria jogar a toalha e voltar para a City agora e perguntei se ele podia me ajudar. E ele fez isso. Sem pestanejar, simplesmente ligou para o seu banqueiro pessoal e definiu uma ordem de depósito mensal na minha conta. Como se estivesse pedindo um café no Starbucks.

Eu não estaria mais aqui se não fosse por ele. E, mesmo que, por algum milagre, eu ainda estivesse, com toda a certeza não estaria mais tocando piano. O dinheiro que ele me deu pagou as contas médicas, Billy e os outros psiquiatras, um piano melhor, me deu tempo e espaço para praticar, manteve minha cabeça mais ou menos em ordem e me permitiu focar naquilo que eu precisava fazer. Foi algo raro e incrível o que ele fez por mim. Ele achava que eu tocava bem, quis oferecer ajuda, não pediu nada em troca e, no que diz respeito a esses dezoito meses difíceis pós-divórcio, tornou tudo possível. Algumas coisas, você não tem como pagar, pelo menos não de imediato. Talvez chegue um tempo em que eu possa lhe retribuir cada centavo. Vai chegar, espero, um tempo em que eu tenha como praticar o mesmo ato de bondade com outra pessoa. Mas, nesse momento, eu só posso pensar naquilo que ele fez por mim, boquiaberto com a sua generosidade, e me esforçar ao máximo para não decepcioná-lo. Às vezes, eu me sinto o cara mais sortudo que eu conheço.

FAIXA QUINZE

Ravel, *Concerto em Sol para Piano*, Segundo Movimento
Krystian Zimerman, piano

Ravel compôs dois concertos para piano. Um deles foi composto só para a mão esquerda (encomendado por Paul Wittgenstein, um pianista austríaco que havia perdido o braço direito na Primeira Guerra Mundial), e o outro foi composto depois de uma turnê pela América do Norte, onde ele teve contato com o mundo do jazz — a obra toda tem forte influência do swing e dos clubes noturnos de jazz esfumaçados do Harlem.

Ele levou dois anos para concluir esse concerto, que talvez tenha o mais belo movimento lento de concerto jamais escrito. Lembro-me que, na infância, li a entrevista de alguém (é frustrante, mas não lembro quem foi, só sei que era um vigário ou algo assim) a quem se fez a seguinte pergunta: se o fim do mundo estivesse prestes a acontecer e o senhor fosse avisado com dez minutos de antecedência, o que faria? Ele respondeu que encheria um copo com uísque bem caro e ficaria ouvindo essa peça musical.

Ravel suou sangue para escrever cada nota desse concerto (escreveu a um amigo: "O Concerto em Sol Maior me consumiu dois anos de trabalho, como você sabe. O tema de abertura veio a mim dentro de um trem, entre Oxford e Londres. Mas a ideia inicial não é nada. Aí começou o trabalho de cinzelar. Já se foram os dias em que se imaginava o compositor como alguém tocado pela inspiração, rabiscando febrilmente suas ideias num pedaço de papel. Compor música é setenta e cinco por cento uma atividade intelectual". E, referindo-se ao segundo movimento, disse: "Essa frase fluente! Como eu trabalhei em cima dela, compasso por compasso! Isso quase me matou!".

A obra contém tudo o que firmou sua reputação como um dos maiores gênios musicais da França — melodias extraordinárias, orquestração impecável, uma profundidade de sentimento inacreditável.

Eu estava construindo com Hattie algo emocionante, embora ainda indefinível, aprendendo de um jeito difícil que a vida sem autodestruição é difícil mesmo, que ser pai a distância não é brincadeira e que, pela primeira vez na vida, ousava sonhar que fosse viável, pelo menos em potencial, seguir uma carreira em que eu pudesse fazer o que sempre gostara de fazer mais do que qualquer outra coisa.

Mergulhei ainda mais profundamente no piano, aprendendo novas peças, aprimorando a técnica, preparando, preparando, preparando. O primeiro CD estava pronto, depois de passar pelo processo de edição. Decidimos que o título seria *Razor Blades, Little Pills and Big Pianos* ("Lâminas de Barbear, Comprimidos Pequenos e Grandes Pianos"). Era suficientemente autobiográfico para definir, em poucas palavras, a maior parte de minha vida, e a ideia era que soasse diferente o bastante para chamar a atenção da imprensa musical. O mesmo valia para a arte da capa — eu não aguentaria ver outra capa de CD de música clássica com mais uma porra daquelas aquarelas francesas do século XVIII ou com a foto de um pianista fazendo caretas esquisitas. Conseguimos convencer Dennis Morris, que, por um tempo, fora o fotógrafo oficial do Bob Marley e tinha trabalhado com os Sex Pistols, a fazer as fotos, e o CD pronto parecia tão distante de um CD típico de música clássica que alguns críticos de música clássica acharam que os exemplares haviam chegado à sua mesa de trabalho por engano. Um jornalista americano chegou a dizer que havia tantas fotos minhas de Ray-Bans que achou que eu fosse cego. O que me deixou orgulhoso. De novo, porra, por que não? Por que não escolher uma capa de CD diferente do resto, com um toque mais trivial, com mais chance de atrair aqueles que estão descobrindo agora a música clássica, e que não impedisse automaticamente uma garota de dar uns amassos em você se visse aquele CD em cima de sua mesinha de bar?

Então, passei a ter meu CD à venda nas lojas. E não foi preciso eu mesmo gravar numa porcaria de um MP3 player, queimar uns CDs em casa e imprimir uma capa tipo lixo feita no meu computador, como eu já fizera, meio vexaminosamente, no passado. Deixando o ego de lado, foi um momento incrível para mim, e eu senti como o primeiro grande passo de uma carreira com que eu vinha sonhando desde criança.

Em 2010, poucos meses depois de *Razor Blades* ser lançado, a BBC entrou em contato com Denis e comigo para fazer um documentário sobre Chopin, para o seu bicentenário. Foi meu primeiro trabalho para a TV e uma experiência bem estimulante. Viajei até a Polônia, conheci o lugar em que Chopin nasceu, a casa na qual ele passou a adolescência, o túmulo onde eles mantêm seu coração, o piano que ele usava para compor. Fomos até Paris e filmamos à meia-noite na Place Vendôme, improvisando peças para a câmera. Entrevistei pianistas legendários, como Emanuel Ax e Garrick Ohlsson, ao piano e fiquei muito entusiasmado. Filmamos uns dois concertos meus em que eu tocava Chopin e, juntando tudo, essa foi, sem dúvida, a coisa mais divertida que eu já havia feito sem narcóticos. Soube então que a TV era algo que eu realmente queria fazer. A razão era evidente: as técnicas de edição me faziam soar mais articulado do que eu era, eu recebia dinheiro para falar sobre coisas que, de qualquer modo, eu não seria capaz de ficar sem falar e ainda tinha a oportunidade de conhecer meus heróis e viajar pelo mundo.

A essa altura, Denis começou a agendar para mim alguns concertos maiores: um no Queen Elizabeth Hall, onde eu vi tocar a maioria dos meus ídolos da infância, como Sokolov, Zimerman e Brendel, e um na Roundhouse, onde todo mundo tocou, de Pink Floyd a Jimi Hendrix.

Um dia de manhã, num café, Denis e eu estávamos batendo papo sobre esses concertos. Os recitais de piano seguiam um formato consagrado e rigoroso. Gravata branca e fraque para o intérprete (ou, no mínimo, terno/smoking). Nada de conversa com a plateia. Entrar no palco, tocar e sair. A plateia já contava com informações no programa, e as luzes da sala eram fortes o suficiente para que as pessoas pudessem lê-las durante a execução. Nesses locais, não se permitia consumir bebida; se alguém batia palmas entre um movimento e outro, os demais faziam cara feia, e esperava-se que o público já soubesse o suficiente sobre a música para "compreendê-la".

"Você se lembra da primeira vez em que tocou na Sala Steinway a Chacona?", perguntou ele.

"Claro que eu lembro. Foi a vez em que eu toquei melhor!"

"Bom, fiquei pensando nisso, no seu jeito, tagarelando sobre a peça, sobre o Bach, sobre o que ela representava pra você. Depois você simplesmente sentou e tocou, e depois pulou do banquinho e começou a falar que queria tomar um café, como se tivesse acabado de fazer a coisa mais banal do mundo. E eu lá, tentando me recompor de uma onda avassaladora de emoção, e então fiquei pensando: e se a gente fizesse do mesmo jeito num concerto? Você apresenta as peças, fala dos compositores, bate papo com a plateia entre uma peça e outra. Faz isso com suas próprias palavras, e não com base em algum ensaio de um doutor de Oxford que conste do programa, e se veste do jeito que quiser. Então, a gente mantém as luzes apagadas e transforma a coisa toda mais numa experiência de imersão, numa coisa informal. O que você acha?"

Dizem que toda boa ideia começa como blasfêmia, como desafio à ordem estabelecida. O fato é que isso soou perfeito para mim. Meu Deus, como eu teria adorado que qualquer um desses pianistas a que eu ia assistir na infância falasse conosco. Imaginar Kissin, Zimerman ou Richter dizendo à plateia por que haviam escolhido tocar aquela sonata do Beethoven em particular, o que ela significava para eles, isso teria sido meteoricamente incrível. O setor de música clássica atende a uma pequena porcentagem da população, especialmente no Reino Unido. É quase sempre dirigido por uns caras pomposos, arcaicos, que parecem ter um prazer perverso em manter a música "séria" como privilégio de uma pequena elite que eles julgam rica o suficiente (e, portanto, inteligente o bastante) para compreendê-la. Beethoven é seu puteiro de luxo, e as únicas pessoas que eles querem convidar são aquelas que sabem qual é o talher correto para comer peixe e qual é a diferença entre o índice Köchel e os números de opus.

Simplesmente são muitos os problemas, as complicações e as dificuldades da música clássica. Como gênero, ela parece ter-se tornado o equivalente musical de se masturbar chorando — chorar enquanto você bate uma punheta porque morre de vergonha daquilo em que está pensando. A música clássica tem de parar de ficar pedindo desculpas. Os problemas precisam ser identificados e aceitos, no estilo de uma reabilitação; caso contrário, não haverá qualquer esperança de uma mudança permanente.

Em primeiríssimo lugar, o nome. Clássica. Por quê? Como comentei no início deste livro, dá a impressão de uma coisa fora de moda, irrelevante, antiga, inacessível e, acima de tudo, chata. Por acaso uma nova produção do *Rei Lear* é chamada de teatro clássico? Você por acaso vai a uma exposição numa galeria de arte clássica? É foda. Parece que a música é que insiste em segregar a si mesma. Há emissoras de rádio eruditas, concertos de música clássica, compositores eruditos, revistas de música clássica, seções de CD de música erudita, músicos eruditos. Sinta-se à vontade para substituir os termos "clássico" ou "erudito" por esnobe, inteligente, respeitável, mais profundo. A maior parte das pessoas envolvidas no universo da música clássica ou erudita age como se ela fosse todas essas coisas.

O outro grande problema desse mundo bizarro, eclético e fechado é, sem dúvida, as pessoas envolvidas, pois a maioria senta a bunda em cima desse "clássico". São quatro categorias distintas: intérpretes, guardiões do portal, executivos de gravadoras e críticos. Como acontece com toda generalização, há umas poucas exceções ao que vou dizer a seguir, ou seja, pessoas do setor que têm um amor genuíno pela música e o desejo de fazer com que se torne vibrante e acessível. Mas qualquer um que olhe para esse meu setor de fora verá a maioria das pessoas dentro dele da maneira que exponho agora:

a) Os intérpretes. Em geral, são retardados sociais, gente muito esquisita. Quase todos se encaixam na escala entre Asperger e autismo (esse é o meu caso — não é uma crítica, mas faz com que a gente seja difícil de lidar). Têm um gosto dúbio e pavoroso para se vestir (aquelas malhinhas de pedófilo ou, então, o modelito gravata branca e fraque mal-ajustados). Castrados emocionalmente, assexuados ou afetadamente efeminados, com aquele ar bizarro de *serial-killer* ou de lunático murmurante com um número acima da média de fetiches sexuais. Muito inteligentes, sem dúvida, mas praticamente incapazes de estabelecer uma interação social normal. Nos concertos, entram, tocam e vão embora. A interação com o público é um evento raríssimo e, em geral, imposto pela gravadora (ver adiante), que organiza uma sessão de autógrafos do CD depois do concerto. Quase não se tem notícia de que algum deles fale com a plateia (a não ser para anunciar o nome do "bis", sempre pronunciado num tom monocórdico). Esses caras (e moças), talvez mais do que quaisquer outros, são os únicos responsáveis pelo estado atual da música clássica. Essa aversão social é muitas vezes uma máscara do ego — recusar-se a tocar em locais que não tenham prestígio suficiente, evitar o contato com fãs e plateia, adotar uma atitude do tipo "deixem-me em paz com a minha genialidade, porque só isso já basta para a coisa dar certo". Bem, não basta. Não mais.

b) Guardiões do portal. São aqueles sujeitos (noventa e nove por cento homens, brancos e idosos) que dirigem as salas de concertos e as agências de espetáculos. Nos últimos tempos, como o público foi definhando, sumindo, e houve corte nas verbas públicas, viram-se obrigados, a contragosto, a tolerar a inclusão de um público mais jovem e menos iniciado, mas na realidade não fizeram absolutamente porra nenhuma para isso, além de promover concertos no fim da noite e usar fontes tipográficas diferentes nos folhetos impressos. A maior parte é incapaz de tomar alguma iniciativa, tomando champanhe e puxando o saco dos ricos patrocinadores antigos, na crença de que toda mudança é monstruosamente nociva, de que ter um público mais jovem seria algo catastrófico para o setor e de que a sua sala, orquestra, instituição está se virando muito bem do jeito como as coisas estão, obrigada. Agem como a mãe do Bernie Madoff,[8] levando a vida na boa sem saber de nada, na inabalável certeza de que a coisa toda é um grande

---

[8] Bernard Lawrence "Bernie" Madoff (Nova York, 29 de abril de 1938), presidente de uma sociedade de investimento das mais importantes de Wall Street, foi detido em 2008 pelo FBI, acusado de uma fraude de mais de 65 bilhões de dólares. Em 2009, foi condenado a cento e cinquenta anos de prisão por um tribunal de Nova York. (N. T.)

equívoco e de que o dinheiro dela está absolutamente seguro e nada de ruim vai acontecer.

Para mim, a parte mais desprezível disso tudo é que eles partem do pressuposto de que um novo público iria, de algum modo, banalizar o mundo da música clássica. Rezam a Deus para que não apareça ninguém de calça jeans ousando aplaudir na hora "errada". Que se você não for membro da Ordem do Império Britânico, não tiver se formado em Oxford ou Cambridge, não ganhar mais de oitenta mil libras por ano nem for uma paródia de si mesmo com nó de gravata Windsor, irá depreciar o imaculado, refinado, ultrafrágil e culturalmente sagrado mundo da música clássica. Vá a qualquer sala de concerto "reconhecida" do Reino Unido e você verá uma plateia com apenas dez por cento de estudantes de música, oitenta e cinco por cento de gente acima de cinquenta anos preenchendo um ou vários desses requisitos mencionados e somente cinco por cento de fãs comuns e decentes de música, sem qualquer pretensão e com amor genuíno pela música clássica (esse parágrafo só soa como um baita clichê porque ainda é muito verdadeiro).

c) Gravadoras. Selos ingênuos, pequenos (invariavelmente), tímidos, dirigidos por gente bem-intencionada, dócil, sem o menor tino comercial e sem o mínimo desejo de pelo menos tentar algo diferente. Que oferece ao mercado capas de CDs e cartazes promocionais que transmitem uma coisa tediosa, negligente (artistas que parecem sofrer de prisão de ventre, aquarelas francesas, cenas abstratas em cores pastel, Lang Lang com os dedos pintados como teclas de piano, que merda); notas de capa escritas por acadêmicos que fizeram livros sobre a forma-sonata do século XVIII; uma verba de marketing de trinta libras; uma preguiçosa condescendência em aceitar ser colocado entre milhares de outros produtos similares no porão da HMV, onde você precisa arrumar uma lanterna de cabeça e não ter absolutamente nenhum senso de ridículo para se dispor a entrar; um diretor-geral do selo (que, além disso, também é diretor artístico, gerente de marketing, xerocador e *fluffer*)[9], para quem fazer uma ligação para a iTunes/HMV/Amazon e se informar sobre algum tipo de promoção ou operação de *cross-marketing* é algo tão estranho quanto o Pol Pot adotar um cãozinho abandonado. Esses caras estão aos poucos, mas certamente, drenando a energia vital do negócio e vêm fazendo isso há anos. Existem, graças a Deus, umas duas ou três exceções notáveis, gente que está abrindo novas frentes e assumindo alguns riscos, e que, se fosse há uns cinco anos, teria sido apedrejada até a morte por isso.

As ramificações de música clássica dos grandes selos (Sony Classical, DG, WCJ etc.) talvez sejam os casos mais tristes. A maioria foi chutada para fora das matrizes e enfiada em parques industriais chinfrins, com um staff de três pessoas, um orçamento que encolhe a cada ano, a proibição de fazer novas contratações e a vergonha de ser o irmãozinho menor de um grande selo, transformado em um estuprador em série de velhinhas. Ignorados e olhados com desdém pelos irmãos mais velhos da divisão principal de rock, sobrevivem à custa de um antigo catálogo que remonta à fase áurea das décadas de 1950 e 1960.

A solução aparentemente fácil para eles é o *crossover*. Reunir um grupo de jovens bonitinhos, dar-lhes um banho de loja, fazê-los tocar uma combinação de trechos

---

[9] No cinema pornô, o *fluffer* era até bem pouco tempo a pessoa encarregada de manter o órgão genital masculino estimulado entre uma tomada de cena e outra. Com o aprimoramento dos recursos de edição digital, gravar uma cena exige agora pausas bem menores, e a ocupação foi perdendo sentido. (N. T.)

curtos e conhecidos de obras mais longas e de transcrições de "Waltzing Matilda", do Fantasma da Ópera etc., e esperar, avidamente, que as pessoas comprem essa mentira, achando que é "música clássica", e que gastem dinheiro com ela.

d) Críticos. O crítico é aquele músico fracassado, solitário, amargurado, um imbecil disfarçado de intelectual idiota. A epítome de tudo o que há de errado na música clássica hoje. Falastrões cheios de desdém, esnobes, mal-informados e perversos, que não seriam levados a sério em nenhum outro setor do jornalismo, e que alegremente prostituem seu texto mal pago para os poucos que se dispõem a prestar atenção. Os críticos de música erudita deviam ser vistos, pelo menos a maioria, como meninos mal-humorados, obesos, que conseguiram sobreviver a anos de *bullying*, que já desistiram há muito tempo de seus sonhos de fazer algo criativo e de valor, e que agora insistem em chatear mortalmente qualquer um que lhes dê ouvidos (basicamente, os outros críticos, as plateias senis de música clássica, um ou outro estudante de música e alguns poucos juízes do Supremo Tribunal).

Sem dúvida, há muitos problemas no mundo da música. A visão estreita da maioria daqueles que estão em posição de influência, a recusa infantilizada, derivada, em grande parte, do medo e do conservadorismo, de tentar alcançar um público mais amplo, o apego desesperado ao que é familiar, apesar da esmagadora evidência de que estão em um navio que afunda, o horror e a imediata reação agressiva a qualquer um que ouse tentar coisas novas com a música antiga e, o mais deprimente de tudo, o desejo mesquinho e interesseiro de manter essa música incrível só para si e para alguns seletos membros que se encaixam em seus critérios de ouvintes dignos.

Parece que as pessoas que estão por trás da música clássica perderam de vista o fato de que os próprios compositores foram, na realidade, os astros de rock originais. Hoje, a expressão "astro do rock" traz à mente ensaios fotográficos na revista *Heat*, tatuagens, frases de efeito como "separação consciente", ser jurado no *Got Talent* da Grã-Bretanha. Naquela época, significava cabelo desgrenhado, algum tipo de doença venérea, loucura e pobreza. Eram, em grande medida, uns filhos da puta malucos, depravados e gênios, que ririam até mijar nas calças das ideias de performance às quais os guardiães da música clássica de hoje se aferram tão rigidamente. Eles não atiravam o televisor pela janela do hotel; atiravam a si mesmos.

Beethoven mudou de casa setenta vezes. Era desajeitado, tinha péssima coordenação, não conseguia dançar, cortava-se ao fazer a barba. Era taciturno, desconfiado, hipersensível, incrivelmente desmazelado e mal-humorado. Mas seguiu em frente e alterou o curso da história musical. Em 1805, compôs a Sinfonia "Eroica", e a música foi arrastada à força para o século XIX. Enquanto todos os demais compositores tentavam seduzir suas plateias, ele arrombou portas a pontapés e colocou bombas debaixo dos assentos do público. A ideia de obrigar a plateia a sentar em silêncio, sem aplaudir entre os movimentos, teria feito Beethoven dar gargalhadas.

Schubert, apelidado de "Pequeno Cogumelo", por ser muito baixo e incrivelmente feio, era espetacularmente malsucedido com as mulheres e, na única vez em que se deu bem, contraiu sífilis. Um amigo dele disse: "Com que força o desejo de prazer arrastou sua alma até o lamaçal da degradação moral". Schubert, conforme ele mesmo admitia, veio ao mundo "sem nenhum outro propósito a não ser compor", e ganhou em dinheiro o equivalente hoje a cerca de sete mil libras (no total) nos últimos doze anos de sua vida, tendo menos de dez por cento de sua produção publicada em vida. Era um cara pobre, extremamente sensível, perdeu todo o cabelo, morava em casas abandonadas e teve uma vida infeliz de provações incessantes. Será que, quando sua música era tocada, ele se preocupava em ver se os intérpretes ou os espectadores estavam vestidos adequadamente?

De Schumann (que morreu sozinho e infeliz em um hospício) a Ravel (cujas experiências dirigindo caminhões e ambulâncias na Primeira Guerra Mundial mudaram sua vida para sempre), os grandes compositores eram malucos e geniais e, se viessem hoje a um concerto e vissem os preços dos ingressos, a plateia, a apresentação e a pretensão que cercam sua música, ficariam muito putos.

Não admira que eu quisesse tanto fazer diferente.

E tive a sorte grande de encontrar um empresário com a mesma sintonia. Agora ele se tornara também diretor, além de empresário. Poucos dias antes da apresentação no Roundhouse, fomos até a Steinway, e eu fiz o programa inteiro, de cabo a rabo, falando sobre Bach, Beethoven, Chopin, as peças, por que, quando, como. Fugiu um pouco daquele foco absoluto em simplesmente tocar as notas, mas não a ponto de tornar a coisa toda inviável. Só precisei me concentrar um pouco mais, lembrar-me de mais algumas coisas e tentar não falar nada muito impróprio.

Chegou o dia do concerto, e eu fui até a sala. Havia oito câmeras posicionadas pelo auditório, mais uma câmera junto ao teclado e dois grandes telões no palco. A ideia era a gente projetar um vídeo ao vivo a partir de diferentes ângulos enquanto eu tocava. Assim, as pessoas nos lugares mais baratos poderiam ver tudo com clareza e, em todas as passagens realmente complicadas nas quais eu gastara milhares de horas trabalhando, todo mundo poderia ver minhas mãos em *close-up*, porque é algo impressionante e eu sou muito vaidoso.

Foi uma experiência incrivelmente intensa. Pela reação posterior, ficou evidente que a maior parte da plateia nunca havia assistido a um concerto de música clássica, e que a idade média era de vinte e poucos a trinta anos, bem distante dos usuais cinquenta e poucos anos do público do Wigmore Hall. Eu apresentei todas as peças, contei histórias sobre os compositores, toquei com todo o meu coração e tive vontade de fazer tudo de novo.

Lembro que, quando era criança, eu assistia a vídeos do Glenn Gould conversando com a plateia em Moscou e do Bernstein falando do palco antes de reger cada obra-prima, mas não tenho registro, em minha memória recente, de ninguém que tenha falado bastante antes de tocar num concerto de música clássica, a não ser o Daniel Barenboim, que, do pódio, falou brevemente sobre o Schoenberg no Festival Hall há alguns anos (o que representou tamanha ruptura com a tradição que saiu até nos jornais). E parece que funcionou bem soltar uma piada ou outra, contar episódios sobre o Bach brigando e trepando, sobre o Beethoven quase sendo morto de pancada pelo pai bêbado, ou relatar por que eu queria tocar cada uma daquelas peças especificamente. Ver a plateia aplaudir tanto a fala quanto a execução, e ouvir risadas em um concerto de música clássica, tudo isso parecia confirmar que esse era um bom rumo a seguir. Eu estava finalmente fazendo o que sempre havia sonhado fazer. Nunca senti tanta satisfação em toda a minha vida.

E, umas duas semanas mais tarde, fizemos exatamente a mesma coisa, mas sem os telões, no Queen Elizabeth Hospital. De novo, uma plateia de jovens, expressões divertidas no rosto do pessoal técnico atrás do palco, que nunca havia microfonado um músico erudito antes, risadas, música, iluminação discreta, silêncio absoluto da plateia enquanto eu tocava, um rolê no bar depois com algumas das pessoas que tinham vindo ouvir. Para mim, essa foi a maneira perfeita de dar um concerto. Sem aquelas bobagens e questões de ego todas que envolvem muito do setor da música clássica e, no entanto, sendo fiel à razão principal pela qual fazemos esse trabalho — a música.

Existe um puta monte de regras estúpidas estabelecidas em torno de um concerto erudito: o código de vestuário, o tipo de performance, as notas do programa, a iluminação, a apresentação, o formato de concerto, o aplauso, a escolha do repertório, o timing, a etiqueta do intérprete e do público, a escolha do local para tocar e assim por diante.

Denis e eu sempre seguimos apenas duas regras: nada de *crossover*, de contaminação de gêneros musicais diferentes (não porque eu seja contrário a ele como gênero, mas porque simplesmente não cabe quando vejo que ainda existe tanta música clássica à disposição), e nada de abastardar a música (o que, em muitos aspectos, é a mesma coisa). Tudo o mais está valendo, e o jogo é aberto. Por exemplo, se eu descubro que um dos meus concertos ainda não está com todos os ingressos vendidos, digo ao Denis para dar os que sobraram. Afinal, por que raios a gente não deve oferecer às pessoas a oportunidade de uma noite de música de graça? Felizmente, e para a alegria dos meus promotores, as coisas estão agora num pé em que eu não tenho mais que fazer isso. Mas a questão é, era e sempre será lotar as casas, escolher música que seja imortal e acessível, tocar o melhor que eu puder, falar sobre música, usar roupas confortáveis e, em vez de adotar o padrão de performance da década de 1930, deixar que a plateia entre com bebidas, diminuir as luzes até ficar tudo quase na penumbra total. Tornar o evento imersivo, intimista, estimulante e informativo. Rasgar o manual de regras e simplesmente fazer o que eu acho certo.

Estávamos definitivamente começando a fazer tudo isso quando decidimos ir em frente. Foi difícil e frustrante tentar encontrar pessoas no setor que pensassem de modo parecido, que estivessem abertas a olhar e a apresentar a música clássica de um modo diferente. Eu sabia que sempre haveria público para os pianistas imortais deste mundo, os Kissin, Zimerman e Argerich, e sem dúvida teria de haver. No entanto, muito mais importante, eu sabia que deveria haver pelo menos quarenta e cinco milhões de pessoas só no Reino Unido que nunca tinham ouvido antes uma sonata de Beethoven inteira, e isso era algo que eu achava profundamente deprimente. Não era o caso de pregar para os já convertidos, ou de simplesmente pregar a quem quer que fosse. Tratava-se apenas de atingir o maior número possível de pessoas com algo que talvez elas sequer tivessem ouvido até então, e de fazer isso de uma maneira que tornasse a coisa acessível e confortável para todos. Não havia nenhuma missão envolvida — assassinos em série é que partem em missão —, mas a sensação era de que se tratava de algo urgente, importante e verdadeiro e, com a exceção de Hattie, não havia muita coisa assim acontecendo na minha vida àquela altura.

Começamos a receber bastante atenção da imprensa, tanto positiva quanto negativa. Teve um babaca do *Daily Telegraph* que começou seu artigo dizendo que nunca ouvira falar de mim, nunca me ouvira tocar, nunca assistira a nenhum dos meus concertos nem ouvira um CD meu, mas disse que eu era uma cara arrogante, que estava tentando "salvar" a música clássica usando tênis e jeans, sendo que a música clássica vinha se saindo muito bem sem mim, muito obrigado etc. etc. A gente sabia que isso ia acontecer, especialmente com a brigada da velha escola da música clássica. O que se mostrou inesperado, e muito agradável, foi o número de críticas realmente excelentes que eu recebi pelo CD e pelos concertos. Sei que a meta deve ser ficar imune tanto às críticas quanto aos elogios, mas eu sou humano, e essa coisa toda me afeta. Papo furado a pessoa dizer que não se importa. Especialmente em se tratando daqueles de nós que, já de saída, se sentem como uma fraude gigantesca, e que não acreditam em bons comentários, mas têm plena certeza de que os negativos são verdadeiros.

Se você é uma pessoa para quem a ideia de assistir a um recital de piano é tão atraente quanto ir ao dentista, talvez fosse bom aparecer num dos meus concertos. Traga o namorado ou a namorada, será um evento informal, inclusivo, mas a música será grandiosa. E, se eu não for o que você esperava, então tente o Wigmore ou o Festival Hall. Vá ver o Stephen Hough, o Daniil Trifonov, ou qualquer um da centena de pianistas classe A do circuito. Faça isso agora mesmo. Investigue algo novo e veja aonde isso pode levá-lo. A experiência desse tipo de música ao vivo é uma coisa extraordinária.

Eu estava, pela primeira vez em muito tempo, num lugar realmente bom, tanto emocional quanto fisicamente. Uma namorada linda e boa-gente, um empresário genial, dedicado, concertos e música no centro do meu mundo, aos poucos aumentando as chances de que a carreira dos meus sonhos pudesse realmente decolar. E com a crescente sensação de estar aceitando o fato de Jack estar em outro país, além de esperança de que ele e eu pudéssemos, mesmo assim, manter algum tipo de relacionamento.

FAIXA DEZESSEIS

Schumann, *"Variações Geister" para Piano*
Jean-Marc Luisada, piano

Compositores e doença mental andam de mãos dadas, assim como os católicos e a culpa, ou os Estados Unidos e a obesidade. Schumann foi um dos muitos afetados por depressão severa. Atirou-se no Reno e depois, como não conseguiu se matar, internou-se voluntariamente e morreu sozinho e amedrontado em um hospício.

Dias antes de tentar se matar, escreveu suas "Variações Geister (Fantasma)", assim chamadas porque, segundo o compositor foram fantasmas que ditaram a ele o tema de abertura.

É. Bem maluco.

Não consigo pensar em uma composição para piano mais particular, mais enclausurada, intensa e concentrada. O tema, que raramente ultrapassa uma dinâmica forte, é um coral que, aos poucos, suavemente, desenvolve-se e se torna algo que vai bem além das palavras. Vemos aqui o mundo esquizofrênico, deprimido e perdido de Schumann, exposto em sua nudez a nossos pés.

Em meio a toda aquela divulgação de imprensa, que começava a acontecer nessa época, concedi uma entrevista ao *Sunday Times*. Nela, mencionei o abuso sexual que havia sofrido na escola — era um parágrafo curto numa matéria de página dupla. A mulher que trabalhara como orientadora na ocasião leu a entrevista e entrou em contato comigo (o Facebook é bom para algumas coisas, parece). Contou que fora informada na época de que algum tipo de abuso estava acontecendo (embora, em sua ingenuidade, não imaginasse que fosse abuso sexual), que ela costumava me encontrar chorando, com sangue nas pernas, implorando para não ir mais à aula de educação física. Ela havia procurado a diretora da escola, mas esta, bem ao estilo década de 1980, limitou-se a dizer: "O pequeno Rhodes precisa ser um pouco mais durão. Não dê bola pra isso, não". E foi o que ela fez. Contou também que depois saíra do emprego para ser capelã de prisão. E, então, dez anos mais tarde, leu minha entrevista e entrou em contato para ver se conseguiria me ajudar a fazer justiça. Certo, com vinte e cinco anos de atraso, mas tudo bem. Ainda fico um pouco puto com isso.

Ela fez um relatório à polícia (aquele que eu já incluí neste livro). Voltei à polícia com meu empresário assim que eles receberam o relatório, e tentamos de novo. Talvez ele tenha mencionado a cobertura da imprensa e os advogados da gravadora. E, como esperado, encontraram o cara. Já tinha uns setenta anos. E trabalhava em Margate. Como instrutor de boxe, por meio período, treinando meninos com menos de dez anos.

Depois de longos interrogatórios, prenderam o sujeito sob dez acusações de sodomia e assédio sexual.

E então, quando as pessoas vêm me dizer que eu fico falando no abuso sexual que sofri como uma maneira de vender mais CDs ou de angariar compaixão (isso acontece), sempre conto a elas essa história e pergunto se prefeririam que eu tivesse ficado em silêncio e que o cara ainda estivesse por aí treinando seu sobrinho, filho ou neto de oito anos. Idiotas.

A última notícia que eu recebi da polícia foi de que ele tivera um infarto e por isso fora considerado incapaz de se submeter a um julgamento. Morreu logo depois de eu receber essa notícia. Muitos dos livros que li e dos grupos de apoio que frequentei falam em perdão. Eles sugerem escrever cartas àqueles que nos ofenderam, especialmente se não estiverem mais vivos, e que a gente ressalte o impacto que suas ações tiveram em nós e naqueles que amamos. Sob vários aspectos, este livro é exatamente isso. É a minha carta a você, Peter Lee, enquanto você apodrece no seu túmulo asqueroso, para que saiba que não saiu ganhando. Que o nosso segredo não é mais um segredo, não é mais um vínculo que a gente compartilhe, que eu não tenho nenhum tipo de conexão privada íntima com você. Nada daquilo que você fez comigo foi inofensivo, agradável ou amoroso, apesar do que você declarou. Foi simplesmente uma abominável e invasiva violação da inocência e da confiança.

Eu só posso esperar que pessoas como o senhor Lee, que ativamente procuram e se envolvem com seu desejo sexual por crianças, vejam, vejam de fato, o dano que isso causa. Que passar por cima disso ou justificar como algo consentido e aceitável, como expressão de amor, está tão distante da verdade quanto seria possível que estivesse.

O perdão é um conceito maravilhoso. É algo que eu aspiro alcançar, mesmo que às vezes pareça apenas uma fantasia impossível, embora desejável. Houve incidentes demais de abuso na minha vida. Eu estou comprometido a compartilhar apenas as partes disso com que sou capaz de lidar sem implodir de vez. E isso já é suficientemente bom pra mim. Tem de ser. Há outras pessoas do meu passado que sabem mais coisas que deviam saber, e terão de fazer as pazes com isso, do mesmo jeito que estou tentando fazer. Talvez um dia eu perdoe o senhor Lee. É mais provável que isso aconteça se eu descobrir um meio de perdoar a mim mesmo. Mas a verdade, pelo menos para mim, é que o abuso sexual de crianças raramente termina em perdão, se é que isso alguma vez acontece. Leva somente a pessoa a se culpar, a uma raiva visceral, dirigida contra si, e a um sentimento de vergonha.

Abuso sexual de crianças.

Algumas pessoas leem essa frase e se sentem horrorizadas; outras ficam excitadas, algumas sentem raiva e outras, ainda, tesão. É interessante notar que, pelo simples fato de escrever essa frase, eu tenho vontade de desaparecer por um tempo e fazer algo destrutivo, dispersivo, qualquer coisa para evitar esses sentimentos. Trinta anos depois, e eu ainda estou lá, dominado e com dor e sentindo como se tudo aquilo fosse culpa minha. Só por eu ter escrito algumas palavras a respeito. É terrível o poder inerente que essa merda tem de foder você, bastando apenas um olhar de esguelha depreciativo.

Quando o lamentável caso de Jimmy Savile veio à tona, pediram que eu me manifestasse, escrevendo algo para o *Daily Telegraph*. De algum modo, nessa época eu já conseguira uma voz e certo status na mídia, o que me permitia falar sobre tais assuntos, na esperança de dar uma contribuição, ainda que modesta, às mudanças que já estão ocorrendo desde que mais pessoas começaram a se expor. A íntegra do artigo está no Apêndice deste livro, e escrevê-lo me tirou do prumo por algumas semanas, porque, bem, é alimentar uma coisa que eu gostaria que ficasse escondida num canto escuro, me consumindo por dentro.

Mas lançar luz sobre questões desse tipo é muito importante. E receber centenas de mensagens de apoio e agradecimento de pessoas que também passaram por experiências similares foi uma indicação para mim de que ainda é preciso falar mais a esse respeito.

Denis e eu déramos um pequeno *start* à minha carreira musical. Um CD, um pouco de divulgação na imprensa, alguns concertos. Tínhamos algumas boas ideias, e foi uma sorte contar com a GHP, a empresa de turnês que cuida do grupo Stomp desde o início, e que ajudou a reservar locais para concertos, tanto os de música clássica como aqueles, em geral, usados para outros eventos. Era suficiente para me manter ocupado, mas, apesar de eu estar num momento mais equilibrado, ainda havia momentos durante o dia em que me sentia em pânico — medo do fracasso, de uma agenda de concertos praticamente vazia, o horror de ter investido tudo para me tornar um concertista de piano e a possibilidade de tudo desmoronar a qualquer hora e terminar num fracasso abjeto. O fato é que eu costumava me sentir exatamente do jeito que me sentia quando trabalhava na City, ou servia hambúrgueres no Burger King, ou em qualquer outro emprego. Eu sou precondicionado e tenho todos os circuitos prontos para temer o pior, acreditar em cada voz negativa da minha cabeça e esperar que aconteçam coisas terríveis. Simplesmente é desse jeito que eu funciono. Do lado positivo, é algo que me mantém alerta, sedento de coisas novas e que me estimula a trabalhar duro. Do lado negativo, bem, eu piro, fico estressado, com um ciúme doentio do sucesso alheio.

Também voltamos para o estúdio com o meu grupinho eclético de engenheiros de som e produtores para gravar o segundo CD, *Now Would All Freudians Please Stand Aside* ("Agora, por favor, freudianos, saiam todos do caminho"). Essa era uma das minhas frases do Glenn Gould favoritas. Gould, um músico extravagante, que cagava e andava para o que as outras pessoas achassem dele ou do seu jeito de tocar. Ele interpretou Bach como ninguém jamais imaginou que seria capaz, antes ou depois dele, foi capa da *Time*, teve suas execuções colocadas na nave espacial *Voyager* como exemplo para as formas de vida alienígenas de quanto a raça humana pode ser assombrosa e morreu de infarto fulminante em 1982, sem dúvida ajudado por sua épica dependência de medicações prescritas. Deixou de se apresentar em público incrivelmente cedo, porque sentia que a plateia sempre era hostil e ficava esperando que ele errasse alguma nota. Dedicou o resto da vida a gravações de estúdio, acreditando (com razão, como se veria mais tarde) que havia um grande futuro nas gravações e que havia avanços nessa tecnologia. Adorava a segurança de um estúdio de gravação — para ele, o lugar mais acolhedor do mundo. E depois de gravar cinco CDs, eu continuo concordando plenamente com ele. Algumas das horas mais gratificantes, divertidas e concentradas que passei na vida foram dentro de um estúdio.

Gould também era louco de carteirinha. Usava casacos pesados, chapéu e cachecol em pleno verão, despejava água fervente nas mãos e nos braços antes de tocar, tomava comprimidos como se fossem balinhas, ligava para os amigos (e para estranhos) às três da manhã e ficava falando com eles mesmo depois de adormecerem, investia na Bolsa, odiava ter companhia e foi o cara da música erudita que mais se aproximou da condição de astro de rock. Quando mais jovem, era doido por estrelas de cinema. E tocava piano como um deus. Estou absolutamente certo de que um de seus dois grandes discos das *Variações Goldberg* entrou em mais listas de "discos que você levaria para uma ilha deserta" do que qualquer outra gravação de música clássica.

No CD *Freudians,* decidi fazer outro programa variado. Nunca fui muito fã de dedicar um CD inteiro a um único compositor, especialmente quando se trata de uma plateia nova. Ter escolha sempre é bom, e Bach, Beethoven e Chopin são minha Santíssima Trindade. Mike Hatch operando sua magia com o som e os microfones e o gênio da produção John West (que, infelizmente, não está mais entre nós, graças à porra do câncer) tornaram a coisa mais fácil do que eu merecia. Os caras que ficam nos bastidores da música nunca recebem créditos suficientes, e esses camaradas foram de uma competência incrível para polir minhas tentativas vacilantes e transformá-las em algo minimamente decente.

Freudians ainda é meu disco favorito e aquele do qual mais me orgulho, talvez porque contenha duas das maiores obras-primas da música: a *Sonata Opus 109,* de Beethoven, e a *Sexta Partita,* de Bach.

E também decidimos colocar no CD umas poucas entrevistas em que eu falo sobre as peças e o processo de gravação, espero que sem aquela pose indulgente em que é tão fácil cair quando se fala (agora com sotaque de Los Angeles) do "meu processo criativo".

É esse o problema com as carreiras. Ficamos tão encantados e habituados com essa história de "sucesso da noite para o dia", tão promovida por *X Factor* e por *Got Talent* na Grã-Bretanha e por outras bobagens do gênero, que facilmente achamos que o sucesso não está acontecendo com a rapidez que gostaríamos. Só Deus sabe quantas vezes aconteceu, ainda acontece, de eu desejar que minha carreira evolua mais rápido. Mas depois olho para amigos bem-sucedidos, que eu admiro — como Benedict Cumberbatch, que, por mais de uma década, atuou em pequenos papéis em *Heartbeat* e em muitas outras produções de teatro que passaram despercebidas antes de estourar com *Sherlock*; e, até mesmo Derren Brown, antes de sua carreira decolar, batalhou com showzinhos de mágica em casas noturnas de Bristol por bem mais tempo que isso.

Sinto um terror entranhado em mim de que as coisas boas escapem da minha mão. Que, a não ser que eu controle e conduza tudo e faça a gestão dos detalhes e fique obcecado e preocupado e pressione e persiga, as coisas não irão acontecer. E não há nada mais destrutivo para uma carreira do que isso. Pode trazer ganhos no curto prazo, mas não é algo sustentável — você acaba dando a impressão de ser um babaca total, e ninguém mais vai querer trabalhar com você.

A lição mais difícil que aprendi foi relaxar e simplesmente curtir o que está acontecendo no presente, confiando que, se eu estiver fazendo a coisa certa, então as coisas certas vão acontecer no devido tempo. A ponto de estar agora muito cauteloso com esse sucesso da noite para o dia. Não acho que vá durar e, mais ou menos como ocorre nos relacionamentos, você pode ter um romance apaixonado, intenso, com sexo incrível e obscenas doses de química cerebral envolvidas, porém o mais provável é que isso não se sustente. Mas, se você encarar as coisas com calma, relaxar, aprender à medida que segue adiante, curtir a viagem — todas essas coisas vão construir um alicerce que pode durar para o resto da vida.

Eu tive um vislumbre disso quando assinei com a Warner Bros Records. *Freudians* fora lançado e tivera boas resenhas, eu tocava bastante em Londres e nos grandes festivais — Cheltenham, Hay, Latitude —, escrevia para o *Telegraph* sobre tudo, de Fórmula Um (o melhor esporte do mundo) a Twitter e Beethoven, e continuava a trabalhar em vários projetos. Fui apresentado ao Stephen Fry mais ou menos nessa época.

A gente se conheceu por meio do meu benfeitor, patrocinador e apoiador, Sir David Tang. Ele liga, me convida para ir a um concerto e me pede para encontrá-lo antes no bar do Claridge Hotel para um drinque. Conta que o Stephen Fry também viria. Então eu vou para lá e, como sempre, chego uma hora antes. E vejo sentado no bar o Fry, tomando um martíni. Parece surpreso quando me apresento, mas, quando conto que sou amigo do Sir David e que vou ao concerto com eles, ele relaxa um pouco e me convida para me juntar a ele. Pergunto o que ele anda fazendo, o que não é muito a minha cara, pois quase sempre já começo falando de mim, e ele diz que acabou de terminar uma série sobre espécies em risco de extinção e que andou pela Nova Zelândia e por Zanzibar e sei lá mais onde. E eu, meio nervoso, um pouco imbecil, carente de atenção, digo: "Cara, mas quem é que vai ligar pra esses ornitorrincos do caralho, com pé de pato, lá no cu do mundo? Por que não, em vez disso, se concentrar em ajudar aqueles que estão mais próximos de nós, ou então seres humanos de verdade, que passam fome, estão fodidos, infelizes e sozinhos? Deus do céu! Pare com isso".

Ele só olha pra mim, um pouco atônito, e tenta responder. A gente então entra na maior discussão, um minuto depois de ter se conhecido, e eu sem ceder um milímetro, todo convencido e me julgando importante, e ele sendo o mais educado que dava para ser em tais circunstâncias. A partir de então, ficamos distantes um do outro pelo resto da noite e eu, meio constrangido e um pouco envergonhado, escolhi a alternativa mais fácil, ou seja, achar que ele era um babaca, e então disse isso e fiz o possível para ignorá-lo.

Mais tarde, chego em casa e, na hora em que entro porta adentro, recebo uma mensagem de texto: "James, foi maravilhoso conhecer você — você é um cara muito legal. Abandona seu cinismo — não combina com você, e sua vida vai ficar bem mais fácil sem ele, muito amor, Stephen xxx".

Que sujeito! Poucas pessoas na vida foram capazes, consistentemente, de lidar de forma bondosa com a minha loucura. Ele foi uma delas.

Então, ficamos amigos e começamos a sair juntos de vez em quando. Ele veio a um dos meus concertos na Proud Galleries, em Camden. Era aquela coisa chique do norte de Londres, com pinturas interessantes, tijolo à vista, óculos Cutler and Gross e barbas meticulosamente aparadas. Puseram um Steinway maravilhoso lá dentro, e eu toquei muito bem. Foi um pouco estúpido eu escolher tocar uma peça do Alkan, porque sabia que era um dos compositores favoritos de Fry e eu queria a aprovação dele (ainda quero). Alkan foi um tremendo pé no saco. Compôs música dificílima de tocar. Mesmo assim, fui bem, graças mais à adrenalina do que ao talento, e tudo funcionou direito. Stephen, então, tuitou que eu havia "arrasado", e alguém no oeste de Londres, que eu não conhecia, Conrad Withey, um dos figurões da Warner Bros no Reino Unido, viu o tuíte e começou a ouvir meus discos.

Poucos meses depois, Denis e eu fomos contatados para assinar um contrato com a Warner pelo seu selo de rock. Na época, isso foi uma coisa incrível. A Warner tem um selo de clássicos forte e de prestígio, o Warner Classics & Jazz, mas eu achei maravilhosa a ideia de ir para um selo de rock mesmo fazendo música clássica pura. Finalmente, podíamos começar a cair fora daquele gueto da música clássica, dispor de um pouco de marketing decente para nos apoiar (bem, aqueles caras tinham na sua agenda nada mais nada menos do que Muse e Metallica) e começar, de fato, a fazer progressos.

Fomos para o estúdio gravar o terceiro álbum, *Bullets and Lullabies* ("Balas e Canções de Ninar"). A proposta era fazer dois CDs, um rápido, outro lento; um para acordar, o outro para ouvir e perder os sentidos. Denis passara alguns anos trabalhando como DJ e adorou a ideia de fazer uma espécie de *set list* clássica, contando uma história com as várias peças. Para mim, o mais legal foi gravar compositores pouco conhecidos e absolutamente incríveis, como Alkan, Blumenfeld e Moszkowski, junto com Chopin e Beethoven. Eu realmente achei que tinha chegado o grande momento — a grande ruptura de que todos falam. O álbum ficou muito bom, a arte de capa era magnífica (graças ao estupendo talento de Dave Brown, famoso pelo *Mighty Boosh*), eu estava sendo convidado para o Q *Awards*, estavam me mandando roupa de graça, e logo caí na armadilha de virar um grande babaca sedento de fama e de acreditar nessa baboseira egoica de ser alguém especial.

Poucos meses depois de lançado o álbum, fomos procurados pela Sky Arts, que queria fazer uma série sobre música clássica, mas sem aquela habitual sisudez. O chefe da Warner fizera contato com a Sky e parecia uma ótima maneira de entrar no mundo da televisão. O resultado foram sete episódios de um programa chamado *Piano Man* — cada um abordando um tema especial, que podia ser uma grande peça de música ou um grupo de peças menores conectadas de algum modo. De novo, havia apresentações, eu falava sobre as peças, com aqueles incríveis grafismos estilo MTV na tela, só que tocando apenas repertório clássico essencial, sem voz de locução durante a execução, com foco absoluto na própria música. A produção ficou a cargo da Fresh One, a empresa de Jamie Oliver, e foi o início de um relacionamento imensamente produtivo e prazeroso com uma equipe de pessoas fantásticas. Agora, depois de ter convivido com eles por mais tempo, vejo a sorte que tive de trabalhar com profissionais tão participativos e que me apoiaram tanto desde o início — amo muito todos eles.

Infelizmente, tanto os chefes da Warner Bros como os da Sky Arts achavam que a outra parte é que deveria assumir a responsabilidade pela promoção do programa (ninguém quer gastar dinheiro, a não ser que se mostre inevitável) e, tal como no jogo da galinha, nenhum dos dois tomou a iniciativa. Denis participou daquela primeira reunião e implorou que as duas empresas trabalhassem juntas para ajudar a fazer o programa vingar. Ele destacou que se tratava de música clássica, e não de rock, e que então eles tinham de investir tudo o que pudessem nisso para fazer a coisa caminhar. Era pedir muito, especialmente no que se refere à Warner, acostumada a trabalhar com bandas de grande sucesso e com um gênero musical que não precisava tanto de uma ressurreição quanto o clássico.

Foi muito divertido filmar, embora apenas sessenta e três pessoas tenham assistido, e me deu um vislumbre do que seria possível alcançar com esse tipo de música, se tivéssemos um grande diretor e um orçamento decente. A equipe toda, de algum modo, conseguiu partir de um estilo de música no qual poucas pessoas estavam interessadas e mostrá-lo de um modo que evitou todo aquele papo furado e preservou o mais importante: a própria música. E, para ser justo, parece que *Piano Man* fez bastante sucesso ao redor do mundo — ainda recebo mensagens incrivelmente positivas em várias línguas exóticas a esse respeito. E, se você ficou curioso, está disponível na Amazon, bem baratinho.

E, quando eu e o Denis nos sentamos com o pessoal da Warner, e eles contaram que haviam conseguido me colocar no Royal Variety Show, onde literalmente quinze milhões de pessoas me veriam tocando ao vivo diante da rainha, minha cabeça explodiu. Não admira que não estivessem muito inclinados a gastar tanto dinheiro promovendo o programa da Sky

Arts — esse outro prometia dar-lhes o que eles queriam, e um pouco mais.

Todo mundo se animou muito, ficávamos falando nas turnês que viriam depois, nas imensas vendas de CDs, na O2 Arena e nas capas de revistas. E o tempo todo, Denis, sempre incrível, sempre cuidadoso, sempre realista, ficava dizendo (não só para mim, mas também para o pessoal da Warner): "E se não rolar?", "Temos algum plano B?" E, para mim: "Tem certeza de que está pronto para isso se acontecer?". Eles — e eu — garantiram que eu estava pronto e que o negócio já estava fechado. Afinal, haviam até anunciado na internet, eu já tinha contado para toda a família e os amigos e não conseguia mais pensar em outra coisa.

Acontece que, é claro, o diretor e o produtor do programa vieram me procurar na Steinway alguns dias antes do show e disseram que haviam decidido colocar menos foco na música clássica naquele ano e priorizar outro gênero.

Meu ego se enfureceu. Fiquei muito envergonhado, depois de ter contado a tantos amigos (que, invariavelmente, não deram a menor bola). Mas ainda bem que foi assim. Só de pensar em ter de lidar com esse nível de exposição lá em 2010, já fico aterrorizado.

Eu nunca teria conseguido, e provavelmente acabaria desmoronando bem no meio, começaria a falar com meus botões, tendo tiques e me contorcendo todo.

Denis e eu nos reorganizamos e continuamos tocando o que já vínhamos fazendo. Eu ia para o piano diariamente como sempre, pois já aprendera a ignorar notícias aparentemente boas, a ignorar exageros e conjecturas, a me concentrar no que estava bem à minha frente e fazer o melhor possível.

Ele e eu ainda éramos a equipe inteira, embora alguns ainda nos acusassem de ter um grande grupo de pessoas de relações públicas a bordo. A verdade era muito mais divertida: Denis e eu, cigarros, cafés intermináveis e a mesa da minha cozinha. É claro, tínhamos alguma ajuda de pessoas maravilhosas — Glynis Henderson, da GHP, Simon Millward, da Albion Media (a empresa de Relações Públicas da Signum), John Kelleher e Conrad Withey, da Warner, mas, em última instância, ainda éramos, e ainda somos, eu e o Denis, de lá para cá, fazendo o boca a boca, bolando novas ideias, inventando nosso jeito de fazer as coisas e rezando pra tudo funcionar da melhor maneira possível. *Small is beautiful.*

Ele e eu sabíamos que todo o setor da música estava em crise há tempos, que os jovens não gastavam mais dinheiro com nada e que os dias de ficar sentado faturando altos lucros com o mínimo de trabalho haviam terminado. Estávamos totalmente comprometidos a tentar novas saídas, a trabalhar de outro jeito.

Alguma coisa, a gente deve ter feito direito, porque o chefe da British Phonographic Industry convocou uma reunião para me pedir que fosse o porta-voz deles, erguendo-me contra a pirataria na música. O que é simplesmente a coisa mais estúpida que eu já ouvi. E eu disse isso a eles. Por que porra as pessoas deveriam parar de roubar música quando a indústria musical inteira vem fodendo elas há décadas, com preguiça demais de fazer o trabalho que devia fazer?

Por que os selos vinham agora pedir, com bons modos, que elas não fizessem isso? Eu disse que, se eles descobrissem um jeito de dar aos fãs uma boa razão para que eles pagassem pela música, eles, certamente, pagariam. De boa vontade, felizes da vida. O que os selos precisavam fazer era simplesmente elevar suas apostas consideravelmente, deixar de se sentir no direito de viajar de graça, e que não havia como eu me posicionar e dizer que mereciam ser tratados com respeito quando eles cobravam quinze libras por um CD e haviam fodido seus artistas e seu público absurdamente durante décadas.

Isso tudo me fez compreender o seguinte: todo aquele negócio do Variety Show, junto com a parte mais cáustica da imprensa, simplesmente havia confirmado que eu não me encaixava no mundo estabelecido da música erudita nem no mundo do *crossover* clássico. Em vez disso, corria por fora, no meu próprio pequeno espaço, convencido de que estava fazendo algo bom e importante, mas tendo de aceitar que iria demorar um pouco até chegar em um terreno estável e conseguir construir alguma coisa.

Aqui também é importante a boa administração. Com frequência, Denis é mais um enfermeiro/psiquiatra/irmão mais velho do que um empresário. Há certas coisas das quais tenho medo, e que sinto que, se fosse tuitar, falar sobre elas em entrevistas ou torná-las públicas, minha carreira provavelmente iria mergulhar na obscuridade. Há coisas que eu não posso contar à minha amada, à família, aos amigos nem mesmo ao psiquiatra. Mas Denis sabe de tudo isso. Nosso relacionamento chegou a um ponto, e faz tempo que é assim, em que sinto e ajo como se ele fosse apenas uma extensão de mim mesmo e, portanto, não há necessidade de esconder nada — ele está sempre ali, sempre confiável, uma presença firme.

Tem a parte profissional que ele faz, que eu acho que é o ponto principal de um empresário. Eu olho hoje para o meu mundo pianístico e vejo que tenho uma série a ser lançada pelo Channel 4; concertos pelo mundo inteiro, da Sydney Opera House aos Estados Unidos, de Londres a Barbados; um DVD ao vivo; cinco CDs; até minha própria linha de sapatos (cala a boca — o nome é Jimmy Shoes, pelo menos até que alguém nos processe, e são impressionantes; o design é do Tracey Neuls, um fã que queria que eu usasse algo confortável e de alta qualidade no palco, eles não decepcionam, e estarão disponíveis na internet e nas lojas quando você estiver lendo isso); uma renda que muita gente formada em faculdade de música nem sonha ter; uma porcentagem de direitos que é a mais alta que eu já vi no ramo; e tudo isso por causa dele. Denis lê com atenção os contratos, faz mil ligações, pressiona nas reuniões, de modo educado mas persistente, pensa no quadro geral o tempo todo, tem um plano e uma visão e se agarra a ele não importa o que aconteça. É uma versão agradável e ainda mais talentosa de Donald Trump, num mundo em que eu, deixado por minha conta, faria praticamente qualquer coisa de graça apenas porque envolve tocar música.

Mas aí há coisas que me mantêm vivo, e até me fazem sorrir com frequência, e me ajudam a dormir tranquilo a maioria das noites. Ele já passou por muita merda. Uma infância terrível, violência, trauma, dor, mágoa e conflitos contínuos. E saiu disso inteiro, mais sábio e com um toque particular de bondade e compaixão que só pode surgir quando há dores compartilhadas. Não tem um horário de trabalho. É uma relação vinte e quatro horas por dia, sete dias por semana, que me permite aparecer na casa dele às quatro da manhã, chorando, ou fumar um cigarro junto com ele nos bastidores antes de shows importantes, mandar pra ele uma avalanche de mensagens de texto carentes, preocupadas, sobre dinheiro, concertos, resenhas, garotas, saúde física e mental, sabendo que ele vai me proporcionar um momento de boa vontade, de calma e de serenidade que vai me fazer relaxar um pouco.

Existe uma razão pela qual o pessoal do Lang Lang levou minha produtora de concertos para almoçar e ficou fazendo um monte de perguntas sobre as coisas que a gente vinha fazendo e de que jeito. Foi por isso que, depois que *Razor Blades* foi lançado, Michael Lang, o chefão da Deutsche Grammophon (que já foi o selo de música clássica com mais prestígio do mundo), ligou pro Denis para dizer que a gente devia esperar um pouco e não assinar contrato com ninguém, ganhar mais experiência, e aí talvez eles considerassem a opção de me contratar dentro de alguns meses ou anos.

"Anos?" Denis riu. "Michael, você andou dando uma lida nos jornais? Por que a gente esperaria tanto tempo por você — provavelmente no ano que vem você nem terá mais esse emprego."

E, se o Michael tivesse dado uma boa razão, a gente teria pensado no assunto. Mas o Denis sabia, como eu também, que o único meio de avançar, o único lance realista que a gente tinha à mão para alcançar nossa meta, era tentar fazer as coisas de um jeito novo e evitar ao máximo o setor da música clássica tradicional.

 É engraçado, porque, em essência, ele e eu somos apenas dois bananas meio pirados que, pelo que parece, descobriram uma maneira muito, mas muito legal, de tocar e apresentar a música mais extraordinária que já foi composta. E foi incrível, porque, quando a gente se conheceu, Denis não tinha a menor ideia do que era música clássica. Agora ele fica ouvindo o tempo todo, trata as grandes peças que eu lhe apresentei como se fossem seus bebês e se apaixonou por um mundo totalmente novo. Ele é meu público-alvo. Alguém que quer saber mais sobre música clássica, não tem a menor ideia de por onde começar e não está a fim de andar com gente esquisita ou com idosos para descobrir mais a respeito.

 O Denis me colocou em locais e em situações que eu jamais sonharia que pudesse estar. Ele e a equipe da GHP conseguiram cachês de concerto decentes para um cara perdedor como eu, tatuado, que anda de jeans, fala palavrão demais e toca piano talvez tão bem quanto um monte de gente que está se formando em faculdade de música, mas certamente não melhor, e colocou a fé dele, seu dinheiro e sua energia em mim, mesmo quando parecia que não ia rolar nada.

 A coisa às vezes parece até mais difícil no Reino Unido, pois dá a impressão de que ali há menos vontade de tentar coisas que, à primeira vista, parecem inacessíveis ou que vão exigir muito tempo e esforço. Mas, em 2011, eu fiz uma turnê pela Austrália e aí confirmei realmente que havia alguma coisa que a gente estava fazendo que poderia ter impacto. Lotamos dois espetáculos em Melbourne e tivemos de fazer um concerto extra. Eu apareci na mídia (pelas razões certas), toquei em Canberra, Sydney, Adelaide, Brisbane, coloquei o *Bullets and Lullabies* entre os vinte mais das paradas de rock, toquei bem para plateias na casa de seus vinte e poucos anos, que nunca antes tinham ouvido um recital de piano, e passei umas duas semanas comendo *banana bread*, recebendo massagens surpreendentes (nem me pergunte o que acontece no final por ali) e percebendo que havia uma reação muito intensa e acolhedora para a música clássica por parte de pessoas que normalmente estariam pouco se importando com isso.

Geoffrey Rush veio ver um dos meus shows em Melbourne. Fumamos um cigarro depois, e eu lembro que ele ficou me perguntando que porra eu tinha feito pra ter toda essa sorte. Especialmente porque no dia seguinte eu fiz um bloco num noticiário da ABC com David Helfgott, para quem o Rush havia tocado de modo tão brilhante no filme *Shine*. O Helfgott tinha ouvido uma transmissão de rádio ao vivo de um dos meus concertos em Melbourne e adorou. Ele era, quer dizer, ele é um cara incrível. Perturbado, maníaco, assustador, genial e único. E uma espécie de advertência sobre onde eu poderia acabar emocionalmente se não segurasse direito minha onda.

Denis também ouvira o programa de Melbourne lá de Londres, onde ele passou vergonha quando me ouviu soltando piadas sobre holocausto, Aids e pornografia com anões para uma plateia australiana incrível, ao vivo, na rádio ABC. Coloquei a culpa no *jet lag*. E eu adoro os australianos ainda mais por me terem recebido tão bem, de coração aberto.

Quando voltei, achei que a Warner Bros talvez não fosse a melhor escolha para seguir adiante. Quando meu show do Royal Variety foi cancelado, não havia um plano B, e eles meio que desistiram de mim. Tenho o maior respeito pelos caras de lá, e eles se empenharam de verdade, mas a coisa não encaixou muito bem. Eu havia sido contratado pelo maior selo de rock do mundo, mas não podia tirar proveito disso porque você não faz suco de laranja a partir de um limão, não importa quanto tempo e dinheiro você invista. Se tivéssemos encontrado um jeito de fazer a coisa funcionar, eu não hesitaria, mas ficar tocando Beethoven quando o lance dos caras é lidar com som elétrico e vender Green Day e Linkin Park é forçar muito a barra, por mais nobres e sinceras que fossem as intenções. Então, rompemos amigavelmente.

Eu queria fazer um álbum ao vivo e então voltei para a Signum. Steve Long, o chefe da Signum, não poderia ter sido melhor e me deu todo apoio. Fizemos duas apresentações no teatro de Brighton que viraram o quarto álbum — *"Jimmy"* (é assim que meus amigos me chamam).

O que eu achei legal foi que, em vez de só colocar música no álbum, eu também quis manter no disco todas as apresentações de cada música e as conversas gravadas. Na verdade, ficou uma réplica perfeita do concerto que eu fiz, com tudo, até uma notinha ou outra errada, além de muito papo, risadas e, espero, a energia única de uma apresentação ao vivo, que é tão difícil de captar em estúdio. Nossa, isso pareceu um pouco pretensioso. Mas acho que você captou a ideia. Com a inclusão das falas, acho que ficou um álbum genuíno, real, honesto e, pelo menos em termos de música clássica, o primeiro desse tipo. E tem ainda o fato de ser o primeiro álbum clássico com um adesivo na capa de "não recomendado para crianças", o que me deixa, de maneira um tanto pueril, um pouco orgulhoso.

Foi lançado bem no final de 2011, e os dois anos seguintes, 2012 e 2013, foram os melhores da minha vida, tanto no aspecto pessoal quanto no profissional.

FAIXA DEZESSETE

Schubert, *Sonata N º 20, D. 959*, Segundo Movimento

Alexander Lonquich, piano

(se é que você consegue achar essa gravação em algum lugar. Se não encontrar, Severin von Eckardstein acerta isso em cheio com a loucura adequada)

Em 1994, a EMI lançou aquele que, para mim, é o maior disco de música para piano de Schubert que já foi feito, com um jovem pianista chamado Alexander Lonquich. Nascido em Trier, Alemanha, mas residente na Itália, era o astro da EMI na época.

É preciso lembrar que essa era uma época em que a música clássica tinha muito dinheiro. Era a EMI em seu auge, com um orçamento de marketing imenso e um grande público fiel. A principal obra do CD era a grande Sonata em Lá Maior D. 959 de Schubert. Como acontece com Beethoven, as últimas três sonatas de Schubert (das quais esta é a segunda) são sua maior realização. São etéreas, hipnóticas, impressionantes e imortais. A loucura de Schubert nunca ficou tão clara quanto no movimento lento bipolar, em que qualquer pretensão à tonalidade e à estrutura foi atirada pela janela, e o último movimento dessa obra é tão genial que eu posso ouvir (e já ouvi) centenas de vezes, e em nenhuma delas deixei de ficar extasiado. Na minha opinião, é a melhor coisa que ele compôs.

Centenas de pianistas já gravaram essa obra, mas Lonquich corre por fora. Ele consegue fazer coisas impossíveis e faz parecer que, mesmo em seus momentos mais insanos, há espaço entre uma nota e outra o tempo inteiro. A música flutua para dentro dos seus ouvidos e simplesmente toma a sua mente. Sei que soa pretensioso e decididamente pouco britânico, mas ouvi essa peça pela primeira vez depois de uma aula de piano em Verona, sentado num barzinho ao sol, tomando o melhor café que um ser humano já provou, e chorei sem parar com a genialidade que ela exibe. Foi um verdadeiro lembrete de tudo o que há de grande no mundo.

A sonoridade de Lonquich, sua técnica impressionante, sua capacidade de fazer a sonata inteira penetrar em cada célula do seu corpo e deixar você perplexo e boquiaberto de maravilhamento é uma das façanhas mais raras. É um disco que eu ouço e ouço, sem cansar.

Como curiosidade, porque é interessante para mim, cabe informar que numa época de dinheiro, marketing, fãs leais e com o incrível suporte da EMI, segundo um bom amigo que dividiu apartamento com ele e que ainda está no ramo, o álbum de Lonquich, sua reinvenção de Schubert em alto padrão, com uma gravação soberba, vendeu até hoje apenas setenta unidades. Isso mesmo, sete zero.

As fortes emoções de 2012 começaram com o Channel 4. Eles vieram até nós por meio da companhia de produção que havia feito a série do Sky Arts e sugeriram um único documentário, falando de música e saúde mental. Era perfeito. É muito comum que alguém na minha posição seja convidado a encabeçar um programa para um dos grandes canais de TV e acabe fazendo algo que vai totalmente contra os princípios e as ideias deles. Mas eles fazem isso porque, bem, porque se trata do Channel 4, ou da BBC ou da ITV, ou sejá lá o que for. Nesse caso, eu tive a sorte de encontrar a sintonia perfeita logo na primeira tomada. Eu havia feito a série para a Sky Arts e o documentário da BBC4 sobre Chopin, então já estava acostumado com filmagem, adorava o processo todo, e Denis e eu sempre havíamos sonhado em estar na TV aberta. Quando eu trabalhava na City, costumávamos usar aquela expressão horrorosa "canalizar para o mercado" o tempo inteiro. E, no que diz respeito à música clássica, o maior canal para o mercado era a TV aberta. Era o jeito mais rápido e eficaz de fazer a música clássica essencial entrar na vida das pessoas e em suas salas de estar. É o que os grandes selos sempre lamentaram não conseguir, pois é uma mídia superpoderosa, mas eles nunca acharam as pessoas certas para entrar nela.

A programação previa começar as filmagens em julho de 2012. A ideia era eu ir até um hospital psiquiátrico de segurança máxima, fechado (desta vez, como convidado), conhecer alguns dos pacientes mais vulneráveis e conversar sobre suas histórias, e depois eu teria de descobrir uma peça de piano que julgasse ter a ver com cada um deles, além de tocá-la num Steinway cauda inteira de concerto. Para mim, esse era um testemunho do poder da música e de sua capacidade de achar um atalho, até mesmo no meio das medicações mais pesadas, e talvez lançar uma pequena luz numa situação que, de outro modo, era absolutamente fodida.

Agora eu sei que a música cura. Sei que salvou a minha vida, que me deu segurança, me deu esperança quando não havia como encontrá-la em nenhum outro lugar. E a ideia de captar isso, numa escala menor, pela TV, para mim foi uma oportunidade maravilhosa. Infelizmente, poucos dias antes de começar a filmagem, meu relacionamento terminou, e desta vez parecia definitivo.

Já fazia um tempo que as coisas não iam bem. Tanto Hattie quanto eu, embora partilhando um poço de amor aparentemente sem fundo, estávamos em momentos diferentes. Ela queria casamento e filhos; eu não me sentia pronto para embarcar de novo nessa história depois do que me aconteceu da primeira vez. Ela nutria certos traumas passados, tinha ficado fragilizada com isso, de um jeito que era difícil para ela agora se sentir segura e confiante, e eu não facilitava as coisas para ela com meu controle constante e meu jeito impositivo. No final, decidimos que era hora de terminar e, no começo de junho, ela se mudou.

O trágico é que, na hora em que ela foi embora, eu soube que era um grande equívoco. Veja bem, a coisa mais fácil do mundo é cair fora. De qualquer coisa, não só de um relacionamento. Claramente, isso evita assumir responsabilidade pelas coisas, impede que você aprenda lições que precisam ser aprendidas em algum momento, reforça a culpa e, no meu caso pelo menos, seria a garantia de que eu simplesmente repetiria a mesma merda com alguma outra pessoa.

Fui até o hospital, que ficava a umas duas horas de Londres, e comecei a filmar, enquanto ela recolhia suas coisas e esvaziava nosso apartamento. E tudo isso significava que eu estava enfiado num hospital psiquiátrico com uma equipe de filmagem, com vontade de morrer, sozinho, com medo e infeliz. O que, no mínimo, foi bom para o programa de TV. Fiquei ali umas duas semanas, conhecendo aqueles pacientes impressionantes, ouvindo histórias inacreditáveis, muitas das quais, por razões legais, tiveram de ser cortadas da edição final. Antes de mais nada, tinha sido muito difícil conseguir acesso ao hospital — nossa cultura está em tal situação que muitos dos funcionários de lá acharam que éramos uma equipe do programa *Panorama* ou algo assim, fingindo fazer um documentário sobre os pacientes e a música, mas, na verdade, querendo filmar as práticas horrorosas do hospital e mostrar quanto os pacientes eram maltratados de forma pavorosa e como os padrões de atendimento eram precários.

Isso era algo totalmente insano, porque os funcionários, sem exceção, eram todos incríveis. Os pacientes apresentavam problemas mentais graves, haviam passado muitos e muitos anos no hospital, vários deles estavam lá há décadas. Tinham históricos de violência, sérios problemas de automutilação, histórias e sintomas dilacerantes, pavorosos. E, à medida que os dias foram passando, comecei a me sentir cada vez mais instável. Aqueles odores do hospital, os horários das medicações nos murais, as repreensões, o ar de desespero, tristeza e tudo o mais que compõe um hospital psiquiátrico trouxeram toda aquela coisa de volta, e a única pessoa para quem eu queria ligar tinha partido, para cuidar da própria vida.

O pessoal da filmagem era sensacional. Fizemos tudo o que tínhamos de fazer, os pacientes eram ao mesmo tempo deprimentes e inspiradores, e o período que passei ali parecia ter dado ao diretor material suficiente para fazer um filme de quarenta e sete minutos.

Fui embora e peguei o trem de volta para Londres bem tarde, num sábado à noite. Estava caindo uma chuva braba. Entrei pela porta da frente de um apartamento vazio, Hattie deixara gentilmente as chaves dela em cima da mesa, tudo limpo e arrumado, sem alma e silencioso. Eu simplesmente sentei lá e chorei, com muita pena de mim. E senti aquele calafrio horrível, insidioso e tão familiar da destruição e da depressão batendo à porta.

A depressão abomina o vácuo. Apesar da série de concertos, do filme, da gravação e de estar escrevendo, eu de repente me senti vazio. Havia pouca coisa na agenda, eu estava exausto com o fim do relacionamento e de um período de trabalho intenso no documentário, sozinho no meu apartamento, meu filho do outro lado do mundo e meus amigos ocupados com a própria vida. Denis estava por perto, sempre está, mas gente como eu, quando detecta um buraco, tende a se jogar dentro dele, em vez de tentar sair. Somos estúpidos e tão incapazes de aprender quanto mariposas em volta de uma lâmpada.

E os doze meses seguintes foram o mais perto que eu cheguei de sumir de vez desde que fui hospitalizado. Todo aquele mantra cósmico de autoajuda, de que você recebe aquilo que precisa e na hora em que precisa, que tem de chegar lá no fundo do poço para poder voltar e passar pelas coisas em vez de ficar girando em volta delas, infelizmente é verdade. Pelo menos para mim. Se eu tivesse pensado um pouco mais no assunto, se minha constituição lidasse melhor com álcool, heroína e crack, se eu tivesse muita grana e nenhum problema em dormir com prostitutas, talvez tivesse passado pelas coisas de um jeito mais divertido. Mas finalmente eu tinha tempo, espaço e isolamento, que me foram impostos por uma força maior que a minha, e acabei saindo do outro lado, pela primeira vez na vida, pronto para viver bem.

Não existem os tais sete estágios do luto. Não segundo a minha experiência. Por que as pessoas precisam reduzir tudo a pedaços digeríveis, manejáveis e compreensíveis? Será que somos tão estúpidos assim e incapazes de viver sem afirmações definitivas ou cantos ou arestas? O que houve foi apenas um longo estágio no inferno. Às vezes eu mudava de repente e passava de uma raiva absoluta para uma tristeza inconsolável, um desespero, um desânimo total, um vazio que nada podia preencher. Havia alguns momentos de paz, geralmente depois de ter dormido umas duas horas e estar cansado demais para sentir qualquer coisa. Tive umas recaídas ocasionais na automutilação e nos cortes, além de umas duas experiências de encontros desastrosos — um deles uma coisa rápida, um lance mental, e a outra, uma transa de uma noite, meio sem sentimentos —, mas basicamente passei muito tempo terrivelmente sozinho, pensando, sentado, sentindo. Sem medicações. Foi algo inédito para mim, e além de inevitável, essencial e, mais por pura sorte do que por qualquer outra coisa, algo que acabou se revelando redentor e revigorante.

Havia uma rotina triste na qual acabei caindo. Às três ou quatro da manhã, depois de umas poucas horas de sono, uma caneca gigantesca de café, duas horinhas ao piano no meu quartinho de hóspede, mais café, um cigarro atrás do outro, ouvir um pouco de papo furado no rádio como companhia, mais um pouco de piano, e aí dava um pulo no Starbucks quando abria para ficar observando, com franca hostilidade, aqueles casaizinhos indo trabalhar de mãozinhas dadas. Olhos vidrados, um "foda-se" tatuado invisivelmente na minha testa, perdendo peso a cada dia. Não havia foco na minha vida; apenas a falta dele. E isso é uma coisa aterrorizante para alguém que já alimentou pensamentos suicidas ou de automutilação. E o mais doloroso não era ter perdido o único verdadeiro amor da minha vida, mas que ela estivesse, só na minha cabeça como sempre, levando sua vida toda animada, tendo sexo incrível com uma sucessão de homens lindos, sarados, ricos, frequentando festas até altas horas e dando risadinhas de felicidade o tempo inteiro.

Eu sei que isso não é nenhuma novidade. Nada que não esteja acontecendo todo santo dia com um milhão de fodidos infelizes. No entanto, quando é com a gente, achamos que somos os únicos. O pesar e a tristeza são sempre sentimentos incomparáveis.

Denis e vários amigos fizeram de tudo para ajudar, mas eu acho que não queria ser ajudado. Ficou evidente que aquilo não era uma simples dor pelo fim de um relacionamento. Era maior do que isso. É claro, depois de algumas semanas, a maioria das pessoas simplesmente cai fora, tenta alguma coisa nova, chega à conclusão de que isso é apenas mais uma experiência de vida. Hattie e eu ficamos juntos durante cinco anos, o que foi bastante, mas de forma alguma foi uma coisa de longo prazo. Não tivemos filhos nem casamos; apenas vivemos juntos durante alguns anos. Mas eu não consegui superar. Pelo contrário, eu via a dor ficar cada vez pior.

Depois de seis meses, eu ainda estava um caco. Tudo o que eu via me lembrava Hattie, tudo o que eu fazia soava vazio porque ela não estava ali. Até agora, eu me odeio um pouco quando lembro o quanto fiquei cheio de autopiedade. Eu era o pior pesadelo que um amigo podia ter. O chato dos chatos, obcecado com a própria dor, sem dar espaço para nenhuma outra coisa.

Nada funcionava direito, e eu comecei a ficar sensível ao tempo. Tipo ficar pensando que talvez eu não conseguisse sair daquilo se as coisas continuassem assim por muito tempo. Fiz um novo testamento, escrevi bilhetes de despedida para algumas pessoas escolhidas a dedo, fiquei brincando com a ideia de acabar com tudo de uma vez. E, de novo, Jack me impediu de fazer isso pelo simples fato de existir. Fiz um vídeo de despedida para ele, assisti e, então, soube naquela mesma hora que não era uma solução viável. Eu não podia, simplesmente não podia, de jeito nenhum, abandoná-lo. Não importava que a gente se visse só umas poucas vezes por ano.

Fiz um concerto ou outro no piloto automático (performances sem graça, desorientado por causa do fuso horário, em Chicago, Hong Kong, alguns em Londres), estudava todo dia, fazia o possível para conseguir funcionar minimamente.

O incrível é como, apesar do meu estado de ânimo, apesar dos concertos que fazia, que, algumas vezes eram bons o suficiente e outras vezes, na minha visão, meio qualquer coisa, minhas plateias se mostravam sempre acolhedoras e radiantes. Apesar de todos os meus altos e baixos pessoais e da minha perturbação, da minha mente autocrítica, as pessoas eram incrivelmente gentis e receptivas.

Um dos destaques foi uma vez em que voei até a Áustria para fazer dois concertos no mesmo dia. Aterrissamos e fomos de carro até a residência do embaixador da Grã-Bretanha, onde eu toquei durante noventa minutos para uma plateia variada de vienenses, socialites e formadores de opinião ingleses (seja lá que porra isso queira dizer). E, imediatamente depois, fui levado de carro até a Konzerthaus para um recital noturno — uma sala de concertos muito enraizada na tradição e na história, equivalente austríaca ao Wigmore Hall.

Nos bastidores, eles têm uma geladeira cheia de chocolate, uma máquina de Nespresso, bananas e saquinhos de Haribo (pessoal do Southbank Centre, anotem isso). E algo ainda mais maravilhoso: uma sala de fumo, onde sentei para fumar tomando meu cafezinho e fiquei batendo papo com alguns violinistas e violoncelista — que descobri serem membros da Filarmônica de Viena. Sentindo-me como um torcedor de futebol na cantina dos jogadores do estádio Stanford Bridge, fazia meus embaraçosos cinco minutos de conversa sobre música, driblando as perguntas (a propósito, o Sakari Oramo é tão gente boa), antes de correr de volta para o piano, percebendo só então, quando era tarde demais, que estava prestes a tocar Beethoven, Schubert e Chopin na frente do público que lotava nada menos do que a Konzerthaus em Viena.

E correu tudo bem. Ou mais ou menos... Que é o melhor que eu posso esperar. Cinco "bis" e a incrível descoberta de que os vienenses têm senso de humor, até mesmo em relação àquilo que para eles é mais sagrado: comparar Franck Ribéry com Schubert (ambos baixinhos, com uma estética questionável e gênios) foi recebido com risadas espontâneas, e não só da minha mãe, que viajara para me ver e sequer sabia quem é Franck Ribéry.

Eu sempre serei absolutamente grato a essa sala cheia de estranhos, cujos aplausos, gentileza e apoio deixaram minha vida mais colorida e um pouco menos ameaçadora.

A coisa começou a passar de apenas triste para perigosa na véspera de Ano-Novo. Nunca, de jeito nenhum, fique fuçando o Facebook atrás de sinais de que a sua ex está se dando melhor agora do que quando estava com você. Nunca. Acabou que a véspera de Ano-Novo da Hattie foi tudo o que tinha de ser para uma garota solteira, jovem e atraente em Londres. Homens, festas, danças, saias curtas, mais festas, mais homens (sarados, bonitos, insuportáveis). Então, concluí que a minha imaginação doentia talvez não estivesse tão fora assim da realidade. Quanto a mim, deitei na cama às nove e meia da noite, sozinho, louco para me refugiar no sono. E de repente, surtei.

Às seis da manhã, eu ainda não tinha dormido e liguei pro Denis. Ele atendeu (sempre atende), e eu fui até a casa dele. Então, eu fiquei lá, chorando na mesa da cozinha dele. Sei que já estou com meus trinta e muitos anos. E sei que a minha reação emocional a essas coisas é a de um menino de sete. Mas não consigo fugir disso, elaborar direito, superar. E, se eu me render, acho que não saio vivo.

E então o Denis me deu dois livros para ler.

Ele falou o seguinte:

"Olha, James, preciso lhe dizer que aceitei o fato de que você talvez não consiga. Eu estou preparado pra receber uma ligação dizendo que acharam você morto e, por mais que isso me doa, estou pronto para aceitar. Faça o que precisa fazer, mas, por favor, saiba que agora está nas suas mãos".

E isso foi um choque suficiente para me tirar daquela acomodação, mesmo que fosse só um pouco, e para que eu começasse a ler. Eu não queria, lutei quanto pude, mas estava bem claro que eu tinha de fazer isso se quisesse continuar vivo.

Está ficando difícil colocar isso no papel. É fácil escrever sobre coisas negativas, estupros, traumas, divórcio, automutilação. Mas é bastante difícil escrever sobre coisas boas e soluções, com receio de parecer um *hippie* de *dreadlock*, fumador de maconha, comedor de tofu. Os dois livros que eu recebi naquele dia eram sobre a reação do corpo e da mente ao trauma (*Despertando o tigre*) e sobre a criança interior (*De volta para casa*). Eu sei. Quer que eu vomite agora ou mais tarde?

Do jeito mais britânico que há, eu me sinto humilhado por ter de admitir que fiquei mal a ponto de descer a esse nível, de precisar de livros assim para sobreviver. Passar um tempo numa clínica psiquiátrica é mais ou menos como ter uma grande cicatriz, algo que pelo menos desperta algum respeito. Livros de autoajuda? Como eu disse, é algo humilhante.

O fato é que eles não só me ajudaram a sobreviver, como também fizeram algo muito, muito maior. Pegaram aquele início que eu havia conseguido no hospital em Phoenix e me ajudaram a alimentá-lo, fazendo-o crescer e se tornar um alicerce profundo e duradouro, em cima do qual o resto de minha vida poderia ser construído — de modo confiável, suave e sólido. Esses livros me ajudaram a superar aquele elemento idiossincrático da minha personalidade, que me induzia a dispor de tempo, dinheiro, esforço e energia para todo aquele que eu visse sofrendo, mas que me fazia resistir bravamente à ideia de fazer o mesmo por mim. O caso é que finalmente fiquei sem alternativa e comecei a avaliar as coisas de forma honesta e a consertá-las.

Estava claro que eu não seria capaz de levar adiante nenhum tipo de relacionamento com aquelas reações emocionais e fisiológicas de uma criança. Eu estava intrinsecamente destruído, era egoísta, egocêntrico e me via envolvido só com as minhas coisas. Assim, a única saída era voltar no tempo, experimentar tudo aquilo de novo como adulto e tentar reparar. E foi o que eu fiz. Por várias semanas, meditei todos os dias, com frequência duas vezes por dia. Li os livros, fiz os exercícios sugeridos, escrevi, até rezei, fiquei sentado com meus sentimentos sem me dispersar e imergi em mim como nunca havia feito.

A coisa mais útil que aprendi foi experimentar sentimentos dolorosos, vergonhosos, mas sem necessidade de inventar qualquer tipo de desculpa associada a eles. Antes eu sentia vergonha, nojo ou ódio por mim mesmo e, enquanto sentia essas coisas, ia narrando-as na minha cabeça, atribuindo-lhes imagens e palavras, explorava as razões por trás delas, me permitia alimentar, julgar e intensificar ainda mais os sentimentos. Agora aprendi, aos poucos, a simplesmente ficar sentado e observá-los com curiosidade, sem rótulos, histórias ou julgamentos. Eu simplesmente fiquei vendo em que parte do corpo eles se juntavam (invariavelmente, o coração ou o estômago), observava, experimentava a dor, ficava lá sentado com ela. E posso garantir que, quando você faz isso, a coisa toda começa a ser curada. Em quase todos os casos, a coisa começa a ser curada e se torna mais leve, menor.

E não tardou para acontecer algo maravilhoso — de algum modo, eu consegui estabelecer conexão com o eu que existia antes de o professor de educação física pôr suas mãos imundas em mim, e compreendi que eu não era ruim ou venenoso. Então, comecei a dar permissão a mim mesmo para me reparar, me perdoar e aceitar as coisas pela primeira vez na vida.

Incrível, não? É uma afirmação bem pesada para caber em apenas uma frase. Como se eu tivesse passado por décadas de trauma, de reflexão pessoal, medicação, terapia, empenho e análise e, de repente, algo explodisse, e eu me tornasse inteiro de novo. Mais uma vez. Não pela primeira vez. Mas inteiro como eu era aos três anos de idade e feliz pra caramba.

E tudo mudou. A música se tornou ainda mais viva e mais importante. O sono passou a ser natural e reparador. Meus intestinos pararam de explodir cinco vezes por dia. Meus vários barulhinhos, tiques e espasmos, que haviam voltado, sossegaram. Eu não precisava mais ficar apertando interruptores de luz e batucando ritmos específicos periodicamente para evitar que acontecessem coisas ruins. Na realidade, eu me perdoei por alguma coisa que ninguém, em sã consciência, veria como uma transgressão minha, mas que eu havia sentido, desde os cinco anos, como se fosse minha culpa.

E, apesar de toda a série de inícios que não deram em nada ao longo dos anos — psicanalistas, hospitais, reuniões de doze passos, remédios, psiquiatras, oficinas, um monte de workshops, mil medicações para saúde mental —, haviam sido aqueles dois livros — além dos meses de trabalho em Phoenix —, que o meu empresário me dera num triste dia chuvoso de véspera de Ano-Novo, que finalmente tornaram possível meu recomeço.

Nós somos cheios de traumas. Abandono, divórcio, violência, abusos de todo tipo, negligência, alcoolismo, raiva, culpa, julgamento, religião, *bullying* — milhares de formas diferentes de inferno à nossa volta, desde os nossos primeiros dias no planeta. Às vezes de maneira intencional, com frequência de modo totalmente inconsciente, nós somos, acredito eu, uns feridos ambulantes desde muito novos. Algumas pessoas parecem ajustar-se bem apesar disso, outras, não. E, embora eu tentasse tudo a meu alcance para não pensar nessa ferida, não conseguia superá-la.

E mesmo que o perdão e a meditação, a leitura e a escrita, conversar e compartilhar, tudo isso ajude, para mim a criatividade é uma das maneiras mais profundas de superar o trauma. Ainda mais agora, depois dessa história toda New-Age, de abraçar árvores, eu consegui finalmente abrir espaço na minha mente para me permitir ser livre o suficiente e explorar a criatividade de um modo diferente e um pouco mais manejável.

Depois de passar três meses nesse novo capítulo da minha vida, constatei que nunca me sentira tão apaixonado pelo piano, pelo fato de tocar, escrever, ler, devorar qualquer coisa e tudo que fosse criativo. E escrevi um artigo para o *Guardian* que teve muita repercussão. Foram mais de cem mil compartilhamentos, recebi e-mails relatando que fora lido em reuniões de escola no Texas e em escritórios na Austrália, centenas de mensagens dizendo quanto eu tinha ajudado pessoas a percorrerem novas áreas maravilhosas. Escrevi isso um dia às seis da manhã, e a sensação é de que foi a coisa mais próxima que já tive de uma declaração de missão. Segue abaixo:

"Descubra o que você ama e deixe que isso o mate.
***Guardian* Culture Blog, 26 de abril de 2013**

Depois do inevitável "Quantas horas por dia você pratica?" e "Me mostra suas mãos", a coisa que as pessoas falam para mim com maior frequência quando ouvem que sou pianista é: "Eu tocava piano na infância. E me arrependo muito de ter desistido". Imagino que quem é escritor deve ter perdido a conta do número de pessoas que já chegaram dizendo que "sempre tiveram um livro na cabeça". Parece que acabamos criando uma sociedade em que a criatividade está fora de lugar, como algo que as pessoas apenas lamentam haver perdido. Um mundo no qual as pessoas simplesmente se renderam (ou foram obrigadas a se submeter) como sonâmbulos ao trabalho, à domesticidade, às parcelas dos empréstimos para comprar uma casa, ao junk food, à TV de baixo nível, às ex-esposas raivosas, às crianças com distúrbio de déficit de atenção e à tentação de ficar comendo frango dentro de um baldinho de papelão e mandando e-mails para clientes às oito da noite de um fim de semana.

Faça as contas. Podemos funcionar bem — às vezes até de modo brilhante — dormindo seis horas por dia. Há séculos, oito horas de trabalho vêm-se mostrando mais do que suficientes (ah, aquela desesperadora ironia de que hoje a gente trabalha mais horas ainda, desde que inventaram a internet e os smartphones).

Quatro horas é um tempo que dá de sobra para pegar as crianças, limpar o apartamento, comer, lavar a roupa e os vários etcéteras. Ficamos com seis horas, ou seja, trezentos e sessenta minutos para fazer o que quisermos. Será que queremos simplesmente ficar entorpecidos na frente da TV e dar ao Simon Cowell mais dinheiro ainda? Ficar rolando a tela no Twitter e no Facebook à procura de namoro, jogando conversa fora com amigos, vendo videozinhos de gatos, a previsão do tempo, quem morreu e qual é a fofoca da vez? Encher a cara e ficar nostálgico, choroso num barzinho no qual você não pode nem fumar um cigarro?

E se você pudesse saber tudo o que há para saber a respeito de tocar piano em menos de uma hora (algo que o falecido grande pianista Glenn Gould disse que era possível, e eu acho que ele tinha razão)? O básico sobre como estudar e como ler música, a mecânica física do movimento dos dedos e da postura, todas as ferramentas necessárias para poder realmente tocar uma peça — dá para escrever sobre isso e ensinar, como se fosse um daqueles manuais de instruções para montar um móvel em casa; e então é com você, gritar, uivar e martelar pregos e dedos na esperança de decifrar algo que você desconhece totalmente e, se tiver sorte, acabar com algo minimamente parecido com o produto final.

Que tal se por duzentas libras você pudesse arrumar um piano de armário velho no eBay e mandar entregar? Então, alguém garante que com um professor e quarenta minutos por dia de estudo adequado você pode aprender em algumas semanas aquela peça que sempre quis tocar. Não valeria a pena tentar?

E se, em vez de entrar no clube do livro, você entrasse num clube de escritores? Um lugar para onde toda semana tivesse (e tivesse mesmo) de trazer três páginas escritas do seu romance, novela, roteiro de filme, para ler em voz alta pra todo mundo?

E se, em vez de pagar setenta paus por mês numa academia que adora fazer você se sentir culpado por ainda estar gordo e muito longe daquele homem com quem sua mulher se casou, você comprasse umas telas em branco e uns tubinhos de tinta e passasse algum tempo, todo dia, pintando sua versão de "Eu te amo", até se convencer de que qualquer mulher com a qual valha a pena ficar pularia em cima de você na mesma hora só por aquilo, mesmo sem você ter a barriga chapada?

Fiquei sem tocar piano por dez anos. Uma década de morte lenta por ambição, trabalhando na City, atrás de uma coisa que, em primeiro lugar, nunca existiu (segurança, autoestima, querer ser um Don Draper, mesmo tendo um palmo a menos de altura e tendo comido bem menos mulheres que ele). E só quando a dor por não conse-

guir isso ficou maior que a dor de me imaginar fazendo é que tive coragem de ir atrás do que queria de verdade e me obcecava desde os sete anos: ser um concertista de piano.

Confesso que, nesse aspecto, eu fui um pouco radical: cinco anos sem ganhar dinheiro nenhum, estudando seis horas por dia intensamente, quatro dias por mês de longas aulas com um professor brilhante e psicopata em Verona, uma gana de conseguir algo que era tão necessário que me custou o casamento e mais nove meses num hospital psiquiátrico que levaram embora boa parte da minha dignidade e me fizeram perder quinze quilos. E o pote de ouro no final do arco-íris talvez não tenha sido o final feliz que eu vislumbrava quando ficava deitado na cama aos dez anos ouvindo o Horowitz devorando Rachmaninoff no Carnegie Hall.

Minha vida envolve infinitas horas de prática repetitiva e frustrante, a solidão de quartos de hotel, pianos meio baleados, resenhas excessivamente maliciosas, isolamento, aquela confusão dos programas de milhagem das companhias aéreas, fisioterapia, intervalos de tédio nervoso (nos bastidores do palco, contando os tijolos da parede enquanto o teatro lentamente vai lotando), tudo isso pontuado por momentos curtos de extrema pressão (tocar cento e vinte mil notas de cor na ordem certa com o dedilhado certo, a sonoridade certa, o uso certo do pedal, e falar sobre os compositores e as peças, e saber que na plateia há críticos, equipamentos de gravação, minha mãe, fantasmas do passado, todos ali observando), e talvez o aspecto mais opressivo: saber que eu nunca, jamais vou fazer um recital perfeito. No máximo, com sorte, muito trabalho e uma substancial dose de condescendência, será "bom o suficiente".

E, mesmo assim, tudo isso traz a recompensa indescritível de pegar um monte de tinta impressa em papel da *prateleira da Chappell na Bond Street, ir de metrô para casa, colocar a partitura na estante, lápis, café e cinzeiro em cima do piano e sair disso alguns dias, semanas ou meses depois, com a capacidade de tocar alguma coisa que algum compositor louco, gênio ou lunático ouviu na sua cabeça trezentos anos atrás, enquanto estava fora de si em meio a sofrimentos de amor ou de sífilis. Uma peça de música que irá sempre desconcertar as grandes mentes do mundo, que simplesmente não conseguem captar seu sentido, que ainda está vivo e flutuando no éter e vai fazer isso ainda durante os séculos que temos à nossa frente. Isso é extraordinário. E eu consegui isso. Faço isso, para minha contínua perplexidade, o tempo inteiro.*

O governo está reduzindo os programas de música nas escolas e cortando as subvenções nas artes com a alegria de um menino americano morbidamente obeso numa sorveteria Baskin Robbins. Por isso, mesmo que só para contrariar, não valeria a pena investir algum tempo em pequenos atos de resistência? Então, escreva a porra do seu livro. Aprenda a tocar um prelúdio de Chopin, mergulhe em Jackson Pollock com as crianças, passe algumas horas compondo um haiku. Faça isso, porque conta muito, mesmo sem nenhum alarde, sem o dinheiro, a fama e as fotos na revista Heat que todos os nossos filhos acham que merecem — porque, afinal, o Harry Styles conseguiu, não é?

Charles Bukowski, herói dos adolescentes rebeldes do mundo inteiro, diz que você tem de "descobrir o que ama e deixar que isso o mate". Talvez seja o caso de sonhar com um suicídio por criatividade nessa era em que muitas pessoas conhecem a Katie Price melhor do que o "Concerto Imperador".

A reação a esse artigo me fez compreender que existe uma maneira de fazer as coisas que causa forte impacto. Que podemos ficar todos um pouco menos separados e um pouco mais juntos. Quando me pediram para escrever este livro, sugeri pelo Twitter que as pessoas me seguissem, e que todos nós iríamos escrever mil palavras por dia. Saber que, em dois meses, haveria um monte de novos romances, peças, novelas, contos, e que vários de nós estaríamos fazendo todo dia uma coisa pequena, embora parecesse gigantesca, é algo especial para mim.

Tudo isso está ligado ao que faço todo dia. Aprender uma nova peça envolve o mesmo processo. Blocos de tempo manejáveis, foco, disciplina, trabalho honesto. Eu decido que peça vou aprender, vou até a loja de música, volto para casa com uma partitura, ponho café, cinzeiro, um lápis e um metrônomo em cima do piano e começo pela primeira página. Vou em frente, página por página, linha por linha, achando o melhor dedilhado. Os trechos tecnicamente mais difíceis eu divido em pedaços menores e emprego alguns truquezinhos de estudo para aprendê-los. Repito e repito, com a percepção consciente de cada nota, e, com o tempo, ao longo de uma hora, duas ou quatro por dia, a peça vai se construindo, até que eu entro no palco algumas semanas mais tarde e toco de cor. É isso que a vida é pra mim. Estimulante, inspiradora, gratificante e digna. Isso se aplica não só à música e à escrita, mas aos relacionamentos, ao amor, à amizade, aos cuidados. Trata-se, em última instância, de como nos expressamos e de como damos valor a nós mesmos. E no meu pequeno mundinho, eu encaro isso como uma revolução. É algo que me permite substituir toda a energia pesada, negativa e sem sentido da minha vida por algo liberador e valioso. Algo que me autoriza a parar de ser vítima e contribui em mais profundidade para o meu mundo. É fundamental transformar energia negativa em energia positiva. Uma coisa que pode crescer por atração, mais do que por promoção, porque funciona. Não precisa de venda agressiva. Nem precisa ser vendida de modo algum. E, milagrosa e felizmente, estou vivendo isso.

FAIXA DEZOITO

Beethoven, *Concerto para Piano Nº 5* ("Imperador"), Segundo Movimento
Radu Lupu, piano

Existe uma peça musical que eu gostaria que fosse tocada no meu funeral. Bem tocada — ao vivo, com orquestra e um pianista decente, não no último volume por alto-falantes cheios de chiado enquanto as pessoas ficassem vagando por ali atrás de petiscos.
 É uma das primeiras peças musicais que me fizeram chorar. Beethoven escreveu cinco concertos para piano, e esse último é intitulado "Imperador", por ser caracteristicamente bombástico, heroico e atrevido (exatamente como Napoleão era, apesar de tão nanico). O primeiro e último movimentos são arrebatadores — dilúvios de notas, cascatas de fogos de artifício, momentos eletrizantes e tumultuados. E eles circunscrevem um movimento central que tem uma beleza e uma serenidade de tirar o fôlego. Era tudo um pouco demais para a minha mente de jovenzinho conseguir assimilar, mas agora, que sou adulto, sinto que ela simplesmente demonstra tudo o que a música é e consegue fazer.
 Beethoven era foda...

Sempre achei que o problema mais grave do meu ramo é que ele tira o foco da criatividade e o coloca no ego. A música clássica passou a girar em torno da aparência (sagrada ou sacrílega, a escolha é sua), do lucro, da roupa chique, da pompa e do prestígio, em vez de ficar apenas a serviço da música. Os cúmplices e não são só os músicos, mas também o que há em volta. As cerimônias de premiação da música clássica estão cheias disso. Coisas horrorosas, medonhas, desprezíveis, que nada têm a ver com a música.

O Classic BRIT Awards é o melhor exemplo do que há de mais terrivelmente equivocado no ramo da música clássica. Em 2012, eu não consegui mais me segurar e escrevi um artigo para o *Telegraph* sobre quão monstruoso era aquilo e todas as pessoas que o dirigiam. O texto integral está no Apêndice deste livro, mas o resumo é o seguinte: se você tem curiosidade em relação à música clássica, ficará mais bem-informado, será mais bem-atendido e se sairá melhor se assistir por meia hora a um vídeo do Leonard Bernstein falando sobre Beethoven no YouTube do que vendo passar três horas daquele suplício.

Ironicamente, por muitos anos achei que o *Gramophone Awards* (mais sério, com mais glamour, com músicos eruditos legítimos recebendo prêmios) era algo mais autêntico. Até o dia em que fui lá pela primeira vez, achando que ia encontrar um pouco daquele glamour e de profundidade. Foi um grande engano, que eu achei particularmente desastroso — mesmo aqueles caras, a chamada parte "respeitável" da música clássica, estavam se achando tão magníficos que mal conseguiam respirar. Dessa vez, eu escrevi a respeito deles para o *Guardian* (o texto também está no Apêndice), falando tudo o que achava. Eles pediram para o editor da *Gramophone* escrever uma resposta que demonstrasse como eu não havia entendido o sentido daquele evento, mas continuo convencido de que eu tinha razão. Esses caras é que são totalmente responsáveis pelas mesmas coisas das quais se queixam.

Quando escrevi sobre esse assunto nos jornais, recebi muitas mensagens incríveis de apoio, especialmente das pessoas do ramo, que simplesmente não podiam manifestar seu apoio em público e continuar mantendo o emprego. Muitos desses comentários clamavam por soluções. E com razão — é fácil sair metendo o pau e reclamando, porém é mais difícil oferecer soluções viáveis que possam trazer mudanças. Só que na verdade não é difícil coisa nenhuma.

Minha solução? Fodam-se eles todos. Toque o que você quiser, onde quiser, do jeito que quiser e para quem quiser. Faça isso pelado, de jeans, faça isso vestido de mulher se for homem, ou vice-versa. Faça isso às três da madrugada. Toque em restaurantes e barzinhos, em saguões e teatros. Toque de graça. Toque por caridade. Toque em escolas. Torne a música inclusiva, acessível, respeitosa e autêntica. Devolva-a a quem ela pertence. Não deixe que um punhado de velhos imbecis retardados ditem como se deve apresentar essa música imortal, incrivelmente linda, que nos foi dada por Deus. Somos maiores que isso. Deus sabe, e a música também é.

Há milhares de estudantes em faculdades de música que adorariam ter a experiência de tocar para uma plateia que não fosse formada apenas por outros estudantes de música e, se eles não gostam ou não querem ter essa experiência, não vão durar muito. Faça isso nas escolas de seu bairro, em troca das despesas de viagem, em salões, clubes e encare como um treino para futuros shows pago. Eu me disponho a tocar algumas vezes por ano (já faço isso) de graça em uma escola ou um hospital — isso ajuda a me preparar para compromissos profissionais, me permite compartilhar algo que eu amo e é imensamente útil para aumentar o repertório e ficar mais afiado. Entre em contato para obter informações se isso é uma coisa que você gostaria que eu fizesse por você.

Além dos recitais convencionais às 19h30/20, dê concertos de uma hora às 18h30 para que as pessoas venham direto do trabalho e ouçam, e ainda possam sair depois para um jantarzinho com um pretendente a namorado ou namorada, ou de chegar em casa a tempo de pôr as crianças na cama. Ou apresente-se às dez da noite, quando as pessoas já jantaram fora e querem encerrar a noite ouvindo um pouco de música.

Disponibilize música de graça. Não necessariamente um CD inteiro, apenas algumas faixas. Coloque no SoundCloud e autorize o download. Mande por e-mail para uma lista de fãs, mesmo que seja pequena. Coloque a música no domínio público, pois é o lugar ao qual ela pertence, e não às salas de ensaio abafadas ou enterrada debaixo de um milhão de outros CDs na Amazon.

Toque em lugares diferentes, dos tradicionais de música clássica aos clubes. Casas londrinas como Limelight at the 100 Club, Classical Revolution, o Yellow Lounge e várias outras estão todas anunciando noites de música clássica. E, se você quer alcançar um público novo em vez das previsíveis plateias, então, quando for tocar, não programe aquelas peças contemporâneas longas e terrivelmente complexas para mostrar quanto você é vanguardista. Se essa é a sua praia, então toque quinze minutos disso junto com Brahms e Chopin, porque, bem, eles são Brahms e Chopin, e não importa quanto você nutra um amor genuíno por Stockhausen e Birtwistle, nós dois sabemos que, nesse caso, não existe uma real competição.

Compartilhe concertos com outros artistas, como Beethoven fazia. Inclua um pouco de música de câmara, um pouco de solo, algumas canções. Variedade é sempre bom.

Deixe que o público beba durante a apresentação, inicie um diálogo com ele, converse com ele quando estiver no palco e também pelas redes sociais. Isso é muito importante. Há pouco tempo, eu estava almoçando com o chefão de um dos grandes selos de música e discutindo como poderiam vender mais discos. Ele me dizia que a maioria dos seus artistas era incrivelmente difícil — eles se recusam a tocar em certos locais que não são considerados de muito prestígio, não querem dar entrevistas, não se sentem à vontade em se comunicar com a plateia. Tudo bem, até que você se dá conta de que já se foram os dias em que era possível confiar apenas nos selos de discos para fazer divulgação e vender discos e ingressos. Nós, músicos, precisamos nos envolver e estabelecer um relacionamento com nosso público, que vai além de uns poucos caçadores de autógrafos pós-show. É preciso ser acessível, responder aos tuítes e às mensagens de Facebook, soltar piadas, mostrar-se humano, desistir dessa bobagem toda de "artista preso em sua própria genialidade". Porque, se você não conseguir fazer isso, a não ser que seja o cara mais talentoso de toda a sua geração, terá que batalhar muito. Já não adianta mais ser excelente fazendo música. E certifique-se de que seu empresário e seu selo estejam em sintonia com você.

Se não estiverem, troque por outros. Eu tive muita sorte com o meu empresário. E também com o meu selo, Signum, cujo chefe, Steve, continua a ser um perfeito cavalheiro. E, mesmo assim, quero fazer mais. Eu tenho tanta vontade de derrubar essa trincheira que a própria música clássica cavou para si mesma que já estou no processo de criar meu próprio selo, a Instrumental Records. Quero montar meu próprio *hub* criativo.

Que tal se a maioria das musicistas clássicas não fosse mais vendida por sua aparência física? Se simplesmente não houvesse mais necessidade de gravar versões de *Les Mis* para violoncello e piano a fim de vender discos? Imagine se os selos parassem de dizer o que você tem que gravar, deixassem de escolher as fotos de capa do CD, de arrumar algum acadêmico da velha guarda para escrever os textos da contracapa, parassem de tentar, em vão, vender o álbum para os seus mil seguidores do Twitter ou de vender na Amazon por vinte dólares mais de um mês após a data de lançamento?

Instrumental é um selo com o qual quero dar aos músicos a oportunidade de gravarem o que quiserem. Vamos projetar álbuns belíssimos, fazer turnês coletivas como selo, dar concertos que respeitem a música, os músicos e o público, incentivar novos talentos, independentemente da idade e da aparência, pagar aos músicos os direitos que merecem, dar-lhes um controle melhor e mais abrangente sobre o que querem fazer, bem como estimular e alimentar seguidores pela internet e fora dela que contribuam para a grande revolução musical da qual fazemos parte.

Poderíamos criar uma cerimônia de premiação que realmente celebrasse o melhor que a música clássica tem a oferecer — não essas coisas baratas ou facilitadas e nada de tapinhas nas costas e dessas punhetas autoenaltecedoras. Apenas músicos brilhantes, apresentadores calorosos e acolhedores, risadas, música, inspiração e satisfação num setor das artes que sempre pecou por mirar ou alto ou baixo demais e se mostrou aterrorizado por tudo que há entre esses dois extremos.

E a melhor parte disso é que parece que vou poder contar com o apoio implícito de uma das TVs mais poderosas do país, por causa do trabalho que estou fazendo para o Channel 4. De muitas maneiras, tirando o Savile, eu adoro e admiro a BBC. Mas parece que eles estão pregando para os convertidos; seus programas de música clássica, do jeito que são, não parecem querer atrair um novo público, mas, ao contrário, mostram-se satisfeitos com o que já têm. Com o respaldo do Channel 4 e a criação do meu próprio selo, tanto o artista como o público estarão no mesmo patamar, a música virá em primeiro lugar e eu, finalmente, terei a chance de trabalhar para concretizar o sonho que tenho desde que me entendo por gente.

E se você está lendo isso e tem algo a dizer, então venha e me siga. Quer você esteja ligado a um dos grandes selos e cansado de ser tratado como um bosta, quer você nunca tenha gravado antes, mas sinta muita vontade de fazer isso, fale comigo. Se você ficou horrorizado com o Lang Lang, que, em vez de escolher outra peça mais curta, aceitou cortar mais de metade de uma polonaise do Chopin no Classic BRITs sem explicar a razão, simplesmente porque ia passar na TV e precisava se encaixar naquele limite mágico de concentração ditado pelo distúrbio de deficiência de atenção, se você tem vontade e é capaz de conversar com seu público para divulgar uma coisa que é pura e incrível, e de dizer "foda-se" para os vinte por cento de espectadores que prefeririam que você calasse a boca e apenas tocasse as notas, então vamos fazer discos, vamos sair em turnê, vamos fazer algo magnífico, brilhante e de valor e que preste um serviço à música, ao público e ao artista.

Eu me apresentei uma noite no Barbican, com Stephen Fry, falando sobre os problemas da música clássica. Toquei e respondi a perguntas e debatemos. Cobramos cinco libras de ingresso, estava lotado, e havia uma avidez genuína por música, discussão e performance. Imagine uma turnê com um grupo de músicos incrivelmente talentosos participando de uma sessão de perguntas e respostas com a plateia, envolvidos e apresentando peças, dando cursos e palestras de graça, compartilhando suas opiniões honestamente, fazendo o possível para melhorar a educação musical neste país.

Tudo bem, eu sei que soa um pouco utópico da minha parte, concebido enquanto eu estava sentado no vaso cagando, mas acredite, vou fazer isso acontecer.

Há pouco tempo, visitei uma escola secundária na arborizada Hertfordshire. Era uma viagem de pré-produção para uma nova série da Channel 4. Eu queria ver como andavam as coisas no que diz respeito à educação musical nas escolas. Deparei com uma classe de trinta crianças interessadas, ávidas para aprender e com o maior desejo de mergulhar na música. A professora delas (brilhante) tem um orçamento anual de quatrocentas libras para dar conta de cento e sessenta crianças.

Como a necessidade é mãe da porra da invenção, o que eu testemunhei foi uma espécie de Stomp em miniatura — latões de lixo, latas de margarina e caixas de chocolate sendo usados como instrumentos, um violoncelo que devia ter sido usado como lenha e dois trompetes destroçados que pareciam intocáveis. Há alguma coisa escabrosamente errada com o sistema educacional, que tem todos os ingredientes necessários para a aprendizagem — paixão, curiosidade, professores criativos que dão um duro danado — e retribui isso com escovões e latas de lixo, em vez de instrumentos e subsídios para uma instrução privada.

Quantas futuras Adeles, Ashkenazys, Rattles ou Elton Johns estamos desperdiçando simplesmente porque não lhes foi dada a oportunidade de explorar como se faz música? Talvez mais importante que isso: independentemente de seu eventual sucesso comercial no futuro, quantas jovens mentes criativas o governo está sufocando por preguiça, por estar atrás apenas de caçar votos e de prioridades inadequadas? Mais uma das artes está comendo poeira. Na era dos direitos e da fama instantânea, tão incentivados e idealizados pela revista *Heat* e congêneres, numa era em que as companhias de discos não olham duas vezes para você a não ser que tenha vinte mil seguidores no Twitter, um milhão de acessos no YouTube e um álbum já composto e produzido, alguém achou que era uma boa ideia tratar a educação musical como uma extravagância, e não como um direito básico. Se isso não mudar, o impacto, sem dúvida, será profundo e duradouro. Portanto, vamos mudar isso.

Basta olhar o que Sir Nick Serota fez com a Tate — antes o privilégio de uma pequena minoria, hoje com mais de sete milhões de visitantes por ano, que vêm explorar um mundo há duas décadas totalmente desconhecido para a maioria deles. De algum modo, ele e sua equipe afrouxaram o nó da gravata que estava sendo dada na cultura da arte moderna e escancararam suas portas — e não tiveram de mudar ou banalizar as obras de arte para conseguir isso. Por que não fazer o mesmo com a música clássica, sem que, para isso, se tenha de recorrer a artifícios, a essa merda de música *crossover* e a garotas peitudas? Sob vários aspectos, a música clássica é a última forma de arte a ser franqueada a todos. E, vamos lá, está mais do que na hora. O vexame ainda maior é que a culpa de estarmos nessa situação não é só dos selos, do setor como um todo e dos empresários, mas também de grande parte dos próprios artistas e músicos.

A música clássica tem a evidente necessidade de ser salva já faz um bom tempo. A morte do setor tem sido anunciada há mais de uma década, e existem recorrentes pedidos de uma reformulação urgente, junto com os inevitáveis gritos de pânico cobrando mudanças drásticas na promoção, na gestão de marcas e na apresentação.

Concordo que alguma coisa precisa mudar. Não para "salvar o setor". Não para continuar assegurando que um regente ganhe setenta mil dólares por uma noite de trabalho. Nem mesmo para garantir que a abundância de orquestras mundialmente famosas de Londres possa continuar sobrevivendo (embora eu espere desesperadamente que elas consigam). Simplesmente não posso ficar em paz com o fato de que a música seja oferecida a tão poucas pessoas como uma escolha válida.

O festival Proms vem na direção certa há muito tempo, e isso é algo que deveria nos encher de orgulho. Quando ele abriu a venda de ingressos este ano, só nas primeiras horas foram comprados mais de oitenta mil. Deveríamos estar orgulhosos de abrigar o maior festival de música do mundo, atraindo os melhores e mais brilhantes talentos que existem. Os concertos são transmitidos por rádio, pela internet e, com frequência, pela TV. A música chega a milhões de pessoas. Onde o Proms acerta, ao conseguir superar todos os obstáculos, quando em outras partes todos se queixam de plateias cada vez menores? Será que é pelo fato de que ninguém dá a mínima para a roupa que você está vestindo como espectador? Será a variedade da programação? Horários que abrangem a hora do almoço, o começo e o fim da noite?

Sem dúvida, tudo isso junto. Mas, para mim, a razão principal para o sucesso do Proms tem sido o fato de que ele não se mostra pretensioso ou arrogante. Ele não dialoga com o público de cima para baixo; ele simplesmente arruma um jeito de dar a impressão de que, seja qual for seu conhecimento de música erudita, seja qual for sua experiência, seus gostos, suas aversões, seu jeito de se vestir, sua bagagem cultural ou sua inteligência, você é muito, muito bem-vindo. Quer aplaudir entre um movimento e outro? Vá em frente. Não sabe pronunciar o nome do compositor? O que importa? Não sente necessidade de anunciar, em voz alta e todo vaidoso, o nome do bis que o solista decidiu tocar? Melhor ainda. E o Proms faz isso como poucas das outras grandes salas de concertos, se é que alguma, conseguem fazer.

O Proms também, claro, é a demonstração da obscena quantidade de talentos que nosso país tem a oferecer — Stephen Hough, Paul Lewis, Nicola Benedetti, Benjamin Grosvenor etc., todos esses são destaques. E se, de alguma forma, conseguirmos transportar essa filosofia do Proms para a música clássica como um todo no Reino Unido, então o futuro parecerá bem cor-de-rosa, sem dúvida. Isso já começa a acontecer — no ano passado, nos Estados Unidos, mais pessoas foram ver um concerto de música clássica do que assistir a um jogo de futebol. Mas não devemos nos dar por satisfeitos.

FAIXA DEZENOVE

Rachmaninoff, "*Rapsódia sobre um Tema de Paganini*"
Zoltán Kocsis, piano

Sergei Rachmaninoff. Um compositor que eu adoro tanto que tatuei o nome dele em cirílico no meu antebraço. Um gigante, um metro e noventa e oito, maníaco, infeliz, bipolar, milionário, pianista virtuose e compositor. Na época em que Stravinsky, Schoenberg e outros estavam se rebelando contra a "tirania da barra de compasso" e celebravam a "emancipação da dissonância" levando os limites da tonalidade para além do ponto de ruptura, Sergei se manteve firme, com suas metralhadoras românticas atirando sem parar, e produzindo uma série de peças de profundidade, poesia e brilho extraordinários.

Fumante inveterado, submeteu-se a sessões de hipnose para tentar vencer a depressão, casou com uma prima de primeiro grau e tinha as mãos tão monumentalmente grandes que podia alcançar o intervalo de doze teclas brancas do piano com uma mão só.

Muitos compositores escreveram peças baseadas no famoso tema de Paganini — de Brahms a Liszt e Lutoslawski. A de Rachmaninoff é a mãe de todas elas. Ainda mais considerando que foi escrita por um cara que uma vez foi chamado de "uma carranca de um metro e noventa".

Em março de 2013, depois de nove meses separados, Hattie e eu, gradativamente, começamos a nos falar de novo. Eu estava bem consciente de quanto precisava provar a ela que não era mais aquele cara controlador, aterrorizado e excêntrico que havia sido naqueles cinco anos em que fomos um casal. Ainda estou ciente disso. E ela estava ciente de que sentira muitíssimo a minha falta e que, na realidade, só tinha conhecido malucos e caras esquisitos, apesar das tentações e da liberdade da vida de solteiro. E depois de alguns meses provando minha disponibilidade, ouvindo, tentando de verdade ser a melhor versão de mim mesmo, embora muitas vezes não conseguisse, encontrei-me com ela no jardim secreto do Regent's Park e a pedi em casamento.

Ela disse sim.

Ela pode mudar de ideia. Chegar à conclusão de que não dá. Há inúmeras razões pelas quais a coisa toda pode não funcionar. Mas eu sei, de uma forma categórica e absoluta, pela primeira vez, que estou fazendo o melhor que posso e vou continuar fazendo enquanto estivermos juntos.

Levei cinco anos de namoro com Hattie para perceber o que estava acontecendo, o que eu estava fazendo de errado e, mais importante, qual seria a solução.

Existem muitos livros de autoajuda sobre amor e relacionamentos. Eles usam expressões do tipo "codependência", "limites" e emulação. São ótimos para ler, mas poucas vezes funcionaram comigo. Para mim, são como aquelas matérias de capa de revistas como *Men's Health/Cosmopolitan,* que falam de um abdome perfeito — artigos intrigantes e interessantes por cerca de quatro minutos, até você perceber que aquilo vai exigir uma mudança de cento e oitenta graus na sua dieta, exercício, disciplina e rotina. Acho o cúmulo que eu esteja a ponto de dar conselhos sobre relacionamentos. Mas ouça o seguinte: pergunte a um cara que usou heroína durante anos e depois parou como foi que ele fez para conseguir parar, e isso será muito mais elucidativo do que o conselho de algum clínico geral que sequer saberia como se aplica uma dose.

Eu já havia tido um casamento desastroso e quase perdi o único grande amor da minha vida por ficar tentando descobrir sozinho como poderia dar conta dessa coisa. E finalmente, apesar de ter levado quinze anos, cheguei à seguinte regra básica de relacionamento que parece funcionar para mim. É simples: se você não se livrar do seu ego, não vai conseguir, nunca vai dar certo. E a única coisa absolutamente inegável é que o problema é você e jamais a outra pessoa.

Argumente quanto quiser se achar que estou errado, pois estou cagando para sua opinião. Garanto a você que, se existe algo "errado" no seu relacionamento, se você está infeliz e começa qualquer frase com "se pelo menos ele/ela fizesse/não fizesse...", então você está fodido, o relacionamento não vai durar, e você será infeliz. O que é ótimo para algumas pessoas, especialmente gente como eu, porque eu adorava me sentir infeliz. Isso me dava energia, reforçava minhas crenças de que o mundo inteiro era uma merda e que tudo estava contra mim, e então me mantinha bem confortável na minha pequena bolha de autopiedade.

Acho impressionante como muitas pessoas adoram ser infelizes. Infelizes com seu corpo, com sua vida sexual, com seus relacionamentos, empregos, carreiras, famílias, casas, férias, cortes de cabelo, seja o que for. Toda a nossa identidade cultural está centrada em não ser bom o suficiente, em precisar sempre que as coisas sejam mais incríveis, mais rápidas, menores, maiores, melhores. A indústria da propaganda faz fortuna com isso, e a farmacêutica, a de cigarros e a de álcool, também. No passado as pessoas costumavam ser mais felizes. Muito, muito mais felizes. A sociedade londrina, nos tempos de racionamento, de dificuldades econômicas imensas e de guerra, estava em melhor situação emocional, com maior coesão social e mais satisfação do que estamos hoje, com toda essa porra de iPhones e pacotes de banda larga de fibra ótica.

E transferimos todas essas expectativas para os nossos parceiros. Depois que a fase inicial das substâncias químicas alteradoras da mente se esvai (seis meses, se você tiver sorte, geralmente umas poucas semanas), os homens passam a querer mulheres que sejam mais jovens, mais durinhas, mais sacanas, quentes, bonitas e mais magrinhas. Mulheres querem mais segurança — homens mais ricos, mais emocionais, mais fortes, empáticos, falantes e confiantes. É uma bobagem, mas está enraizado na nossa sociedade. Se, neste momento, você está com alguém que ama, e vocês dois querem transformar esse amor numa relação permanente, então há algumas coisas simples a fazer, capazes de lhes garantir um relacionamento feliz e duradouro.

Primeira coisa, você está errado. Não importa a respeito do quê; se você sabe que está certo, se todos os seus amigos dizem que você está certo, então você está errado. Ah, ele esqueceu do seu aniversário e você ficou puta? Você está errada por ter ficado puta. Cale a boca. Ah, ela reclama que você fica tempo demais só focado no seu trabalho e fica enchendo o saco por causa disso, e aí você fica louco da vida com ela? Você está errado. Pare de ser um pau no cu. A coisa que mais fode com qualquer relação é querer marcar pontos. O grande poeta persa Rumi escreveu: "Em algum lugar aí fora, além das ideias de certo e errado, existe um jardim. Eu encontro você lá". Eu tenho um conhecido que ia para a terapia de casais com a namorada e costumava guardar informações para atacá-la de surpresa durante a sessão. Uma semana, a terapeuta deu uma lição de casa para os dois, e ela não fez. Simplesmente esqueceu. Ele tinha feito a dele, é claro. Mas, então, eu pergunto: ele por acaso teve a delicadeza de lembrá-la disso? — afinal, se os dois tivessem feito a lição, teriam mais chances de avançar e ter uma relação melhor. Nada disso. Ele adorou ver que ela não tinha feito, esperou até os dois chegarem lá na sessão, e então se vangloriou disso como uma porra de adolescente arrogante que finalmente faz alguma coisa direito na aula e quer se exibir para o resto da turma. Horrível, não?

Celebre o fato de estar errado. Parta da seguinte premissa: "Eu tenho que trabalhar pra caramba pra poder compensar o fato de estar errado o tempo todo, na esperança de que ela me perdoe" e você estará no caminho certo. Sabe a refeição que vocês fazem todo dia, aquela saidinha juntos, a caminhada ou a conversa? Pois encare isso como se fosse seu primeiro encontro com alguém que você está doido para impressionar. Preocupe-se com o que você vai vestir, fique ansioso para checar se não ficou nenhum pedacinho de comida no seu dente depois de jantar, lave bem as bolas do saco, pensando na remota possibilidade de você quem sabe se dar bem, traga flores, peça a mesa mais romântica no restaurante, esteja sempre presente e ouça cada palavra que ela disser como se sua vida dependesse disso.

Dê. Dê o tempo inteiro. Dê até ficar exausto e, então, dê um pouco mais. Quando ela estiver deixando você doido a ponto de querer se atirar pela janela, vá até a cozinha e prepare um chá para ela, faça-lhe uma massagem, chupe-a inteirinha, dê de presente a porra de um diamante. É o exercício mais fascinante que existe. Faça isso por um mês e veja a diferença. E nem ouse fazê-lo na expectativa de ganhar alguma coisa em troca, um agradecimento que seja. Faça porque ama essa pessoa, porque ela é espetacular, porque você a adora e a deseja. Se isso não fosse verdade, vocês não estariam juntos. Faça porque, bem lá no fundo, você sabe que sair no maior frio, dirigindo na chuva, para ir comprar as flores que ela adora, é uma puta sorte.

Prometa agora mesmo que ir embora é algo que está fora de cogitação — a não ser por uma infidelidade ou por um grave abuso. Não está nem em discussão. O ponto de partida é que vocês estão juntos, são uma equipe e pronto. Seja qual for o problema, não importa quanto seja sério, tem de ser enfrentado em conjunto. Não há como cair fora. E prometa isso do mesmo jeito que prometeu um fumante que conseguiu parar de fumar.

Não importa o que aconteça, ele não acende mais nenhum cigarro. Fazer a mesma coisa com casamento/relacionamentos é dez vezes mais fácil, porque cigarro nunca vai fazer um boquete em você e pode acabar te matando. Você simplesmente está se comprometendo a ficar com essa pessoa, não importa o que aconteça, juntos, lutando um ao lado do outro, como uma frente unida, maiores do que a soma das partes. Foi o que você repetiu a ela centenas de vezes nos primeiros dias, o que você escreveu mil vezes sempre que digitava uma mensagem dizendo "eu te amo", o que você cochichou no ouvido dela toda vez que vocês trepavam. Vamos lá, mantenha sua palavra, seja firme.

Não façam um ao outro perguntas sobre o passado de cada um. Nunca perguntem dos "ex", quantos foram os namorados ou namoradas que o outro já teve, se já fizeram sexo anal com alguém, se ela costumava engolir ou cuspir, se o seu parceiro também já esteve nesse país/hotel/restaurante com outra pessoa ou não etc. etc.. Não fiquem analisando a relação de vocês, não tentem analisar em que pé estão ou para onde estão indo. Não há nenhum ganho possível em fazer isso.

Procure antecipar-se às necessidades da outra pessoa, invente coisas que a façam se sentir bem, mesmo que você ache estúpido, equivocado ou complacente. Reservem dez minutos no final de cada dia para certificar-se de que ambos estejam bem. Cada um fala cinco minutos sobre o seu dia sem ser interrompido — coisas pelas quais se sentiu grato, algo que o outro tenha feito que foi muito legal, coisas que deixaram vocês dois animados, algumas preocupações. Terminem sempre com um "eu te amo" e um beijo. Sempre.

Isso é especialmente importante se vocês têm filhos. Seus filhos devem saber, de maneira segura e inquestionável, que mamãe/papai vêm primeiro. Vocês dois são a relação fundamental e merecem prioridade. Amem seus filhos, mimem de tudo quanto for jeito, estejam sempre disponíveis para eles e procurem dar-lhes tudo o que vocês não conseguiram de seus pais. Mas nunca, jamais, interrompa uma conversa com sua esposa só porque seu filho entrou fazendo zona no quarto pedindo a porra dum sorvete. Não mudem os planos de vocês para se mostrar tolerantes com eles. Não façam deles o centro do universo. Eles vão acabar ficando ressentidos com vocês por isso e, pior ainda, vão crescer achando que têm direito a tudo, e serão necessárias algumas décadas para conseguirem reverter isso — se tiverem sorte.

Nada disso é particularmente difícil de entender. A única coisa que pode arruinar tudo é você, ou mais especificamente seu ego. É claro que vocês dois querem ir pra cama com outras pessoas. É claro que você não vai gostar de ver o outro com uns quilos a mais, já não tão bonito ou atraente como era antes. É claro que, uma hora, você vai achar que seria mais fácil com uma pessoa diferente, uma pessoa nova, mais estimulante. Mas não seria. Você vai desperdiçar mais dez anos, acabar exatamente na mesma condição, e vai se odiar um pouco mais. Pare com isso. Entenda que você pode ser absolutamente feliz com a pessoa com quem está neste exato momento, concentre-se nisso e coloque toda a energia que você gasta nessa bobagem de "e se talvez isso/se pelo menos aquilo" em outras coisas, mais construtivas.

O melhor de tudo é que todas essas questões podem ser resumidas a duas palavras: seja gentil. Não confunda gentileza com fraqueza. A gentileza é uma arte em extinção. É a qualidade mais importante que existe neste mundo e, infelizmente, a que está fazendo mais falta.

Quando todo o resto não estiver dando certo, pense em como seria sua vida sem a pessoa que você ama. Pense nisso, e não na fantasia de poder trepar com todas as pessoas que existem no mundo, ter montanhas de dinheiro para gastar, dormir até a hora que quiser e poder cagar com a porta do banheiro aberta. Pense na realidade solitária e fria, aquela que dá um nó no estômago, de passar dia após dia sem essa pessoa. Imagine-se vivendo nessa condição, faça isso por um bom tempo e, então, repita. Passe algumas horas realmente dentro desse espaço e olhando para ele sob todos os ângulos. Sinta como é. E então pare de ser um pau no cu e vá fazer as coisas que têm de ser feitas.

    É muito engraçado. Desde que eu compreendi isso, sinto que nunca fui tão feliz num relacionamento como sou hoje. Hattie e eu compartilhamos uma coisa que eu nunca conseguia entender direito, mas que sempre invejei nos outros. A gente simplesmente combina. Eu sou mais forte com ela na minha vida, mais aberto, mais gentil, mais capaz de lidar com as coisas. Volta e meia, eu piso na bola e aí assumo, conserto, tento de novo, coloco nós dois como prioridade. É o único jeito, o melhor jeito, o jeito mais gratificante. Eu consigo vê-la, ela consegue me ver, e fica tudo bem. Eu olho para um futuro cheio de concertos, filmes, viagens, artigos, tendo uma vida boa e uma vida que seria inconcebível se ela não fizesse parte disso tudo. O melhor é que ela realmente me entende, de verdade. O mais louco é que ela me acha sexy, talentoso e às vezes engraçado. Ela me retribui de maneiras inesperadas, prazerosas, refletidas e maravilhosas. Ela é leal, sincera, bagunçada e estranha, além de uma musicista e escritora brilhante. Imaginar nós dois de mãos dadas num ponto de ônibus aos setenta anos, um daqueles casais que você olha e não tem como não sorrir, é para mim equivalente a ganhar na loteria.

FAIXA VINTE

Bach, *"Variações Goldberg"*, Ária da capo
Glenn Gould, piano

Bach começou e terminou suas Variações Goldberg com a mesma ária de trinta e dois compassos. Trinta e dois, incidentalmente, é o mesmo número de variações da obra toda. A peça dá a volta completa no círculo e termina onde começou, com os mesmo trinta e dois compassos, idênticos, nota por nota. Mas, é claro, quando ouvimos de novo, estamos em um lugar muito diferente daquele que estávamos sessenta minutos antes (desde que o pianista tenha feito seu trabalho direito). Bach nos levou por uma viagem que interpretamos e experimentamos por meio de nossas memórias, sentimentos e condicionamento. Seu jeito de reagir será diferente do meu, e vice-versa. Essa é a glória da música, especialmente de uma música tão imortal quanto esta.

Acho certo terminar este livro da maneira que começamos, com a Ária das *Variações Goldberg*. Porque é disso que trata a música — ouvir uma peça musical e sentir algo. Ouvimos essa mesma peça de novo e, embora a música não tenha mudado, nossa reação é sempre um pouco diferente.

As minhas *Variações Goldberg* pessoais começaram como um bebê de três quilos e meio berrando, pondo os pulmões para fora, e minha vida até aqui consistiu de certo número de variações — algumas muito prazerosas, outras brutais, algumas que despertaram esperança e outras que se viram afogadas em tristeza e raiva. Perdi minha infância, mas ganhei um filho. Perdi um casamento, mas ganhei uma alma gêmea. Perdi meu rumo, mas ganhei uma carreira e uma quarta ou quinta chance em uma vida como não há outra igual.

Algumas semanas depois de propor casamento a Hattie, estamos todos sentados na minha sala, assistindo ao meu primeiro projeto para o Channel 4, que é onde este livro começou. É o final dos vários capítulos da minha pequena e estranha vida e o início de uma vida nova, que eu espero que seja preenchida com um pouco menos de dor, um pouco mais de música e muito mais gentileza.

Quando terminar de interpretar essas variações no futuro, vou tocar essa ária final de maneira mais lenta, mais calma, mais suave do que a ária inicial, porque é assim que minha cabeça finalmente estará depois de ter experimentado essa jornada, variação por variação.

Sou grato pra caralho por isso.

EPÍLOGO

Não tenho a menor ideia se vou sobreviver aos anos próximos cinco ou seis anos. Já estive em situações em que me sentia sólido, confiável, bom e forte, e foi tudo pro espaço. Infelizmente, estou sempre a apenas duas semanas ruins de uma ala psiquiátrica de segurança máxima.

Não sei, nem remotamente, se as ideias apresentadas neste livro a meu respeito e a respeito da música vão florescer e evoluir para algo duradouro e importante.

Mas tenho a forte sensação de que há uma espécie de revolução em curso, nos aspectos pessoal e profissional.

A revolução dentro de mim me fez reavaliar tudo o que eu pensava saber, e me abriu para ideias que antes me pareciam estranhas, falsas e impossíveis. Consumiu um bom tempo e me cobrou um preço altíssimo, que eu mal tinha condições de pagar.

A revolução fora de mim, no setor profissional ao qual eu dedico a vida, está começando só agora. E eu tenho a sorte de desempenhar um pequeno papel nela, ao lado de alguns poucos que compartilham o mesmo objetivo de libertar a música da tirania dos imbecis.

Você pode ajudar se simplesmente der ouvidos. Talvez compartilhando isso com um amigo. Ou compartilhando com seus filhos. É uma coisa digna de se fazer. Uma coisa boa.

A música pode fazer brilhar uma luz em lugares onde nenhuma outra coisa consegue chegar. Schumann, aquele lunático e grande gênio musical, dizia: "Fazer luz nas trevas do coração dos homens — esse é o dever do artista". Eu acho que é o dever de todos nós, não importa de que jeito a gente preencha o próprio tempo.

E, enquanto eu estiver honrando essas palavras, então, mesmo que não tenha sucesso, vou adormecer feliz.

AGRADECIMENTOS

Existem muitas pessoas sem as quais, tenho certeza, eu não estaria aqui. Elas vêm fazendo parte da minha vida, às vezes por umas poucas horas ou dias, outras vezes por vários anos. Algumas são pedaços que fizeram parte daquele quebra-cabeça que é a minha existência, desde o início, ou a partir de certo ponto. Minha experiência me fez concluir que contanto que eu trabalhe nas minhas coisas, que me foque na minha parte, vendo onde estou indo mal, onde posso melhorar, onde posso crescer, todo o resto fluirá normalmente. Muitos dos meus relacionamentos, os antigos e os novos, floresceram e se tornaram algo que eu nunca poderia ter imaginado há alguns anos. A verdade é que à medida que eu cresço, crescem também meus relacionamentos.

Escolhi um trabalho (ou talvez ele tenha me escolhido) que envolve a realidade assustadora e arriscada de passar incontáveis horas sozinho num quarto pequeno ou num grande palco, focado, pensando e sentindo. A maior parte dessas coisas não faz bem a alguém como eu, com a cabeça meio instável e um monte de neuroses esquisitas e maravilhosas. É algo que às vezes me reassegura, outras me aterroriza, coloca pressão em mim ou me ajuda a consertar minha alma. Às vezes, estranhamente, é todas essas coisas ao mesmo tempo.

E, entre todas essas pessoas à minha volta, há um pequeno grupo, um núcleo que preserva meus pedaços juntos e continua a me manter seguro e sentindo-me inteiro.

Minha mãe, que nem uma vez sequer me virou as costas, que nunca deixou de estar ali de todas as maneiras ao seu alcance sempre que eu pedi, e que continua a me apoiar e incentivar e amar.

Meu melhor amigo, meu padrinho, meu anjo, Matthew, cuja mulher uma vez me costurou, que me levou de volta para o hospital mais de uma vez, conversou com a polícia e os médicos, cuidou da minha ex-mulher e do meu filho, segurou as pontas e assumiu responsabilidades que ninguém tem a obrigação de assumir, e fez isso sem queixas, com boa vontade, com amor.

Sir David Tang, que patrocinou, apoiou, ajudou e me estimulou na minha jornada de maneiras que eu nunca poderia começar a descrever adequadamente sem lhe fazer a devida justiça. É o homem mais generoso que eu conheço, e também um dos mais admiráveis.

Benedict Cumberbatch, inimigo dos pedantes de toda parte, que ofereceu conselhos, amizade, estreias de filmes, almoços e jantares, companhia, duvidosos conselhos sobre moda, tempo e energia, muitas vezes no meio da filmagem de outro maldito épico de Hollywood de cem milhões de dólares. Quando eu o conheci na escola, ele era pequeno, estudioso, meio nerd, quieto, de fala macia e amoroso. E ainda é, exceto essa parte do "pequeno". É um gigante entre os homens e o ator mais talentoso de sua geração.

Billy Shanahan é o meu psiquiatra, dotado de uma paciência infinita. Quando o conheci (o último de uma lista de médicos excessivamente longa), ficou claro que eu podia confiar nele, porque ele sabia aquilo que eu também sabia — que a vida é temporária e indescritivelmente frágil, e que há muita, mas muita gente mesmo para quem o suicídio é uma saída válida. Ele é aquela espécie rara de médico que parece ter empatia e compreensão genuínas, e essas duas qualidades valem um milhão de comprimidos de Xanax.

Derren Brown é, sem querer soar muito piegas, a pessoa mais genuinamente agradável que já conheci. Já faz muitos anos que posso contar com ele tanto no nível pessoal quanto no profissional. Tem um coração de gigante, é bondoso, parceiro e totalmente confiável em todos os sentidos, de uma maneira desmedida e impressionante. Se algum dia na minha carreira eu chegar a um lugar vagamente comparável ao dele, só posso esperar me aproximar do que ele tem de verdadeiro e humilde. Ele me inspira mais do que eu sou capaz de expressar em palavras.

Stephen Fry não só participou do nosso casamento, como é e tem sido sempre um grande apoiador das boas causas. Ele está o tempo todo defendendo questões desconfortáveis, malcompreendidas, complexas e importantes. É uma das poucas pessoas que eu conheço que consegue ser autêntico tanto tomando um chá com você na própria casa como diante de uma câmera falando sobre depressão maníaca ou injustiças com os homossexuais. Sua bondade, seus conselhos, seu apoio e cérebro incrivelmente poderoso frequentemente têm evitado que minhas oscilações se tornem implosões totais. Ele virou uma puta lenda e o único homem a quem eu recorreria para ter ajuda.

Minha editora, a Canongate, que, em março de 2014, foi atingida, junto comigo, pela ameaça de uma ação legal. Apesar de termos feito todo o possível para resolver a questão amigavelmente, fomos obrigados a ir à justiça a fim de lutar para que *Instrumental* fosse publicado. Sempre serei grato à Canongate por ter ficado do meu lado durante os quatorze meses de batalha legal que se seguiram. Levou mais do que as pessoas conseguem imaginar, mas estou muito feliz de que o livro que você leu não foi, de forma alguma, censurado pela justiça britânica.

Denis Blais. Você me fez deixar de ser um zé-ninguém para ser um zé-ninguém um pouco mais conhecido, com um monte de concertos, cinco CDs, programas de TV, muita mídia, um livro, um DVD, turnês mundiais e um gerente de banco feliz. Você tem feito isso com prudência, sensatez, cuidado e carinho. Tem feito isso enquanto eu me agito, choro, grito, berro ou reclamo. Você não me decepcionou uma única vez. Você tem sido responsável por tudo o que aconteceu de bom na minha carreira e por tudo que vale a pena na minha vida pessoal. Você é empresário, advogado, agente, psicanalista, enfermeiro, guarda-costas, fotógrafo, cinematógrafo, escritor, banqueiro, chef, guia, pastor, faxineiro, consultor, produtor, amigo, companheiro e padrasto. Vamos em frente, juntos, cumprindo cada um a sua parte naquilo que decidimos fazer há cinco anos.

Jack. Meu menino. Você tem sido e sempre será a parte mais importante da minha vida. Um dia, talvez, você também seja pai e então poderá entender. Até esse dia chegar, só posso prometer a você, por tudo que me é mais valioso, que não há nada que possa chegar nem mesmo perto do amor e do orgulho que sinto por você. Você é meu filhotinho, a coisinha pequena que eu segurei, alimentei e ninei, e que cresceu e explorou o mundo e se tornou, por si só, uma pessoa magnífica. Você sempre poderá contar comigo, sempre terá uma casa à qual poderá vir, nunca precisará se preocupar por ter que fazer algo que odeia só para poder pagar a prestação da casa. Quero que você faça qualquer coisa, seja o que for, que o preencha e o faça sorrir. Seja quem você quiser ser, e saiba que eu não poderia estar mais orgulhoso por você ser quem é. Você, mais do que qualquer outra pessoa na vida, me inspira ao máximo. Você é a minha absoluta felicidade.

E finalmente Hattie. Esta é uma verdade que só descobri recentemente, mas agora eu sei que o amor de uma boa mulher pode salvar um homem. E você é muito mais do que uma boa mulher. Você é valente, aberta, obstinada e cheia de energia. Há uma energia em você que vira meu mundo e meu coração de ponta-cabeça e também o faz girar no seu eixo. Junto com sua deliciosa loucura, há uma beleza absorvente que irradia de cada poro seu, de cada célula. E espero nunca chegar a me convencer de vez do quão sortudo sou por ter você ao meu lado. Quero sempre sentir como se estivesse um pouco aquém e, portanto, continuar me esforçando. Quero a toda hora me fazer merecedor do privilégio que é ser o seu homem, mostrar que meu compromisso com você, conosco, é a minha absoluta prioridade. Porque eu te amo. Eu te amo pra caralho!

Era uma vez um homem frágil. Ele conheceu uma mulher frágil. Por sorte, compreenderam que dois frágeis são iguais a um forte e, então, esses dois esquisitinhos se casaram. Porque aquilo era inquestionavelmente, verdadeiramente, sinceramente e absolutamente a coisa certa a fazer. E um dia eles resolveram ter seus pequenos filhotinhos esquisitos. E acabaram ferrando a existência deles, como fazem todos os pais.

APÊNDICE

"A indignação em relação a Jimmy Savile revela o fato de que nossa cultura incentiva a pedofilia. Acredite, eu sei do que estou falando"
Blog de Cultura do *Daily Telegraph*, 1º de novembro de 2012

Lemos cada vez mais sobre os horrores que aconteceram e sobre o fato, agora incontestável, de que havia outras pessoas que sabiam o que estava acontecendo, e aí fica todo mundo gritando indignado. Isso revela o lado chato e irritante do Twitter, da imprensa sensacionalista, dos blogs independentes e do cara que fica falando alto no barzinho. Os paladinos da moralidade. O berreiro furioso e o falso moralismo da plebe pura e imaculada.

Essa gritaria não traz bem algum. Quantas vezes desde a campanha "Nunca Mais" isso aconteceu de novo? Usar palavras como "assédio" e "abuso" vai frontalmente contra o horror do estupro infantil. Do mesmo modo que as sentenças aplicadas após a condenação. Você pode cumprir mais tempo na prisão por ter dito "Eu vou matar você" (sentença máxima de dez anos) do que por ter feito sexo com sua filha de três anos de idade (sentença máxima de sete anos). Os jornais não têm o menor constrangimento em mostrar meninas de catorze anos tomando banho de sol e em usar linguagem sexual para descrevê-las, enquanto, ao mesmo tempo, se mostram indignados e escandalizados com os crimes de Savile, Glitter e outros.

A cultura das celebridades conta com o mesmo manto de sigilo, poder e autoridade que a Igreja. Por que diabos devemos nos surpreender com a ocorrência de abuso sexual nesses círculos? A única coisa que me surpreende é que as pessoas parecem de fato se surpreender. Em qualquer ambiente em que haja poder, haverá abuso desse poder.

Durante cinco anos fui abusado na escola, havia pelo menos outro professor que sabia que isso estava acontecendo e, mesmo depois de verbalizar suas preocupações junto às autoridades relevantes da escola, nada foi feito, e os horrores prosseguiram.

A gente lê sobre coisas assim e pensa: "nossa, que horrível" e aí continua comendo cereais, mas ninguém se dispõe realmente a olhar por debaixo do pano. O ato físico do estupro é só o começo — sempre que acontecia, parecia que eu deixava para trás algum pedaço de mim com o cara, até que a sensação era de que não havia sobrado praticamente nada de mim que fosse real. E parece que esses pedaços não voltam com o tempo. O que, com excessiva frequência, deixa de ser relatado, examinado e reconhecido é o legado que fica com a vítima.

Já falei muito a esse respeito. Mas algumas partes merecem ser repetidas. Até que sejam ouvidas por tantas pessoas quantas sejam necessárias para que se tenha uma ação mais efetiva, e isso possa ser detido.

Sobre os efeitos colaterais, eu já escrevi: automutilação. Depressão. Excessos com drogas e álcool. Cirurgia reparadora. TOC. Dissociação. Incapacidade de manter relacionamentos funcionais. Rupturas matrimoniais. Ser internado à força. Alucinações (auditivas e visuais). Hipervigilância. Distúrbio de Estresse Pós-Trauma. Vergonha e confusão sexual. Anorexia e outros distúrbios de alimentação. Esses são apenas alguns dos sintomas (por falta de uma palavra melhor) do abuso sexual crônico. Todos eles têm sido parte da minha vida no passado bem recente, alguns ainda me acompanham, e o abuso pelo qual passei ocorreu há trinta anos. Não estou dizendo que essas coisas sejam o resultado inevitável da minha experiência; imagino que algumas pessoas podem passar por experiências similares e emergir, em grande medida, incólumes. O que estou dizendo é que, se compararmos a vida a uma corrida de maratona, então o abuso sexual na infância tem o claro efeito de fazer com que, na linha de partida, uma de suas pernas seja removida, e alguém coloque nas suas costas uma mochila cheia de tijolos.

Não queria ter de ficar escrevendo sobre essas coisas. Não queria ter de lidar com os sentimentos de vergonha e exposição que inevitavelmente decorrem disso. E não queria ter de lidar com as acusações de estar usando minha história passada para vender CDs, de ser um cara cheio de autopiedade, atrás de atenção, ou qualquer outra loucura que já tenha sido lançada contra mim e que, sem dúvida, continuará a ser. Mas também não quero ter de ficar quieto, ou, pior, sentir como se devesse ficar quieto, quando há tanta coisa na nossa cultura (que, em vários aspectos, é tão incrivelmente desenvolvida) que permite, endossa, estimula e se compraz com o abuso sexual de crianças. A pedofilia acabou ganhando um fascínio sinistro, como aqueles que alguns sentem ao ver um desastre de carro, algo ligeiramente excitante, que a imprensa não se cansa de explorar.

Simplesmente não é possível que tenhamos, de um lado, imagens sexualizadas de crianças em cartazes e revistas, ou que se venda roupa íntima para meninas de seis anos de idade com desenhos de cerejinhas, ou noites em casas noturnas com temática de "discoteca na escola", ou que se apliquem sentenças de serviços comunitários por baixar imagens "indecentes" (indecentes? Falar "merda" na igreja é que é considerado indecente — isso é abominável), e que, de outro lado, se olhe com abjeto horror para a história de Savile. É algo que não bate. Isso não é censurar o que a imprensa pode publicar ou não (exemplo típico de um tabloide: "Ela só tem quinze aninhos, mas Chloë Moretz... A loira moranguinho saiu com um amigo vestindo uma linda camisa azul-clara com colarinho, sem mangas, estilo anos 1950, que ela amarrou na cintura — revelando só uma insinuação da sua barriguinha"), ou seja lá que fotos eles possam publicar. Trata-se de proteger menores de idade que não têm voz, que não são capazes de entender certas questões e que não têm como se defender.

Tudo isso já foi dito antes. E nada mudou de fato. A gente esquece (afinal, quem quer lembrar de coisas assim?), passamos a achar que, se gritarmos bem alto, absolveremos nosso sentimento de culpa coletivo e mudaremos as coisas para melhor, apontamos o dedo acusador e montamos pelotões de linchamento. As pessoas picham "corja pedófila" na fachada da casa de gente condenada (ou suspeita) por pedofilia. No entanto, o que precisamos fazer é abrir bem os olhos e simplesmente não tolerar mais isso, mais ou menos como a gente continua fazendo com tanta eficácia com a homofobia e o racismo. Precisamos cuidar de proporcionar mais atendimento terapêutico a ambas as vítimas, os agressores e aqueles que têm impulsos que ameaçam torná--los agressores. Precisamos rever as linhas gerais das sentenças e começar a lidar com essas questões com maior clareza e integridade. Seja lá o que isso for exigir ou quanto tempo demandar, tem de constituir, nesse caso, um princípio-guia; caso contrário, iremos simplesmente, para usar uma expressão já batida mas pertinente, dar continuidade ao ciclo de abuso.

"Finalmente: o Classic BRIT Awards mostrado como um crime asqueroso contra a música clássica"
Blog de cultura do *Daily Telegraph*, 8 de outubro de 2012

Paul Morley merece uma medalha. Um dos melhores críticos de música que já existiram, Morley, com um só golpe, deixou totalmente exposto o Classic BRIT Awards (CBAs) por aquilo que realmente é — uma farsa ofensiva, desnecessária, manipuladora e perigosa.

Depois de sentar, na semana passada, no Royal Albert Hall, a convite do Sinfini (o novo site de música clássica patrocinado, de maneira um pouco irônica, pela Universal), ele descreveu o show de horrores que desfilou à sua frente. Morley diz aquilo que muitos de nós no universo da música clássica já pensamos há muito tempo: "Para quem entrou na música pelo pop ou pelo rock, o jeito como a "música clássica" é paramentada, com candelabros e todo um *kitsch* banal, não ajuda em nada a convencer que exista algo de interesse nela".

Ele prossegue e discute os truques adotados pelos organizadores para se proteger do tipo de visão crítica que poderia questionar seus motivos, e na verdade também a sua relação tênue com a música clássica, ou com qualquer tipo de música.

A expressão-chave aqui é esta: "qualquer tipo de música". As pessoas por trás dos CBAs (uma camarilha variada, de donos de rádios, diretores de selos, pessoal de relações públicas, agentes, promotores, jornalistas) vêm, há muitos anos, diluindo e massacrando a música clássica, atirando-a num liquidificador junto com obras *crossover* bregas, trilhas de filmes, pop operístico e ambições comerciais, e tentando convencer-nos de que o resultado meloso e sentimentaloide que se obtém disso é "música clássica".

Sugiro enfaticamente que você procure o blog do Morley, leia e releia seu artigo, imprima, plastifique e mande para o diretor de cada empresa que tem uma ligação com a fossa séptica indutora de vômito que é o Classic Brit Awards, junto com um cartãozinho perguntando: O QUE VOCÊ ESTÁ FAZENDO?

Eu aplaudo o Sinfini pela coragem de haver encomendado esse artigo — e certamente não foi por acaso que eles pediram a um jornalista de rock para escrevê-lo. A maioria dos especialistas em música clássica teria ficado aterrorizada demais para assinar um artigo desse, levando em conta quanto é pequeno o universo em que vivem e quanto têm consciência de que provavelmente iriam parar numa lista negra se dessem a cara a tapa e criticassem os CBAs.

Já faz um bom tempo que eu tinha vontade de escrever um artigo nessa linha, mas imaginei (ou talvez tenha sido meu empresário que fez isso) que me teria tornado um alvo muito fácil para acusações de inveja e ressentimento, e que, pelo fato de ser um concertista de piano, as pessoas poderiam achar que eu estava louco para ser também indicado para um BRIT. Eu fui convidado a comparecer este ano, e minha resposta foi que eu preferia c*gar nas mãos e bater palmas a ficar lá sentado assistindo àquilo. Eu, ingenuamente, fui lá há quatro anos e jurei nunca mais voltar. Verdade seja dita, ainda tenho uns flasbacks ocasionais dessa experiência, do tipo distúrbio de estresse pós-traumático. Até hoje, mantive minhas opiniões em grande parte para mim mesmo, mas Morley, felizmente, me inspirou a colocar minhas cartas na mesa também.

Os prêmios foram instituídos pela BPI ("British Phonographic Industry"), e a votação é feita por "uma academia de executivos do setor, da mídia e da British Association of Record Dealers (BARD), por membros do Sindicato dos Músicos, advogados, promotores e regentes de orquestra", exceto para o "Álbum do Ano", que é votado pelos ouvintes da Classic FM. Como foi que qualquer uma dessas pessoas decidiu que, em 2011, pensando no melhor interesse da música clássica, era justo premiar Il Divo (o quarteto de "ópera" *crossover* que assinou contrato com o selo de Simon Cowell) como "Artista da Década"? Da década. O mais fenomenal artista clássico dos ÚLTIMOS DEZ ANOS é um grupo pop vocal operístico criado, contratado e empresariado por Cowell! Não é Claudio Abbado, Martha Argerich, Stephen Hough, Gustavo Dudamel, Sir Simon Rattle ou qualquer um dos mil músicos internacionalmente aclamados da música clássica essencial que se têm dedicado a estudar, transpirar, trabalhar, aprimorar, polir, refinar e que passaram décadas escravizando horas do seu dia para elevar seu talento ao nível necessário para tocar em Salzburg, Verbier, nos Proms ou no Carnegie Hall. Não. Em seu lugar, puseram um falso Frankenstein clássico, com retoque de Photoshop, dentes cintilantes, bronzeado de sol.

Quem são essas pessoas que estão decididas a tentar convencer o público em geral de que Katherine Jenkins é cantora de ópera, de que Russell Watson tem condições de encarar uma semana no Covent Garden, de que Ludovico Einaudi pertence ao mesmo mundo que Benjamin Britten, de que André Rieu, Andrew Lloyd Webber e Andrea Bocelli estão entre os maiores músicos clássicos vivos de nossos dias? Quando foi que o MasterCard deu a eles o sinal verde para, ano após ano, patrocinarem um conglomerado de pessoas que estão enfiando na marra em nossas goelas o equivalente musical a uma refeição no KFC?

Eu, com a ajuda de um balde de Xanax e de um psicanalista benevolente, seria capaz de contemporizar, se sentisse tratar-se de um simples caso de ingenuidade da parte dos organizadores, ou até mesmo de boas intenções. Mas não é. Ao contrário, estou convencido de que o que temos aqui é um plano estruturado, intencional, bem premeditado, de despejar esse lixo, ano após ano, faixa por faixa, CD por CD, sobre o grande público, convencendo-o, ao longo do tempo, de que a música clássica realmente não faz distinção entre Russell Watson e Caruso. Que Howard Shore e Beethoven podem ser alegremente colocados na mesma prateleira. Que Mylene Klass e Vladimir Horowitz são, ambos, pianistas.

Isso me deixa doente. Eu experimento uma raiva que ameaça sair do controle quando ouço essas pessoas se queixando dos problemas do setor da música clássica. O PROBLEMA SÃO VOCÊS, PORRA! A música clássica sempre foi a música do povo. É barata (você encontra sempre ofertas incríveis de caixas de CDs), acessível (o Spotify disponibiliza quantidades infinitas de música clássica para todo computador conectado à internet) e pode ser uma experiência impressionante, brilhante e agressiva, no sentido de mudar a vida de todos que a ouvem. *O Fantasma da Ópera* (executada com grande satisfação nas premiações) não deixa de ter seu charme, mas claramente não é nenhum *Figaro*. E, quando você convida Gary Barlow, Andrew Lloyd Webber e André Rieu para subirem no palco, no mesmo palco em que o Proms oferece o produto verdadeiro, e apresenta-os como músicos eruditos, você não só deprecia a música clássica, como também deprecia a todos nós. Todos nós.

Eu entendo que essa é a hora que vocês têm para brilhar. Que, do seu ponto de vista, é sua única chance de estar perto dos BRIT Awards reais. Vocês vão aparecer na TV (a TV aberta, mesmo que seja às onze da noite de um domingo), vão andar pelo tapete vermelho e sorrir para os *paparazzi* (que não têm ideia de quem são vocês ou do que fazem), vão conseguir sentir, por uma única e solitária e bizarra noite, que fazem a diferença. Que são artistas da música clássica. Mas vocês não são.

É uma verdade inegável que continuaremos ouvindo e falando sobre Bach, Beethoven, Chopin e outros como eles nos próximos trezentos anos. Celebraremos isso. Será a nossa glória. É algo magnífico, profundo, iluminador e estupendo. Não abastardem isso com sua necessidade de autoestima. Vão acabar odiando a si mesmos à custa do tempo de outras pessoas. Nós queremos música de verdade. Deem uma boa olhada nos Gramophone Awards ou nas premiações da *BBC Music Magazine*, que são os genuínos Oscars e Emmys da música clássica, nos quais músicos eruditos autênticos são homenageados, e vejam como isso deve ser feito.

A verdade é que simplesmente não há necessidade de seguir por esse caminho tomado pelo Classic BRIT. O que vocês estão de fato dizendo com esse monstruoso espetáculo é que o cara da plateia tem uma cultura precária demais, que é obtuso e estúpido demais para lidar com uma mazurca de Chopin não editada, com uma bela interpretação, ou com um concerto de Mendelssohn ou uma sonata de Beethoven. Que, em vez disso, precisam ser alimentados por conta-gotas com a música do comercial da Hovis,[10] com toda a parafernália de luzes extravagantes, palco reluzente e pompa de salão de baile, e que precisam que eles façam vocês acreditarem que música clássica é isso. E essa mentalidade é simplesmente imperdoável, ainda mais vindo das pessoas que deveriam ser os embaixadores da música clássica. Em vez disso, vocês continuam a corrompê-la e desvalorizá-la, até que, em pouco tempo, ela tenha sido erodida a ponto de ficar irreconhecível. É esse o legado que vocês estão nos deixando, apesar de todas as suas mentiras vazias sobre o desejo de levar a música clássica a um público maior.

---

[10] Famoso comercial inglês de pão, de 1973, de trinta segundos, dirigido por Ridley Scott, com trilha sonora extraída de um trecho da Sinfonia "Novo Mundo", de Dvorak. (N. T.)

"A música clássica precisa de um enema — não de prêmios"
Blog de cultura do *Guardian*, 18 de setembro de 2013

A música clássica não é um setor de atividade glamoroso. Em geral, a remuneração é uma porcaria e quase sempre requer ir atrás das coisas com muita determinação. A maior parte das pessoas por trás dela empacou na década de 1930 e tem uma incapacidade constitucional de estabelecer qualquer tipo de conexão com aqueles que nasceram depois de 1960. O setor ficou dividido entre os tubarões de um lado (que fazem qualquer coisa por um dólar, mesmo que envolva abastardar a música até deixá-la irreconhecível) e os "puro-sangue" do outro — a raça ariana do mundo musical, pois esta música fica reservada apenas àqueles que são suficientemente inteligentes e refinados para compreendê-la.

Ao mesmo tempo, a apresentação e a pompa que a rodeiam são antiquadas, ofensivas, envoltas num manto de autoenaltecimento e irrelevantes. Mas, em vez de tentar mudar as coisas, o setor, como uma criança gorducha, visada, escolhida como alvo de provocações, fica olhando para os lugares errados apenas tentando aumentar sua autoestima. As cerimônias de premiação do setor clássico (do setor, não das pessoas) podem parecer uma ideia sensacional no papel. Infelizmente, essa punheta mútua de tapinhas nas costas e de se sentir "melhor que os outros", tão comum entre aqueles que afirmam gostar de Varèse e Xenakis, serve apenas para propiciar os meios perfeitos e aumentar ainda mais a distância entre o que é de fato importante na música clássica e o que é considerado oxigênio para aqueles que estão por trás dela.

Os Gramophone Awards são um bom exemplo. Antes de mais nada, é preciso elogiá-los, e muito, pois oferecem um contraponto às premiações dos Classic BRITs. Não vou me estender em avaliações do Classic BRITs; basta dizer que eu preferiria trabalhar como *clown* pornô a dar-lhes qualquer apoio, e é bom que vocês saibam que este ano, ao lado de Alfie Boe e Katherine Jenkins, o álbum *Romantique* de Richard Clayderman (estou falando sério) foi indicado para Álbum do Ano. E ele inclui um medley de *Les Miserables* e uma transcrição dele, inimitável, de "You Raise Me Up". Para aqueles que querem aprender sobre música clássica, digo que fariam melhor injetando drogas nas orelhas e cheirando metanfetamina.

Voltando aos Gramophone Awards. Eu adoro a revista *Gramophone*. Sou assinante e todo mês gasto pelo menos setenta dólares em CDs depois de ler as recomendações que eles fazem. Do mesmo jeito que alguém que adora miniaturas de trens fica doido ao entrar numa loja da Hornby e pegar seu exemplar (novinho) da revista *Heritage Railway*, eu enlouqueço quando leio sobre a última gravação de uma peça do Rachmaninoff feita por outro pianista russo genial (mais um). É o equivalente da revista *Heat* para os fãs esquisitões de música clássica, só isso. Na escala mundial de importância das coisas, fica em algum lugar entre a manteiga de amendoim e o limpa bumbum umidificado Andrex — pode ser legal, mas de forma alguma essencial.

Ao contrário do repulsivo BRITs, o Gramophones homenageia músicos eruditos de verdade — Sir John Eliot Gardiner, Steven Osborne, Antonio Pappano e outros ganharam premiações muito merecidas este ano. Isso é uma grande coisa. Se Osborne, Pappano *et al* fossem jogadores de futebol, seus nomes seriam bem conhecidos. Mas não são. E, apesar de toda a cerimônia e de todos os discursos, esse setor está fazendo menos do que nada para lhes dar o status e o reconhecimento que merecem. Não havia risadas, tirando uma ou outra piada de improviso, os discursos tinham uma redação canhestra, a receptividade era tensa, não havia o mínimo esforço para tentar incluir aqueles que estão alheios à música clássica. Apenas mais uma cerimônia de premiação centrada no tema do Auto. Autoenaltecimento, autocelebração, autoimportância, onde a música é mantida como propriedade de uns poucos indivíduos e só se faz erguer um muro entre ela e o público. Você certamente curtiria um barato maior assistindo a uma sessão do Parlamento por uma *webcam* do que à cerimônia de premiação da noite anterior, se por algum milagre ela passasse na televisão.

O problema da música clássica é que o setor inteiro está tão profundamente envergonhado de si mesmo, sempre se desculpando por estar envolvido com uma forma de arte que é vista por tantos como irrelevante, privilegiada e esnobe, que acabou indo a extremos infelizes para tentar uma compensação. A música clássica, como gênero, acabou virando o equivalente musical de alguém batendo punheta e chorando (é bem isso). E, se não me partisse tanto o coração, eu simplesmente daria risada e voltaria a praticar no meu pequeno piano-armário. Mas o legado que está nos deixando e o preço que todos nós iremos pagar por isso são tristes demais para que possam ser ignorados.

E. M. Forster escreveu que uma sinfonia de Beethoven era "o ruído mais sublime que já penetrou o ouvido do homem". Goethe chamava a arquitetura de "música congelada". A música clássica está aí há séculos porque tem uma capacidade incessante, infalível e intensa de despedaçar a alma, de nos levar a uma jornada de autodescoberta e aprimoramento, em um mundo no qual a maioria dos outros meios de fazer isso parece envolver ou Simon Cowell ou Deepak Chopra. É um direito, e não um luxo, e, correndo o risco de soar como uma mãe esnobe de classe média na festa de aniversário do filho, o setor atrás dela está arruinando-a para o resto de nós.

O apelo impotente sobre alcançar plateias jovens, o orgulho evidente que a Classic FM demonstra em tocar uma peça musical de doze minutos de duração ("nossa peça longa depois das dezoito horas"), os infindáveis programas de rádio de música "clássica" tocando temas de filmes, a total e absoluta segregação da música clássica na TV, no rádio, na imprensa, os inevitáveis Halls da Fama, as compilações das melhores caixas de CDs, as aberturas Tchaikovsky 1812 — com efeitos de canhões e morteiros (veteranos de guerra, fiquem longe), tudo isso desgasta incansavelmente a essência daquilo que torna a música clássica tão infinita e grandiosa.

Ontem à noite, apesar de uma performance irritantemente brilhante de Benjamin Grosvenor (ele, de fato, é tão bom quanto dizem) e de um discurso de agradecimento de Julian Bream ao receber o prêmio pelo Conjunto da Obra, em que ele se mostrou um cara excepcional e, caso raro, humano no meio daquele vácuo embrutecedor, o que houve acabou se resumindo simplesmente a mais pompa e inutilidade. Um ambiente todo de brancos (com exceção dos garçons), suco verde e carneiro nas mesas para convidados viciados em smartphones, música clássica "ambiente" (sério — se os Gramophone Awards não têm o menor pudor em colocar música clássica nos alto-falantes, num volume quase inaudível, como música ambiente, então que esperança temos?) e um ar de tédio tão denso que você podia sufocar nele.

Se nossos políticos continuarem cortando as verbas para incentivo das artes e não se mostrarem receptivos a ninguém, então com certeza ficará a cargo do próprio setor bater o pé e fazer algumas mudanças. Meu Deus, Beethoven ficava tão horrorizado com o tratamento dado aos músicos e compositores que pôs um fim imediatamente nessa história de ser tratado como um criado — chutava as portas, plantava bombas sob os assentos de suas plateias e reivindicava, sem constrangimentos, seu lugar como o homem que anunciou a era do Romantismo. Hoje, gastamos uns poucos trocados deixando os entendidos bêbados com vinho de qualidade duvidosa em uma sala fria, escura, durante quatro longas horas.

Não importa quanto eu adore Steven Osborne, Zoltán Kocsis e outros astros vencedores do Prêmio Gramophone de 2013, nada, absolutamente nada na cerimônia de ontem à noite mudou para melhor seja a percepção da música clássica, seja o seu prognóstico. Melhor teria sido ficar em casa ouvindo Glenn Gould.

FONTE DA CAPA
Minotaur, Minotaur Sans

FONTE DO MIOLO
Miller Text

DIAGRAMAÇÃO
Rádio Londres

PAPEL
Pólen Soft

IMPRESSÃO
Cromosete Gráfica e Editora Ltda.